為什麼要學歷史

面對當前世界危機的
十個歷史教訓

DER WERT DER GESCHICHTE

ZEHN LEKTIONEN FÜR DIE GEGENWART

德國慕尼黑大學當代史教授
MAGNUS BRECHTKEN
馬格努斯・布萊希特肯——著

譯——江鈺

【推薦序】

來自德國史家的忠告

周樑楷
國立臺灣師範大學歷史學系兼任教授

這本書的原名是《歷史的價值》（*Der Wert der Geschichte*），中譯本講得比較直接淺白，改稱作《為什麼要學歷史》。

假如提問：「歷史有什麼價值？為什麼希望大家學歷史？」我的回答必然和這本書不盡相同。理由很單純，我個人一向偏愛史學史和史學理論；而本書的作者布萊希特肯（Magnus Brechtken）是專攻現代歐洲及世界史的。兩人雖然同行，但因主修的領域不同，彼此的見解難免有些出入。不過每個人的研究興趣迥異，有時反而可以互補，相得益彰。所以讀者不妨也以這個書名為題，自己嘗試先給個答案，而後再對比這本書的說法。

假如再問：「環顧周遭世界，當下現實的狀況到底出了哪些弊病？我們從歷史可以學到什麼？」個人的回答和布萊希特肯幾乎完全一致，頂多只是討論的議題和探索的歷史場景有些不同而已。他以德國及歐美的實例為主要關心對象；個人的心思當然離不開臺灣及亞太地區。

這本書緣起自作者在大學夏季學期講授的一門課。按理選修的學生不會限制在歷史系內部，課程的目標更不可能只為了培養專業史家。閱讀本書不難體會作者憂心忡忡，滿懷焦慮（anxiety）。他所擔心的，就最深層的一面來說，就是當今一般人嚴重地「遺忘歷史」。換句話說，人人昧於歷史思維，罹患了集體歷史失憶症。

其次，他也擔心幾個燃眉之急的重要問題。政教關係膠附不脫，宗教人士操控政治；性別關係仍然未達平權標準；民主政治遭遇民粹主義和極權國家雙面夾殺；民族主義（nationalism）捲土重來，意識形態變本加厲；全球權力關係失序，各國擴展新式軍備武器，其動機不在消極的國防自衛，而是企圖積極性的侵略稱霸。布萊希特肯尤其把當今社會與經濟不公不義的議題墊後；我個人推想是為了徹底剖析新自由主義（neo-liberalism）的假面具及其造孽的種種手段。

新自由主義的歷史背景就近說起，正當一九七〇年代之際，國際間政治、社會及經濟危機接踵而至，英美兩國的執政者率先廢除金本位貨幣制度，放棄凱因斯（John M. Keynes）的社會福利及國家干預策略。一時之間，假借「自由」之名，行大開方便之門。許多人轉向極端個人主義，產官學各方人士儘管利基不同，只要憑本事擠進權勢核心的「旋轉門」，便能搖身一變「三位一體」，進而人人「隨心所欲」。這種趨勢到了一九九〇年代又因共產世界瓦解，「新自由主義」和「全球化主義」合流，因此催化中國崛起，乃至極權者當道。

布萊希特肯面對當下困境，並沒有悲觀消沉。身為史家，他總結「為什麼要學歷史？」的十個理由。這些理由原著的德文「Zehn Lektinonen」，中譯有點為難。「十個教訓」聽起來太權威，已經和臺灣現今的社會格格不入。譯成「十堂課」可行，但是失去作者原有的淑世熱情。所以在此改為意譯，說成作者給大眾的「十個忠告」。

這「十個忠告」的學理都可以從歷史學習而得的。首先，作者把歷史拉回遠古時代的初民社會，說明人權和自由乃因人類演化早已有之的普世價值。其次，他細說近現代時期西方人在飽嚐戰爭的苦果之後，才深深體悟到理性、人權、自由和民主的可貴。這些啟蒙運動（Enlightenment）的文化遺產至今仍然支撐著歐洲及全世界的文明。尤其第二次世界大戰之後的七十年，啟蒙的價值觀引導德國及世人度過種種難關。雖然布萊希特肯宏觀兩百五十年來的演變之餘，深信歷史是進步的，但是在「啟蒙」和各種「反啟蒙」的對抗中，道魔互有消長。由此可見，歷史的軌跡並非永遠沿著直線只進不退。他的「十個忠告」，如同警世之言，一言蔽之，就是希望大家反思「啟蒙」，然後「再啟蒙」！同時歷史性地、機能性地化解當下的弊病。

最後，假如又問：「為了拓展世界觀，增長世界史的基本知識，應該讀哪些書籍？」依個人講授西洋史和世界史的經驗來說，建議不妨就近先從麥克尼爾（William McNeill）和霍布斯邦（Eric Hobsbawm）的中譯本著作入手。

【推薦序】

「歷史」如何成爲「教訓」？

黃春木
臺北市立建國高級中學歷史科教師

歷史作為一種「教訓」，經常是「為什麼要學歷史？」這個問題的答案，甚至是標準答案。但在今日，如此回答所能獲得的回響，應該微小許多。

本書作者為 Bonn 大學歷史學博士，任教於 Ludwig Maximilians 大學的馬格努斯・布萊希特肯（Magnus Brechtken, 1964-），是研究德國當代歷史（尤其是納粹時期）的權威之一。

透過本書的撰述，我們可以發現作者具有鮮明的「啟蒙運動」精神，高度肯定「個體」、「理性」的價值，推崇「自由」、「平等」、「民主」的意義。只是因為經歷過去二百五十年間的歷史教訓，作者不再如同十八世紀的人們一般對於人自己，以及社會與文明的進步，抱持堅定無比的樂觀。但他持續呼籲人們不可遺忘歷史，謹記歷史的重重「教訓」。顯然，這是一種「老派」觀點，不是當代多元史觀的主流論調。

然而，是不是主流論調，或「定於一尊」，沒那麼重要。如果我們肯定自由和理性的可貴，就應能包容，乃至欣賞這種遵奉倫理道德的「義無反顧」氣勢，尤其身處隨著政治或商業利益而任意製造假訊息、假新聞的時代，能夠不迎合時勢，進行立場一致，立論扎實的思考與宣稱，直如「暮鼓晨鐘」！

藉由作者的肯定，「歷史」似乎可以讓我們：

一、比較不會視目前的一切皆是理所當然。

二、比較能夠反思自己的想法可能只是一廂情願。

三、知道人類的智慧與勇氣是如何地能夠別開生面。

四、了解人類的偏執或信念是如何有效率地讓一切玉石俱焚。

五、在面對塵世的紛擾或折衝時，能夠較為順利地洞燭機先。

六、在面對益發不可預知的未來時，可激發創造力，無論是為了擴大效益，或迴避風險。

作者不厭其詳地針對政教分離、兩性關係、政治參與、民族／民粹主義、戰爭與和平，以及公平市場，進行歷史探究，並從中萃取十個教訓，希望鼓舞人們可以運用自己的力量、知識與機會，努力爭取及維護和平、和諧、平等與自由。

作者源自「歷史」的信心，有道理嗎？且讓我們先思考一下，「歷史」是怎麼來的？

「歷史」之所以能出現，來自人類心智的兩種力量，一是回憶或回顧，二是反思或後設分析。在回顧中，我們從浩瀚的「過去」（past），做了篩選及組織，並透過反思，賦予或提取了與我們切身相關的意義。這就是「歷史」的由來。若能在回顧和反思中，講求史料證據，並針對當時的人物或事件，進行設身處地的理解和思辨，這就是「歷史思考」。

但，請不要忘了，我們總是立足於「現在」而做出回顧及反思，「歷史」經常與「現在」有著千絲萬縷的關聯。如果我們無法和某一段「歷史」建立起有意義的連結，那一段「歷史」很快地就會從我們的世界中散失；當散失的「歷史」越多，這也意味著我們的回顧與反思越來越短缺，逐漸成為孤獨、漂泊，或自大、偏執的個體。這其實就是作者所擔心的問題。

唯有立足於和「歷史」連結的「現在」，我們才比較有可能獲得充分的智慧或啟發，做出合理的判斷，以及審慎的行動。

不過，作者為何要費心地提醒這樣的道理呢？原因在於：我們正在遺忘（或遺失）歷史，及其教訓的意涵。我們越來越將目前手中一切的安好，視為理所當然，只有享用，沒有珍惜。另一方面，我們對於自由、平等、民主的備受威脅或逐漸淪喪，失去敏銳地覺察，或即知即行的抗爭。我們當中有許多人無從了解自由、平等、民主的消亡，將摧毀目前手中一切的安好；而這些安好，當初是無數前人從爭取自由、平等、民主的行動中才逐漸建立起來的。

本書不是歷史學的專書，而是一個學歷史的人嘗試與大家溝通，他是如何看待世界，反思現在，以及期許人類自己。

其實，人們總會不時地進行回顧及反思的，但如何讓這樣的心智力量有助於文明與社會的進步呢？關鍵在於將回顧與反思轉化為「歷史思考」。

視歷史宛如「教訓」，或許太過沉重，但透過歷史，讓我們發現人類言行的聰明和愚蠢，領悟文明發展的機遇及風險，擴大想像、活絡思考，這就有意思了。我們可以先用這樣的觀點來看待歷史，如果我們深信其中的一些道理應牢記在心，或許這就可能成為深具意義的教訓。

獻給蜜亞·贊克

一位天生理性的女人

目次

當我們開始思考人類歷史時，就可以確知今天支撐起我們的一切的知識、價值與原則，是何以建立起來的；而當我們知道它們是如何脫穎而出時（即便仍有缺點），我們就能夠判斷：在越來越多層面遭受到威脅的當今，其中有哪些層面已經岌岌可危。

如果要理解政治與歷史、經濟與社會，簡言之，我們日常生活的背景，首先就必須弄清楚人類的所有論述、所有對談、所有主張背後的理念，不管是有意識或無意識的理念。人類試圖用以組織其共同生活的所有秩序、規則，都仰賴於特定理念；所有政治綱領、所有經濟理論、所有宗教準則，都源自於一種被視為正當的特定人性觀，並且從該觀念推論出所有進一步的假設與主張。

39

第三章　神的歷史：宗教

每個國家—不管是自由的、世俗的、獨裁的，或是威權的、宗教性的—都是人類的產物；一個國家及其共同生活的規則，只能由人們協商出來，並持續接受他們的法律監督。換句話說，道德不是從天上掉下來的，也不存在於以前的數百年裡，抑或是在發明宗教之前的年代。人們使用他們的知性而得出道德。只要他們身而為人，認識到如果沒有和他人和衷共濟，他們的個人願望、行為與努力便不可能實現，那麼他們就會成為有道德的存有者。

67

第四章　女性的形象：兩性關係

在漫漫長夜的解放過程中、在政治和社會活動經歷了極大的阻礙與傳統的限制以後，源於自然法的人類平等，以及隨之而來的性別平權意識，在啟蒙運動之後，終於也被稱為人權之一。最終達成的進步結果表現在核心層面，例如選舉權、婚姻法及職業選擇自由，乃至福利國家對於孩子的平等撫養權的建構，這就是意識歷程和權力協商的結果，兩者是無法分割的。

103

第五章　發現聲音：政治與參與

民主不是隨便從天上掉下來的禮物，它曾經招致流血的代價，至今依舊如此：上百萬人因為無法以民主方式決定自己是否該被送往戰場當兵而喪命。民主主義者就得以做出這番決定。民主主義者也可以決定自己要選擇哪種職業，想要哪種稅務體制，以及諸如此類被視為理所當然的事。簡言之，民主主義者可以自己決定人生、規則，以及他們的法治國家的結構。

民族的概念是個想像的共同體結構，它與宗教類似，基礎為其追隨者的想像和信仰意願。然而，人們直到幾十年前才開始意識到民族其實是一種虛構物。自一九七〇年代以來對於民族主義的研究，便是史學進步的一個例子：徹底分析、解構過去傳統的自我形象，並從此改變了近代國家歷史的觀點。

當今仍有這種威權力量存在。他們奠基於遺忘歷史教訓、不成熟，以及簡單的解答和權力對於人們的吸引力。然而，即便我們現在依然必須與他們對抗，但是他們其實不是今天才有的，而是很早就成形的歷史產物。所以，就讓我們一探各個社會與人們是如何學會把競爭文明化，並認知到放棄戰爭比投機在戰利品上面來得更划算。

221
第八章　爭取公平市場：經濟和社會
所有社會都是有待驗證的秩序模式，旨在盡其所能地為人民服務：其目的一直都要在政治組織、社會自由和經濟繁榮之間取得最佳平衡。而關鍵的問題是，哪種經濟秩序形式可以確保最多的公民分享富裕，並在一定程度上享有同等的機會，得以兼顧個人自由、社會安全，以及對於所得、財產和財富的追求。

275
第九章　面對當下的十堂課
我們不能一直漠視自由社會現在面臨的威脅。我們必須投身於開放討論、法治國家制度以及遵守規則的競爭。以下是我們大家都被要求做到的事：運用理性思考的能力、相信自己的看法，不要相信任何災難預言或末日詛咒！你要投身其中。打開耳朵傾聽。認真看待歷史經驗！假如我們忘記現在享有的自由的基礎是什麼，它是如何由前人奮力爭取而來的，那麼我們就會有失去它們的風險。讓我們一起努力維持這些自由吧！

280
致謝

282
參考書目

第一章

勇於面對歷史！

任何在二〇二〇年因為闌尾發炎就醫的人，都能預期醫生會憑藉他們研究多年的最新知識做出正確診斷、安排病患到外科看診。接著，值班外科醫生會分析診斷結果，很有可能會安排手術，並開給病患已經通過臨床測試的藥物，而病患幾天後就可以出院。出院後，他會用智慧型手機叫車，而在等計程車時，他不用擔心那輛車的煞車會不會失靈，也不用擔心其他駕駛人會不守交通規矩。

他會假定在越過都市邊界時不用繳納關稅，而且他駛經的橋樑也是工程師精密計算過的成品，不會在經過時崩塌。到家後，他會假設那間好幾天沒人住的公寓仍然屬於他所有、沒有被其他人佔據。他從冰箱拿出一些想必還能吃的食物，為自己準備晚餐，然後躺到剛剛換過床單的床鋪上，那張沒有蟲子、只有他才可以睡的床。

這一切在今天都是如此理所當然，以致我們幾乎不會思考背後的道理。例如說，醫生的診斷是基於科學分析及幾十年來的經驗。假如換個情境，醫生殺了一隻雞、研究牠的內臟，想找出腹痛的原因，病患會有什麼反應呢？進到手術室後，假如值班醫生沒有在無菌環境中拿出仔細備妥的器材，而是穿著慢跑服、從抽屜裡拿出蛋糕刀，那病患可能會氣得跳腳。命危時，我們的病人可能會用他最後一點力氣大聲驚呼，如果護理師居然聚集起來為他禱告，而不是幫他準備抗生素。

我們覺得這些情境看起來很怪異，因為我們的期望是奠基於合理事實的經驗。我們可以預期，這些行為都是基於實際驗證的知識和思考，而所有參與者原則上都具備這樣的背景。因此，我們能相信這些舉動是以知識為根據；至於這些知識，則是歷經好幾十年、甚至是好幾百年累積而來的。

冰箱、手術室、智慧型手機，都是物理、化學、電子及資訊等領域的經驗知識產物——我們在日常生活中就明白的。我們理所當然地目睹和體驗這些事物的使用過程及其效果。為了方便討論，我們將這個領域稱為「硬世界」。

奇怪的是，對我們人類而言，從醫學或工程學等硬世界的過往經驗學習，是自然且日常的事，但是在我們共同生活的「軟世界」中，舉凡政治、經濟與社會，我們總是一再發現，人類不斷退墮到如同在闌尾手術中拿出蛋糕刀一樣的態度和舉止。

如同硬世界裡的智慧型手機，軟世界中也有長時間累積的進步知識與產物——憲政國家、代議民主，抑或是一般而言團結一致的社會等等，而這些只是三個簡單的例子。它們不像手機那麼容易拿在手中，但我們同樣可以認識它們、理解它們。

當我們想到歷史時，我們掌握了豐富的經驗與知識資源。好比說，這個論述也適用於幾千年來建立起的人性觀，或是人類在家庭與社會中共同生活的形式。我們知道祖先如何生活，也知道他們的飲食習慣和服飾，他們的日常生活和世界觀。同樣的，在政治與經濟行為、不同性別間的關係、哲學上的認知，以及對於文學、音樂或繪畫藝術的理解方面，也有累積了幾千年的知識供我們汲取。

今天，我們可以知道，針對人類共同生活的意識形態結構，會招致哪些結果，而特定的政治或經濟規則與決策，又會為日常生活及社會造成什麼樣的後果，因為當我們回顧過去數個世紀，幾乎所有不同的人類行為都擺在我們眼前。

歷史的發展階段不像科技進步那般顯而易見，好比握在手上的智慧型手機、汽車駕駛或旅行時搭乘的飛機等，這一點並不會太令人感到驚訝。沿用前面的意象：使用智慧型手機的人，不見得需要知道使手機運作的所有硬世界科學方程式，他只要會使用就夠了。

但是在更廣泛的政治與社會軟世界裡，情況就複雜多了，因為無論有意或無意，我們人類的行為都會永久地改變這個世界。我們可以保持理智，但是我們不理智的激情和感受卻一再介入我們的行為。對我們來說，如何控制它們，素來是一項挑戰，但是如果我們願意，那確實是可以避免的。對每個個體來說，我們都可以盡可能以歷史為借鏡，而對人類全體而言更是如此。

當我們開始思考歷史，我們就能了解理性、啟蒙及理智何以被證實是進步的原則。民主、憲政國家與議會政治、性別平等與全民政治參與等，這些都可以對比到硬世界裡的科技成就。基本上，軟世界的進步讓許多人得以認識到自己是個自由的個體，並且在行為上獨立自主。而這些進步也創造了讓我們今天得以享有自由的條件。

我們同時生活在硬世界與軟世界中，必須同時關心兩者。在硬世界裡，我們視一切為理所當然：醫學或物理上的研究每天都在大步前進。但在另一方面，我們也必須認知到，軟世界中的不少進步原則，即形成我們的自由秩序之基礎，卻總是一再受到質疑。

民粹主義的興起、民族主義的復辟、宗教對於政治的影響，以及對於獨裁政治領袖不斷高漲的渴望等等現象，在在大規模地挑戰著我們的自由秩序原則——代議民主制、個人的自由權利、權力分立原則、基於理性論述的理解、人際關係的倫理標準的認可，以及人與人之間的尊重等等，而這些只是冰山一角。

若是放眼全球做比較，數十年來，大部分的歐洲人都住在一座史無前例的自由而物質富庶的島上。生活在二〇二〇年的人，回顧過去四分之三世紀，會發現期間既沒有戰爭，也沒有任何人民與國家之間的暴力衝突。我們的祖先從來沒有如此幸運。為何如此，背後有其歷史緣故，而至於為何這些成就面臨種種威脅，也有歷史證據存在。

對於民主與議會政治、市場經濟和福利國家等歷史成就，對於開放社會或法治原則，現在許多公民似乎已經習焉而不察。因此，我們應該重新回想一下那些視為理所當然的價值、成就、概念及規則。而許多人也漸漸覺得必須積極捍衛這些成就。

這正是歷史的價值：我們可以了解到，在過去兩百五十年，尤其是過去七十年中，人們作為獨立個體及全體人類經歷了哪些發展。這也是從歷史經驗中啟蒙和記取教訓的結果。

這個記取教訓會影響生活中所有領域：在政治上是透過進步民主化與議會化；在社會層面上則是透過更多的公民團體的參與以及現代福利國家的發展；在經濟層面則是以市場經濟作為推動繁榮的力量而不斷進步；在國際方面則有多邊組織的建立，並且以民主化、議會政治和法治而減少各國之間的武裝衝突；最後，我們的科學與技術則幾乎影響到生活的所有面向。

在這本書中，我會利用許多例子來講述，在歷史進程中建立的特定成就、規則與價值，何以成為我們今天的自由秩序的基礎。這是關於軟世界的核心領域：關於形成我們的想法的基礎人性觀之疑問、宗教的影響、性別關係的意涵、政治參與的價值、民族主義的歷史後果，以及我們能從中學習到什麼，而這些都和戰爭以及和平的歷史、我們的安全與繁榮息息相關。

當我們開始思考人類歷史時，就可以確知今天支撐起我們的一切的知識、價值與原則，是何以建立起來的；而當我們知道它們是如何脫穎而出時（即便仍有缺點），我們就能夠判斷：在越來越多層面遭受到威脅的當今，其中有哪些層面已經岌岌可危。

這本書集結了大家都熟諳的知識與經驗，目標讀者是那些會對於現在提出日常生活的疑問、想從歷史中尋求答案的人。在做出精確的分析與描述的前提之下，本書盡可能避免使用專業術語。所有讀者都能藉由自主閱讀與自主思考，加深對於書中論述的理解。

本書並非歷史學專書，讀者不一定要讀過歷史學、政治學、哲學或社會學，只要他想要知道為什麼這些領域的知識對他們的人生和日常生活有意義。

我們能從歷史中學習嗎？常常聽到有人說，他們從歷史裡學到的就是「人們無法從歷史中得到教訓」。答案其實很簡單：如果真的能學到什麼的話，我們只有從歷史中才能夠學習到任何東西，其他任何事物都完全派不上用場。

我們可以從過去數十年來的大量科學研究中汲取許多知識，好比說，一個務實的人性觀的種種構成要件、人類個體的種種本能衝動，以及經過若干世紀的驗證的各種社會形式。

回憶過去、集結有用的知識、驗證歷史事實等，簡言之，我們的經驗知識，以及認知到歷史資源的存在，讓每個人都有機會理解現在世界，也為未來找到方向。

寫這本書的用意在於提供一個盡可能沒有障礙的概觀、對我們的現在處境提供一個歷史觀點，鼓勵人們建造一個人道、和平、值得全體人類居住其中的世界。我們人類都有這些機會，至於是否會成功及如何成功，並沒有既定答案，但值得我們去努力！

第二章

人是什麼？

「人們都喜歡『言論自由』的概念，除非他們聽到自己不喜歡的東西。」

（瑞奇．賈維斯〔Ricky Gervais〕，二〇二〇年一月）

「如果我們想要抵抗那些壓迫知識與人身自由的種種力量，那麼我們就必須謹記哪些事物處於危急關頭，哪些事物是要歸功於祖先艱苦奮鬥得來的自由。若沒有那些自由，就不會有莎士比亞（Shakespeare）、不會有歌德（Goethe）、不會有牛頓（Newton），不會有法拉第（Faraday），也不會有巴斯德（Pasteur）；大眾就不會有寬敞的房子、沒有預防流行病的保護措施、沒有便宜的書、沒有教育，也將無幸擁有普及的藝術；人們不會有機器取代生產生活必需品的粗重工作，而多數人會過著過去亞洲暴政底下那種悲慘的奴隸生活。因為唯有自由的人才能創造出那些發明和知識價值，讓現代人的生活值得一過。」（亞伯特．愛因斯坦〔Albert Einstein〕，一九三三年十月）[2]

幾萬年來，人住在這顆年紀大了幾千倍的星球上，是唯一能夠控制本能、使用工具並透過語言溝通的生物。其自我反省、思考與學習的能力，是人類和野生動物之間的基本差異，也是我們起初稱為「人類」與「人類文化」的特徵。

透過DNA分析、器具與岩石壁畫等發現，這項演化的全貌呈現在我們眼前。人類歷史是一段歷經幾千年的進步過程。不論是在巴比倫和埃及、中國和南美洲、希臘和羅馬等地，所有人類文化的創造、考古學、史前史與上古史、古代文化研究、歷史人類學，以及其他研究了數世紀的科學領域，都在這個過程中興起並且普及全人類。

人類在這個歷史進程中試驗了各種不同政治及經濟秩序。乍看之下，人類共同生活的多樣歷史形式看似混亂，但只要提出幾個問題，就能夠辨識並且爬梳這些形式的構成模式。關於過去與現在之社會藍圖的形成，最重要的關鍵提問就是充斥其中的人性觀。

如果要理解政治與歷史、經濟與社會，簡言之，我們日常生活的背景，首先就必須弄清楚人類的所有論述、所有對談、所有主張背後的理念，不管是有意識或無意識的理念。人類試圖用以組織其共同生活的所有秩序、規則，都仰賴於特定理念；所有政治綱領、所有經濟理論、所有宗教準則，都源自於一種被視為正當的特定人性觀，並且從該觀念推論出所有進一步的假設與主張。

因此，當我們問到人類「天生」是什麼時，簡單來說，我們會得到兩個極端。其中，會想到人的本質及其種種生存機會，也就是由基因、歷史、社會或任何因素而形成的面向，那是被決定了的。

所以說，人是依照既定模式運作的生物。具決定性的模式可能有不同種形式：塑造人類的基因，抑或是人必須遵守的超自然方針，因為這些方針被認為是「自然形成」或「神意」的預設原則。人因而別無選擇，套用人類社會的說法，人必須「遵從」那些聲稱自己知道「預先決定」是什麼的人。

另一個極端的想法是，人完全不受先天因素與規則影響。人就像一張白紙、沒有任何預設特質地來到這個世界，與其父母及祖先的生物本質毫無關係。打從人出生，一切都是可能且開放的。依照這個想法，關鍵在於教養的意義與社會的影響，它們決定了不受任何模式限制的人能夠成為什麼。

一邊是決定論，另一邊是全然的開放性，所有在這兩端之間游移的人性觀，就是英文領域中知名的「教養」（nurture）與「天性」（nature）的辯論。事實上，每個人都結合了其父母和祖先的基因因素以及為對他們造成影響的教養環境。每個人「總是」同時受到本能影響而又可以理性行事的存在。所有人都以自己的方式、依據個別情況來運用這些能力。既沒有什麼理性的自動機制，也沒有什麼完全被本能決定的東西。

每項政治計畫、每條經濟理論、每個關於社會本質的概念，都可以依據那些加諸人們的自身規定或外在規定的程度而分類。因此，在討論政治、經濟或社會時，我們所有人都一定得提出這些問題：我們剛才聽到的論述背後的人性觀是什麼？另外，他和我們對於「教養」與「天性」越來越明朗化的混合的認知有什麼關連？

人總會震懾於周遭世界的複雜性。自然力量與意外、疾病與死亡，都在挑戰著人類的智慧。相較於其他只會服從本能的生物，人可以反思自身的存在，我們稱之為「意識」，並且運用其知性來思考，想要解釋周遭世界中發生的事件；這樣的好奇，以及找尋事後的解釋的欲望，幾乎是人類學的一項基本常數。

同時，人類總是試圖賦予其人生一個意義。他們推測（可能也希望）自己不「只是」特別高度發展的生物，但是其實他們和其他動物的差別只在於一個關鍵特徵：他們會意識到自己的人性，並且能夠思考。人會認為其中必有其原因！

對於意義的追尋，讓人們為他們在大自然及同伴的行為當中所遇到的事物賦予了動機和解釋。許多事情一直讓人感到困惑，自然事件或命中注定的理由和原因看似無法理解。在過去幾千年裡，人們都想要在超自然的、形而上的力量裡找到答案：他們想像出神祇；祂們賜予了人類一切想像得到的力量。人類依照這個方式，在他們構想的各種秩序當中創造並想像出一個位置。

依據居住地點和自然環境、氣候、生活條件、營養來源以及文化發展，這些想像會有所不同。但其核心是一致的：所有人類生活裡無法理解的事件，都在秩序中有其定位，包含疾病、意外或死亡、大自然和環境的現象，不論是暴風雨或洪水、彗星尾巴或火山爆發。

當人們遇到疑惑時，「神祇」往往被當作人們解釋世界的鑰匙和參考點。因此，我們可以簡單地說，人們在過去幾千年來，跟隨著這條幻想或想像出來的解釋途徑，把自身的存在和個人命運理解為他們自己不斷構思的某個秩序的一部分。

這裡只能指出無數宗教當中的若干人性觀。儘管不同宗教及其相關的人性觀各異，它們都有個共同的概念，即人類臣服一個世界以外的主宰，而該主宰限制了人類的自由。人類是他們想像出來的神祇的受造物，或至少是祂們的力量的客體，必須根據祂們的指示行事，而這些指示總是由其他人以「神的規定」的形式呈現。

直至二十世紀以前，歐洲歷史中最為人所知的人性觀可見於《聖經》的故事。直到現在，我們還是能聽到「老亞當」的說法，他從來沒有改變過。在這個想像當中，即便歷經了幾千年來不同文明的發展進程，人類依然被他的本能和欲望、直覺和非理性的願望所決定。

《聖經》故事把襲上人類心頭的情欲、恐懼和渴望搬到信徒眼前，並且宣示人類必須遵從的生活及行為規範。類似的符號與書寫也出現在其他宗教裡，舉凡伊斯蘭教的《古蘭經》、佛教的巴利文經典或三藏經典。此外，印度教則是結合了多種信仰，以及來自許多形形色色的傳說和教義的神祇，而這些傳說和教義也衍生出人類的行為規則。

在所有宗教、傳說與經典中，傳誦著他們自己想像出來的神祇訂立的規範的，一直是人類自己，但是這點並沒有削減祂們的權威；在創造神祇和建立規則時，他們的幻想源源不絕。因此，宗教與神祇想像其實是反映了人類幾千年來的思索，包含他們的本質，以及對於規範、秩序和結構的追尋。一方面是他們的天性、潛在的暴力本能，另一方面則是對於團體有益的「文明」行為，這兩者之間的持續性衝突，他們的確應該提出一個保障的架構。

於是，所謂《舊約聖經》的「十誡」便應運而生，成為歐洲文化圈的典型規範，它展現了對於秩序與結構的需求。從相同需求衍生而來的類似基礎規則，也可見於其他宗教。

關於人類意識的核心問題，古希臘哲學早就討論過：「認識你自己」便銘刻在德爾菲

（Delphi）阿波羅神廟的入口處。在柏拉圖的對話錄《費德羅篇》（*Phaidros*）中，蘇格拉底說，他還沒有辦法「根據那句德爾菲神諭」認識自己，所以他仍在探索自己。

在其他對話錄中，認識自己的努力也結合了人對於自身無知的意識，而後者則促使人不斷擴充知識。最終，透過持續的自我探索、對知識的不斷探究，關鍵在於人們的態度以有系統的方式追尋所有可能層面和問題，以反覆驗證知識，破除虛妄的知識。

只要「我還有生命和能力，我將永不停止實踐哲學」，柏拉圖在他的《申辯篇》裡如此記錄蘇格拉底的話語。[3]根據柏拉圖的描述，蘇格拉底付出生命以尋求知識，因為他被控褻瀆國家的神明，敗壞年輕人。柏拉圖被許多人傳誦不輟的描述，同時也警告人們，求知與提問經常可能得到不可信的答案，而且還可能招致危險。但是人類在本質上天生就有這種對於知識和理解的欲求，如果他意識到他的人性並且使用他的知性的話。

人是一種會探索、提問和檢視自己以及世界的生物，一直到近代以前，這個人性觀一直都被一個「神的秩序決定一切」的想法揚棄。直到啟蒙運動時代的到來，它也是無止盡地自我質疑的產物，它呼籲全體人類要使用他們自己的知性。

時至今日，這個要求依然有效，而且人們仍在努力追求它。

大約在十七世紀中葉到十八世紀末期間，現代自然法（Naturrecht）顛覆了宗教和其他哲學的人性觀。當時對於人的基本信念都認為人類是不受自然約束的，擁有個體性，並且具備理性思考的能力。這些對於人性的認知也在「司法和政治思想」方面掀起了革命。[4]由人定立的「實證法」始終是個人造物，它可以被改變或者廢除，相對的，自然法預設了自身的、「自然的」正當性。因此，我們可以認知和理解自然法，卻不能質疑或推翻它。

根據現代自然法始祖霍布斯（Thomas Hobbes, 1588-1679）的反思，自然權利是以「個體意志與見解」[5]為基礎。每個人都能夠認識到，這種方式思考是正確的，而且對於所有人而言都是合理的。

在自然狀態下，每個人天生都擁有一個權利，由這個想法可以推論說，為了應付生活的複雜性以及生存的種種需求，人和他人共同建立了（也必須建立）秩序，並為了所有秩序而發展出相互義務的程序，[6]並且視之為（平等權利的兩造之間的）契約。以上都是奠基於「出於自利的自願性自我限縮而建立的權力和統治的正當性觀念」。[7]人對於他人的支配已經不再被視為「既定的」，其理由開始受到質疑。

契約不但必要，最終更對大家都有利，並且反映了所有人都接受的自然權利假設的正當性。這時候關鍵的問題是：統治如何證明自身是正當的？

由於國家也是人類建立的機構，這個機構必須解釋它們以什麼正當性主張其權威、權力和統治。這個想法和以前的所有主流概念判若雲泥，以前並不認為人是個個體，而是透過「神」或其他「外在」力量而被嵌入一個既定的秩序和團體。

十七到十八世紀之間，對於人的獨立性以及自然權利的認知，在大量的著作和討論當中不斷演進，並且多以啟蒙運動的概念總結之。其中，最著名的作者都生活在大不列顛島及歐洲大陸，且以法語、德語區為主。在十八世紀下半葉，也和北美洲的思想和政治藍圖尤其息息相關。

在法國，笛卡兒（René Descartes, 1596-1650）扮演著重要的角色，他的名言「我思故我在」（*Cogito, ergo sum*）可以說為該時期的思想定調；另一方面，孟德斯鳩（Charles Montesquieu, 1689-1755）在他的著作《論法的精神》（*De l'esprit des lois*）中提出權力分立，以及由人類構思的憲政體制等主要概念。大不列顛的洛克（John Locke, 1632-1704）、休謨（David Hume, 1711-1776）、亞當・斯密（Adam Smith, 1723-1790），以及盧梭（Jean-Jacques Rousseau, 1712-1778）與以狄德羅（Denis Diderot, 1713-1784）為首的百科全書學派，都不約而同地在其著作中指出相同的想法：人具備理性、獨立思考和啟蒙的潛能。在美國，湯瑪斯・潘恩（Thomas Paine, 1737-1809）發表了《常識》（*Common Sense*, 1776）與《人權論》（*The Rights of Man*, 1791/92）等著作，倡導人權的普遍原則。[8]

在德語區裡，康德（Immanuel Kant, 1724-1804）於一七八四年針對「什麼是啟蒙？」（Was ist Aufklärung?）這個問題提出經典回答，同時將人性觀表述為：「啟蒙是人之超脫他自己招致的未成年狀態。未成年狀態是無他人的指導即無法使用自己的知性的那種無能。如果未成年狀態的原因不在於缺乏知性，而是在於缺乏不靠他人的指導去使用知性的決心和勇氣，這種未成年狀態便是自己招致的。勇敢求知吧（Sapere aude）！因此，鼓起勇氣去使用你自己的知性！這便是啟蒙的格言。何以極大多數人在自然早已使之免於他人的指導之後，仍然願意終生保持未成年狀態？又何以其他人極其輕易地自命為那些人的監護者？其原因即是懶惰和怯懦。未成年狀態是極舒適的。……然而，啟蒙所需要的不外乎是自由，而且是一切真正可稱為自由之物中最無害的自由，即是在各方面公開運用其知性的這種自由。」[9]康德關於人性觀的重新建構的論述，都濃縮在以上這段話裡。

康德也提出「定言令式」（kategorischer Imperativ），制定了和這個人性觀對應的行為指導方針：「你的行為實踐應使你的意志箴規同時兌現而為普遍法則」。[10]另一個形式則是：「你的行為實踐應使你的行為箴規通過你的意志而成為普遍的自然法。」[11]這項原則正是源自某種人性觀的簡單而且合乎邏輯的推論，它同時承認了人作為個體的自由以及作為團體存有者的人類。它為所有人提供行為的指引，要人們在行動時總是要考慮到理性的共同生活的基本原則。

在一七七六年七月四日宣布的美國《獨立宣言》及一七八九年的法國《人權宣言》中，啟蒙運動的核心見解開始產生效果。一七七六年《獨立宣言》的前言指出：「我們認為下面這些真理是不言而喻的：人人生而平等，造物者賦予他們若干不可剝奪的權利，其中包括生命權、自由權和追求幸福的權利。」[12]美國駐法國巴黎大使湯馬斯·傑弗遜（Thomas Jefferson）參與了一七八九年法國《人權宣言》的討論，其中，第一條為：「在權利方面，人類是與生俱來而且始終是自由與平等的。」[13]

美國《獨立宣言》闡明了自然權利原則在現實生活中始終有效，它緊扣著時代的反思視域，必須放在它的歷史裡去看。因此，這些原則的執行必須一再地接受檢視。

時代背景在兩個層面上尤其顯著：首先，起草人（全體皆為男性）既沒有反省他們身為奴隸主的角色（傑弗遜一生中就擁有超過六百位奴隸），在他們對於人權的定義裡，也沒有把女性視為平權的參與者。第二，在他們的藍圖或所謂的起草書中，他們想像出一名「造物者」，並且訴諸這個造物者的計畫和意志——當時的他們還不知道人類的發展史是個演化歷程；他們宣稱對於全體人類之自由與平等的見解其實沒有太大作用，尤其是當宣言起初想要反對的對象，即住在倫敦的國王，也擁有相同權利，能夠訴諸他的上帝。

但是即便人性觀依然受限於當時的知識水平，而有待進一步的反思（那也是獨立思考的本質的一部分），可是相較於早先的人性觀，它已經是個顯著而具備開創性的轉折。此時，所有人都感受到潛在的呼籲，他們應反省自己和行為，他們的理性、責任，以及從個人自由、自決權等基本想法推論出來的一切主張。

不太令人意外的是，這種人性觀，不僅牴觸了各個宗教或威權哲學的傳統概念，同時也意味著政治挑戰。權力該如何正當化，政治秩序該如何被證明？

從那時起，種種答案都可以在各個建構出秩序體系的政治意識形態中找到；而有了這些意識形態之後，有鑑於新的人性觀，過去由宗教主宰的世界觀便產生轉變，抑或是完全被超越。其中，保守主義、自由主義、社會主義及共產主義是最為人所知的政治意識形態，它們現在被視為國家與社會秩序的概念，各自推論出獨特的人性觀。

保守主義的人性觀往往和「老亞當」的比喻相提並論，或者是影射到霍布斯的「人之於人就像狼一樣」（*homo homini lupus*）。這個形象催生了強大的、井然有序的而且穩固的國家：它必須限制社會自由，因為無政府狀態及暴力相向的情況下，可能會滋生過多事端。

另一方面，自由主義則強調相對於國家及社會權力的個人自由，俾能把國家及社會的權力限縮到最低限度。根據其人性觀，個人自由遠高於對於無政府狀態的恐懼，或「老亞當」的不可預測性。從法國大革命到第一次世界大戰結束之間，這兩種基本方向在歐洲和北美洲有許多本質上互異的變體和詮釋。

此外，一八六〇年代之後，社會民主主義發跡自工人運動。儘管其政治作為和社會目標與自由主義及保守主義有所不同，卻也都以人民自決的能力為基礎。[14]作為要求社會解放與政治參與的運動，社會民主主義運動的人性觀更是以極其獨特的方式和啟蒙運動接壤：透過全體人類之間的對等競爭而獲致的個人成長、社會流動及提升等所有想法，便是直接出自於啟蒙運動的人性觀。

十九世紀中葉起，除了這些主流思想以外，另一個迥然不同、完全自成一格的政治世界觀也逐漸形成，在二十世紀為世界歷史成就了歷時最長久的影響。一八四〇年代，馬克思（Karl Marx, 1818-1883）和他的支持者提出永久階級鬥爭理論，自此便決定了往後的歷史走向。

在這個世界觀中，人是固定而且可預測的歷史進程的產物。個體沒有選擇，而是由匿名的力量和結構決定其思想和未來。個體無法阻擋歷史，只能「認知」到歷史的規則，並依據它行動，幫助其自身生命和社會的預定途徑，朝著共產主義邁進。這個人性觀以馬克思列寧主義之姿，在一九一七年之後成為二十世紀所有共產主義運動的楷模。[15]

自一八五〇年代起，全球種族鬥爭之意識形態，幾乎與馬克思主義歷史觀及其人性觀的發展同時蔓延。法國的古比諾伯爵（Joseph Gobineau, 1816-1882）於一八五三至一八五五年間發表了《人種不平等之探源》（*Essai sur l'inégalité des races humaines*）。十九世紀末葉，「種族理論學者」把古比諾的概念和達爾文主義結合成一個新的模式，同樣試圖解釋人類歷史。

這個「社會達爾文主義」倡言動物物種之間的生存競爭也適用於人類。更激進的說法就是：從人種的差異到價值的差異、從價值差異到競爭、從競爭到生存競爭——接著導向你死我活的搏鬥。

種族理論的人性觀匯聚成國家社會主義；第二次世界大戰便是一次席捲全世界的嘗試。在這裡，個體同樣只有一個選擇：要不接受自己是「其種族」的一員，並持續對抗擁有相同動機的「其他種族」，要不就被消滅。

馬克思主義及種族主義，都有意識地將自己與啟蒙運動的人性觀區隔開來。它們認為人類沒有自由且受到束縛——困於階級鬥爭或種族鬥爭之中。不想接受這個信念的人，會自絕於外而孤軍奮戰；拒絕順從這個預設的定義的人，都必須被再教育與懲誡，甚或必須被消滅。

簡言之，這些啟蒙運動之後的意識形態，可以被歸類為兩種基本潮流。首先，是那些在原則上認定人類的個人自由與自決、理性能力以及個人發展的權利的思想，好比保守主義、自由主義與社會民主主義。其中，政治秩序是確保前述個人權利的最佳方式，而其概念則因人性觀的變體而異。與這些思想相反的，則是教條式的意識形態，它們加諸人類個體身上的角色為「被歷史預定了的過程當中的客體」，正如啟蒙運動時代以前的宗教概念那般。

這個本質上對立的二分法，主張個人自由的自然法，以及主張順從與臣服的教條式意識形態或宗教，至今仍在延續。

最後但也同樣重要的是，啟蒙運動的人性觀以及國家社會主義的種族思想，這兩者的全球性慘痛衝突，促使人們在第二次世界大戰之後，記取被民主國家用以定調這場鬥爭的原則，視為學習與指導方向。

因此，聯合國大會於一九四八年通過了《世界人權宣言》（*Universal Declaration of Human*

Rights），其立足點如下：「鑑於對人類家庭所有成員的固有尊嚴及其平等的和不移的權利的承認，乃是世界自由、正義及和平的基礎。」

這項決議借鑑於當時年輕一代的經驗，「鑑於對人權的忽視及侮蔑已發展為野蠻暴行」，而且「為使人類不致迫不得已鋌而走險，對暴政和壓迫進行反抗，有必要使人權受法治的保護。」[16]

《世界人權宣言》總結了人權的核心思想，跟美國《獨立宣言》與法國大革命早已傳達的想法一樣：「人皆生而自由；在尊嚴及權利上均各平等。人各賦有理性良知，誠應和睦相處、情同手足。」即為宣言中的第一條。然而，決定性因素是知識上的進步與反思；相較於十八、十九世紀，全人類的普世性存在及其權利到此時才真正被闡明：「人人皆得享受本宣言所載之一切權利與自由，不分種族、膚色、性別、語言、宗教、政治或其他主張、國籍或社會來歷、財產、出生或其他身分。且不得因一人所隸國家或地區之政治、行政或國際地位之不同而有所區別，無論該地區係獨立、託管、非自治或受到其他主權上之限制。」[17]

看來啟蒙運動時代的作家一點也不天真，在一九四八年十二月十日通過這項表述的聯合國成員也是。所有人都意識到，這裡說的不是全球現狀，而是「作為所有人民和所有國家努力實現的共同標準」。[18]但是，這些表述及其背後對於人類存在的分析，反映出歷史意識的進步——而這也決定了我們對於歷史觀點的理解。

它們同時是對於自我認知的呼籲，也是對於所有人在生命上的利己主義的呼籲。因為認為自己是個人並且有自我意識的人，一定不會想要成為別人的客體，也就是成為不正當的統治的對象或客體。沒有人會殷殷期盼成為奴隸或臣民；所有統治的主張都必須依據固定的規則、經過一段時間之後，才能透過同意而加以正當化。

任何否定人權普世性的人，也會因而否定他人的人性，到頭來會反噬他自己：因為如此一來，他的人性也是相對的；其他人也都有自由否定他的人性。

《世界人權宣言》在一九四八年十二月通過時，世界政治依然持續受到阻礙其普及化的現實環境的影響。西方民主國家及實行馬列主義的蘇維埃聯盟，兩者之間的全球性冷戰，取代了主導一九四五年以前和國家社會主義之間的衝突。

同時，民主議會國家進一步發展為殖民強權政治，違背了普世人權的認知。到了最後，不符合官方表述的人性觀的社會結構，依舊存在於民主國家之中；美國的種族隔離政治大概是最為顯著的例子。

我指出這件事，絕不是要反駁歷史的進步，因為以人權普世性為導向、向社會秩序看齊的基準，是所有開放社會都會遇到的永恆挑戰——直到現在仍是如此。舉例來說，二〇二〇年五月二十五日喬治．佛洛伊德（George Floyd）遇害之後的激烈論辯，就體現了這個進程的歷史矛盾：佛洛伊德之死是到處蔓延的種族主義的後果，它一直威脅著全世界的人類。

與此同時，世界各地在二〇二〇年夏天發起的抗議，展現了開放社會在處罰這類暴行、消除暴力成因方面的防禦能力，儘管這個任務似乎有無止盡的挑戰。但是，這個淑世的能量和意志，正是普世人權的建立以及極權主義體系的企圖的差別所在，後者會想方設法避免且壓抑關於人性觀和人權的討論。

在沒有詢問過當事人、也沒有認真看待其心聲的情況下，試圖違反自由、自決的個體之觀念，那些人性觀和歷史幻想驚人地頑固而難以動搖。直到冷戰結束之前，在蘇維埃強權下的國家與政權皆是如此。但是這句話，不論過去或現在，也一直可以套用在那些依據馬列主義的歷史模式建立的所有政權和極權統治體系上面，從俄羅斯或土耳其的威權統治、伊朗或沙烏地阿拉伯的宗教主張，一直到中國共產黨的教條式領導主張。

任何生活在二〇二〇年的人都有個歷史優勢：相較於我們的祖先，我們知道他們的人性觀和統治模式的種種現實狀況和後果，也可以從那些經驗得到教訓。每當有人提出這種意識形態以解決當前的問題時，我們都可以援引這些教訓和知識。當我們希望據此分析和理解當前的政治發展，就必須一再釐清自身（以及我們的政治對手）對於人性的基本看法。

如果討論中關於假設的「人性」的所有面向都很清晰的話，形成差異的原因也會更加明確。不論是關於社會政策、經濟秩序，抑或是國際關係的領域，人性觀一直都會把認知的途徑從分析導向評價；而如果我們想的話，也可以理性地採取立場。

在現今所有關於政治衝突的分析當中，我們必須回想起這些事。如此一來，我們便擁有把各種論述和立場加以歸類、評價的工具，因為在所有政治立場和經濟論述中，從普丁（Wladimir Putin）到習近平、從馬杜洛（Nicolás Maduro）到哈米尼（Ali Chamenei）、從維克多・奧班（Viktor Orbán）到杜特蒂（Rodrigo Duterte）、從雅伊爾・波索納洛（Jair Bolsonaro）到川普（Donald J. Trump），他們對於人性觀的想像都是清晰可辨的。我們應該不斷問自己，是否能在其中重新認識自己，並且是否想要被別人以這些人性觀的推論對待。

文中其實也提出了一種人性觀：即以理性與可證實的知識為導向、對於獨立思考和交換論述感興趣的人，他們和其他所有人擁有相同的權利和義務；他們不信任超自然的真理主張，而依賴於研究及驗證、學習與理解；他們認定所有人都有理性的能力，他們也都信任獨立思考，他們更勇於認識。

注釋

注1　Albert Einstein, Rede in der Royal Albert Hall, 3. Oktober 1933，引自：Einstein, *Über den Frieden*, S. 254-255。

注2　'People like the idea of freedom of speech until they hear something they don't like."（網站：1）

注3　Platon, *Apologie des Sokrates*, 29d。

注4　Stollberg-Rilinger, *Europa*, S. 200。

注5　Stollberg-Rilinger, *Europa*, S. 200。

注6　契約思維所遵循的是「在……嚴格且受到制度保障的互惠情形下，出於對己有利而自願執行自我約束，來實現主權及統治合法性的想法」。（Kersting, Einleitung, S. 21）

注7　Kersting, Einleitung, S. 21

注8　潘恩出生於英國塞特福德（Thetford），但是他從一七七四年便定居於美國並開始寫作（美利堅合眾國這個名字是潘恩取的！）。

注9 Kant, Was ist Aufklärung?, S. 35-36。

注10 Kant, *Grundlegung zur Metaphysik der Sitten*, S. 51.

注11 同前揭：S. 51。

注12 原文為：We hold these truths to be self-evident, that all men are created equal, that they are endowed by their Creator with certain unalienable Rights, that among these are Life, Liberty and the pursuit of Happiness.（網站：2）

注13 讀者可於法國憲法委員會的網站上找到《人權宣言》的原文及德文翻譯。（網站：3）

注14 我們刻意把改革運動中的社會民主主義，以及馬克思理論裡的「社會主義」加以區分；後者被視為邁向共產主義的歷史進程中的一個發展階段。雖然許多社會民主主義者也會自稱為社會主義者，或是社會主義的支持者，但其中的關鍵差異在於他們是否認為歷史早已被決定好，抑或是一個開放性過程。因此，為了釐清論點，我們將所有支持歷史開放性發展的人稱作社會民主主義者。

注15 「馬列主義」一詞代表其所有相關變體，不論是史達林主義、托洛斯基主義、毛主義，或是其他由此教條式歷史思維衍生而來的相關思想：它們的人性觀在本質上完全相同，斷定歷史早已被決定好了。

注16 Resolution 217 A (III) der Generalversammlung vom 10. Dezember 1948: Allgemeine Erklärung der Menschenrechte。（網站：4）

注17 同前揭。

注18 同前揭。

第三章

神的歷史：宗教

「上帝依照自己的形象創造人類——或者應該說，人類依照自己的形象創造了上帝。」

（格奧爾格．克里斯托夫．利希滕貝格〔Georg Christoph Lichtenberg〕，一七七四年）

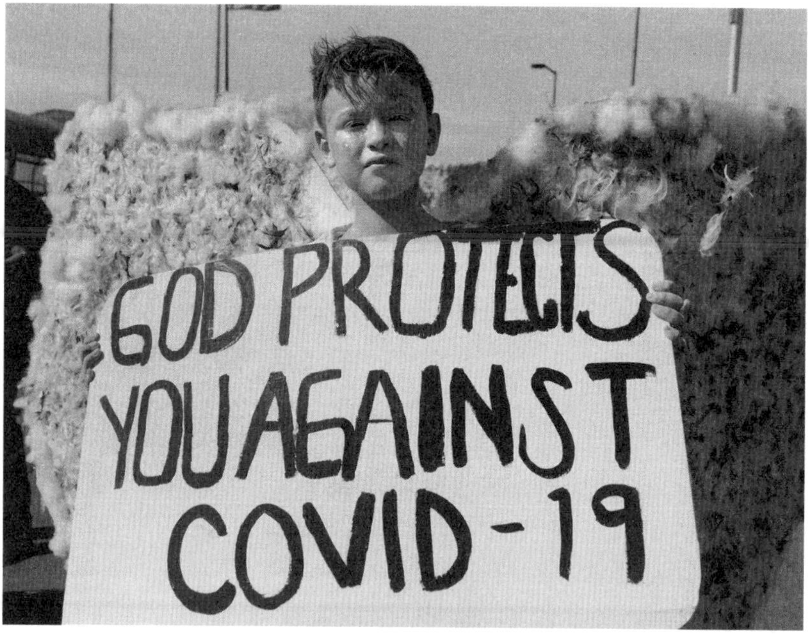

（上帝保護你免於新型冠狀肺炎）

病毒不分宗教。某些宗教團體反科學的天真想法，可能會殘存於個人信仰中，即使它在日常生活中沒有對其他人造成危害。在美國，電視佈道者想要「奉命」驅除病毒。在法國，新冠病毒疫情在二〇二〇年二月一場於米爾豪森（Mülhausen）舉行的大型多日集會之後爆發，該集會聚集了兩千多名基督教福音派教徒。五月時，類似疫情也接續在法蘭克福（Frankfurt）和不萊梅港（Bremerhaven）的「基督教福音派教徒」之間傳開。整個社會作為全世界的團結共同體，都必須承擔這個後果。

一七四九年八月二十三日傍晚，位於帕紹的聖薩爾瓦托修道院南方上空發生「日蝕」。遮掩太陽的物體起初看似積雨雲，結果其實是一大群伴隨著巨大噪音的蝗蟲。根據修道院院長約瑟夫・馮・錫爾伯曼（Josef von Silbermann）的記載，蝗蟲很快籠罩了所有樹木、草地、田野、小徑和屋頂，一切變得「灰濛濛的，如同灰燼的顏色一般……，好似經歷不斷下雪的冬季過後，萬物一片蒼白。」[2]

春天時，這群來自南方的蝗蟲出現在外西凡尼亞和匈牙利，接著往巴伐利亞和法蘭克尼亞的方向擴散。這讓人們想起《聖經》中的第八個災禍，也是《出埃及記》裡所說的，他們的上帝降給埃及的懲罰。最重要的是，他們聯想到《聖經・啟示錄》裡描述的世界末日異象：「有蝗蟲從煙中出來飛到地上，有能力賜予他們，好像地上蠍子的能力。並且吩咐他們說，不可傷害地上的草和各樣青物，並一切樹木，惟獨要傷害額上沒有上帝印記的人。」[3]

雷根斯堡（Regensburg）主教座堂建議所有教堂於早、晚皆「大聲誦五遍《天主經》（Vater Unser），以及集結信仰與所有聖人連禱的諸多英文祝詞」來祈禱。在外西凡尼亞和匈牙利，政府當局下令進行為期三天的遊行，「如此一來，至高至善的上帝，便會將祂因我們的罪而正當產生的……憤怒，自我們摯愛的祖國身上……移轉，並對我們展現超越人類所有罪惡的慈悲」。在禮儀經本記載的禱詞中，人們指認自己的罪，並「以臣服的心與膝」向他們的上帝懇求，在「有害的害蟲」一事上能「將憐憫置於正義之前」。[4]所有的建議與規定中都能看到相同的原則：一個神祇以審判的方式導正有罪的人；透過祈禱與贖罪，罪人將會被改變。

回顧人類歷史，我們會發現過去關於神的想像的數量多到驚人，人們一向盡其可能地賦予這些神祇各式各樣的角色和意義。人們對於想像神祇的需求，往往源自於他們希望藉由超越性的、非人力所及的力量來解釋和理解所有伴隨生命而來的意外和不可思議的現象。神的想像幫助人們彌補了他們在面對大自然的力量以及世俗的權力時的無力、無知以及被命運擺布的感覺。在謎樣的世界裡，神的想像有助於詮釋意外、困境與負擔，讓自己的生活差堪忍受。

人完全依據他們的需求來創造神，建立宗教。因此，人性裡沒有「自然」宗教的地位；出於本性，人可以自由地相信任何自己喜歡的事物或拋棄某個信仰。

如今，除了最為人所知的三大一神論宗教，基督教、猶太教和伊斯蘭教，還有其他上千種對於神的想像。最近，在二〇一九年五月時，全世界的人都能透過電視、即時追蹤新任泰國國王（同時也是神）的加冕過程。（他的名字是瑪哈．瓦吉拉隆功．博丁達德巴亞瓦蘭恭，意為「閃電之王，萬能神靈的後裔」；加冕前，他長年住在施塔恩貝格湖〔Starnberger See〕，後來也經常訪問德國。）

在歐洲，希臘、羅馬與日耳曼關於宙斯、朱庇特和索爾的神話，是幾百年來學童的經典讀物。幾乎通用於全世界的現行曆法以「西元後」（nach Christus）記事，它反映了基督宗教長達數世紀的征途，其中，其教徒以拿撒勒的流浪宣教者耶穌為其依怙。

德意志聯邦共和國內的兩大宗教團體（天主教和基督新教）也是如此。根據二〇一七年的一項調查，德國有二十八％的人是天主教徒，有二十六％是福音教派。十％表示自己信仰其他宗教，而其中多達一半的人口信奉伊斯蘭教。最大的族群則是由無宗教信仰者組成，佔了全部人口的三十七%。[5]

神的發明

人類是什麼時候開始發展出宗教的，其實已無從考證。或許，認為有個超自然的存有者主司一切無法理解的、命中註定的、偶然的事件，這個想法和人類本身一樣古老。一萬年前的人類，在他們的親人死後，就已經會照料他們的屍體了，而不只是任意擺放；即便無法稱之為宗教，我們或許仍然可以在這個發現當中辨識出某種儀式形式。但是，正如史前史學家赫爾曼．帕辛格（Hermann Parzinger）所說：「發現尼安德塔人已經有等同於葬禮的儀式，這滿讓人感動的。」[6]

以前我們認為「懲罰的神」的存在的觀念是複雜社會的一個初始階段，新的研究顯示這個說法可能並不正確。長久以來，有理論認為「道德化的神」的存在的觀念具有中保的功能：人們相信有個超自然的存有者，他是道德的守護者，並且擁有懲罰性的超自然力量，這有助於原本陌生的人在規模更大的社會裡共同生活。

然而，在一項涵蓋全世界三十個地區、共四百一十三個存在了上萬年的族群的大型分析中，其研究發現卻指向不同的結果：人類是先創造出複雜的社會，接著才想像出懲罰的神。[7]其中，宗教素來具備著強權政治的功能。一開始，信仰的內容與執行是藉由規律性的重複行為，以及由宗教權威主導儀式的過程加以標準化的。一旦建立完成後，他們便能夠轉變為更大的人民團體。這意味著，權力的邊界也跟著拓展。如此一來，由不同主權所佔領的兩個地區就可以遵循相似的儀式，並因此在更高的層級上相互連結。這些儀式，以及透過宗教階級制度化的控制權，被證實早在道德化的神的觀念出現之前就已經存在了。[8]

宗教信仰系統以儀式、祭典與重複行為等形式的存在，建構出封閉性的信仰空間：「神存在」、「這些神明在觀察著你的生活，祂們擁有（控制你的）力量！」此時，人們不是天性使然才臣服於想像出來的權威之下。所以說，信仰系統旨在借助加諸個人話語和思考的規則，把信仰的結構標準化、使之更好管理。為了維持信仰系統的穩定，權威和神職人員等宗教階級結構因而成形，並進一步主張其權力、要求信徒聽從他們。

這些主張並不單止是歷史現象，直到現在，仍有許多受到宗教影響的政治程序、社會權力分配以及經濟發展過程；我們稍後會看到相關例子。這些要求往往源自「宗教大抵上決定了人類生活中所有領域」的這個歷史傳統，而這個現象直到現在對我們來說也不陌生。當我們快速回顧歐洲歷史，就能看出宗教的意義和影響；其中，我們應該要注意一個核心問題：宗教以哪種人性觀為其基礎？

直到現在，政治辯論中依然經常出現關於「猶太教與基督教傳統」的討論；在這裡，我們只會簡略提到這兩個術語所指涉的特定脈絡和想法。首先，其中的核心人物為耶穌，他是在現今以色列佔領區的猶太流浪宣教者；在他去世後的幾十年間，人們把他的言行記載於某些故事裡，即我們所知的《新約聖經》。這些故事一再提及早在耶穌出現的幾世紀前便於同一地區流傳的經文，即《舊約聖經》；該文本集結了許多神話故事、寓言與詩歌，其中一再提到一神論的想法，祂和人類關係密切，並且要他們順從祂。

隨著耶穌的出現，越來越多人相信，許多經文提到的神子、彌賽亞或希臘文裡的「基督」就是耶穌。這些人稱自己為基督徒，採信《新約聖經》的故事。另外有些人則相信，他們應該繼續等待神的出現，也有人直到今天仍在等待。

耶穌信仰傳播的關鍵在於它和羅馬帝國政權的掛鉤；在基督紀年的第一個世紀中，羅馬帝國是歐洲大陸上主要的軍事及文明強權。基於這個背景，基督信仰實則汲取了許多其他宗教的祭儀與信念。

從法老時期的古埃及到羅馬帝國，政治領袖訴諸超越性的正當性以主張其統治權，這個作法已經有數千年傳統。西元四世紀的歐洲，這個主張便被基督信仰系統接收。以西元八世紀的法蘭克王國國王查理曼大帝為例，依據當代的標準，他是極為成功的軍事領袖和統治者。他以強大的軍事控制權為權力的核心基礎，因而得以可靠且持續地在廣大領地中掌權。

與此同時，基督信仰已然發展成階級式教會組織，階級頂端是教宗，亦即最高層級的神父，是神的王國的代理人，而耶穌的信徒則受到他感召，進一步傳播對他的信仰。[9] 這個「任務」若沒有壓迫就不可能執行；多神的觀念必須讓位給一神信仰。

這件事對政治統治者來說也極具吸引力，因為當世界上只有一個神存在，而且只會膏立一位國王時，其他競爭者便失去他們的正當性了。此外，政治與宗教的統治權和神的王國的複雜觀念相互連結，其重點在於：主張統治權者必須證明其權力是神授予的，因為龐大的群眾是憑藉著信仰中的宗教敘事而存活的，它應許死後的永生，指示人們必須為它做準備。

至於關鍵，也就是進一步的信仰結構，則掌握在人自己身上——透過他們在日常生活（而且是唯一真實）的行為加以實現。在這個世間依據教會和神父階級的信仰領袖訂定的規範做事的人，死後就可以得到至福的生命。人們對於描寫得栩栩如繪的死後世界的命運感到恐懼，而這份恐懼或許正是促進順從的最強大的驅動力。

不願相信這些的人，或甚至是持相反意見的人，他們不僅和同時代的大多數唱反調，更反對那個想像出來的神。相對的，大多數人也會竭力對抗異議者，他們當然是因為擔心會喪失自身的贖罪機會。

為了理解這些思考視域以及撼動這些觀念和期待的層出不窮的事件，我們必須回顧一下那幾個世紀的人們的世界觀。首先，十六世紀的宗教改革當中，分裂出許多不同的教派和陣營，是一個重要的轉折點。當時主流信仰的天主教會在現今歐洲的許多地區四處主張它在真理和統治方面的權力。

但是這個時候，由於新興信仰形態的湧入，原本的統一狀態在和新形態的真理主張較勁之下崩解了。新信仰的創始者，最著名的無疑是馬丁．路德（Martin Luther），通常都是出身自以前的教會。從那個時候起，這些基督信仰的變體叫作基督新教（Protestantismus，抗議宗），其信徒採用相同的經文和起源，卻推論出不同的教義，並且宣稱自己的詮釋才是正確的。

一個可以囊括所有信仰方向的權威的想法已經滯礙難行了。相較於那些持續信奉一個「神聖的普世統治權」的傳統想法的人，基督新教徒也主張相同程度的宗教「真理」及其衍生的正當性。

相互對抗的雙方在一五五五年的《奧古斯堡和約》（Augsburger Religionsfrieden）中和解，同意讓各地區的統治者決定其人民應信仰的教派（「誰的領土，誰的宗教」〔*cuius regio, eius religio*」）。然而，這項和議並沒有解決根本的衝突，所有相互競爭的教派仍宣稱自己是奉至上的神之名發聲的。

三十年戰爭及其後續

從十六世紀中期至二十世紀中期，基督教會中的兩股勢力都宣稱擁有真理，它們形塑了大多數現在歐洲地區的人們的日常現實。

天主教與基督新教之間的衝突，在一六一八年至一六四八年間爆發的三十年戰爭中，達到破壞性的高峰。那場戰爭融合了多種不同卻相互糾葛的衝突，但其中最為重要的動機則一定會牽涉到強權政治和宗教的掛鉤。當時，多數人都認為自己是宗教救贖的一部分，臣屬於一個有能力觀察、介入和懲罰的神。因此，他們對那場戰爭的詮釋是：冥冥之中從外界而來的是「神的審判」。

這起奉主之名進行的殺戮，犧牲了歐洲中部三分之一的人口。雙方信徒大批相互殘殺、摧毀交通道路和聚落，並破壞經濟財與貿易，但是那個所有人都宣稱奉祂的名作戰的神卻不想選邊站。

由於這些破壞而被削弱的參戰雙方，經過多年的談判之後，得出了一個比較不血腥的解決辦法：容忍和退讓。人們想出一個「正常日」（Normaltag），訂在一六二四年一月一日，並以此為基準，以協調兩個信仰團體之間的法律關係。雙方原先拼死拼活、爭相主張擁有真理的作為，發展成市場上的競爭，爭搶著有信仰需求的人。

想知道為什麼日耳曼諸國都渴望一個威權的庇護，就必須先探究三十年戰爭尾聲「信仰分裂」（Glaubensspaltung）的發展。這個衝突經驗和長達數十年的殺戮，深深烙印在捲入戰爭的人們意識裡，尤其是德語區的中歐人；在他們居住的區域內，對神的真理及世俗正當性的兩造對立主張，招致了十分殘酷的後果。

把領土主權和宗教、政治力量和宗教傾向結合起來的這種妥協，因而完全決定了中歐的歷史。君主的擔保人角色逐漸成型，人們認為應該有個穩定的國家威權和公共秩序，以抵禦更具侵略性的軍隊。

三十年戰爭的倖存者由於宗教衝突的痛苦記憶猶新，習慣了遵守地區君王的安全承諾，而不再為了更多的政治權力而暴力相向。可以住在一個威權的、有保障的、安穩的國家裡，並且免於更多的戰爭經驗，比起忍受更多破壞要好得多——基本上，這個行之有年的態度就是這樣被描述的。10不論對於順從的需求是來自基督新教領袖、天主教的主教或教宗，人民偏好依附關係的態度一直不變。基督新教教會和君主之間的緊密連結則加強了這個效果。

歐洲中部德語區便因而變成一幅色彩斑斕的地圖，上百個由基督新教和天主教管轄的教區彼此相鄰，宗教衝突可以說是呈現一定的凍結狀態。這般豐富多彩的多樣性，使中歐地區跟其他由同質宗教當局管轄的地區大相逕庭。法國和英國便是由單一宗教管轄的範例，同樣的，西班牙或荷蘭也是。其中，英國自從國王亨利八世執政時就信奉基督新教；在法國和西班牙是由天主教主宰；俄羅斯地區則是信奉東正教。

在德語區色彩繽紛的混雜狀態裡，這種競爭也反映在兩個最主要的軍事強權之間的衝突中：奧地利一直是屬於天主教的霸權，而普魯士變由基督新教主導。兩者之間的宗教衝突也延伸到外交及強權政治的範疇。在兩個世紀裡，普魯士和奧地利彼此較勁、都想爭取中歐德語區的主導地位。隨後普魯士於一八六六年勝出，而這個所謂德語區的二元對立，一直圍繞著根本上的宗教衝突。

另一項特點則是權力中心的多樣性。中歐並沒有掌握中央權力的單一地點，猶如倫敦之於不列顛群島，或是巴黎和凡爾賽之於法國。區域性的權力中心，例如維也納、柏林、漢堡、德勒斯登、慕尼黑或斯圖加特，彼此之間仍維持競爭關係。

相對應的則是地區及其文化的多樣性。漢堡的商人和巴伐利亞的工人、巴登的官員和普魯士鄉紳，他們各自的日常生活南轅北轍。他們也沒有發展出一個所有人都共同認定的機構，好比倫敦議會之於全英國。想要把一個昏君推出取斬首，一舉摧毀他的名聲，例如查理一世，在德語區內幾乎無法想像的事。

對大部分人來說，到了十七及十八世紀，這些宗教系統裡的神的形象依然在形成當中。絕大多數的人都認為自己是一個外在力量的產物；根據每個人的地位，他們各自的責任會有利有弊，那些自詡是神的代理人者享有特權，而剩下的信眾則身負義務、犧牲和工作。人們心中的那個神的代理人，他可以呼風喚雨、執行權力、決定生死。至於那些無法參與決定這些規則的絕大多數人，為了不要招致懲罰，則必須俯首貼耳。

然而，隨著知識的進步，系統式思考和理性行為的成就顯然是禱告做不到的。在一七四九年蝗災期間，對當時的人來說，禱告顯然一點用也沒有。

在蝗災發生的前一年，數量比較少的蝗蟲就飛越了匈牙利和外凡尼西亞，往西利西亞的方向移動。皇帝法蘭克一世於一七四八年十月訪問匈牙利，探視這起自然災難。他指派數學家兼自然主義學家納傑爾（Joseph Anton Nagel, 1717-1794）到當地調查合適的對策。當同樣的災害在隔年夏天重演時，女皇瑪麗．特蕾莎（Maria Theresia）於一七四九年六月二十五日頒布一份詔書，說明最有效的解決方法。這個訊息傳遍哈布斯堡家族的統治區域，許多人都開始採取因應措施；凡是協助運送蝗蟲卵、連枷、石滾筒，或是其他用以消滅蟲子的工具，都可以得到獎賞。

人們用鈴鐺、盆子及號角把蟲子趕走，或是用沙子扔擊牠們。其中，用火來除蟲證實是最有效的方式：當蝗蟲在晚間休息時，人們會把稻草或冷杉樹枝覆蓋牠們，再放火燒掉。最終，蝗災才因而得以獲得控制。[11]

以上的回應示範了當時各式各樣的「解決策略」：一方面為傳統思維，認為這場自然災難是來自塵世之外的力量，可以透過禱告和自我羞辱來平息它；另一方面則有系統地分析大自然發生了什麼事，並進一步測試不同實作方法的效果，俾使大自然的破壞力量和後果降到最低。

這次的學習效果至關重要：為了防止蝗蟲威脅到生計，觀察、對抗並且用火燒牠們，似乎比下跪和遊行以祈求神助更有希望。

這個對照也影射了那個核心的、甚至是革命性的轉捩點，也就是「人類學的轉折」：人類自認為是世界的一個元素，而且他們可以理解這個世界，並且有辦法獨立地在這個世界裡找到自己的位置。同時，人類也注意到對於每個人的挑戰：每個人「就其自身而言」都有能力以理性去行動，但是那並不是自然而然的事。

事實上，人類被要求以教養和教育發展其天賦。這並不代表有什麼自動機制在推動這些進步，也不意味著這些努力會有個終點。每個人都會不斷被要求著該這麼做。

對絕大多數生活在十八世紀的人而言，要去思考到這兩個強烈的對比及其結果，那和他們的人生以及日常生活相去太遠。啟蒙運動時代的作者同樣受到當時的上帝觀念和教會的挑戰和影響。

然而，針對宗教問題，關鍵在於認知到非理性作為、人類暴力，以及政治、經濟或社會決定及其後果，都不再能夠怪罪到神的身上。[12] 所有人都被呼籲要使用自身的理解。他們不但不可以只是遵從神的誡命，也不能指望世界裡的神會幫助他們。

信仰自由與世俗國家

從歷史角度來看，自啟蒙運動之後，「國家」和「宗教」開始逐漸分裂，而這個現象是個人信仰自由的先決條件。其基本運作很簡單，但是就歷史而言，這個過程歷時兩百多年，而且直到現在也還沒完成。

這股韌性一點也不令人感到驚訝。對多數人而言，實行了超過千年的儀式和信仰仍然理所當然地持續運作，尤其因為教會組織一直握有權力和資產，還有那些試圖讓宗教恢復到啟蒙運動之前的狀態和角色的人們。

只有像拿破崙一世（Napoleon Bonaparte）這樣的軍事征服者，才能夠真正對於天主教會無數的財產重新分配——而這也證實了，沒有其他人比他擁有更高的權力或是阻撓他。但是當宗教的運作模式對他看似有用時，他也會加以運用。他的力量是以武力為基礎，而宗教模式和象徵，則依舊是強化正當性的實用手段。於是，主宰十九世紀歐洲的君主及專制權威，依舊仰賴彼岸世界的「神性」正當性，即「神的恩典」。

這張《聖經》插圖出自十六世紀早期盧卡斯・克拉納赫（Lucas Cranach）的工作坊，描繪當時人們面對疾病、痛苦和自然災害時的情形，鮮明地呈現了無力感。其中可以看到神的處罰，甚至有世界末日的預兆。有些人放棄禱告，而其他人試圖臆測導致威脅的原因，以期克服它。自由研究的系統化是每個科學的基礎，也推動了對全人類有益的進步。

但是獨立的、自主的人性觀也存在於這個世界，而關於國家、宗教和社會的理性思考，更推論出相對應的政治需求。一旦人們可以公開談論政治和社會規則，這個新的自我認知就迅速散播開來。

有個明確的例子，那就是一八四九年的《聖保羅教堂憲法》（*Paulskirchenverfassung*），討論到「德國人民基本權利」的那一章的第一四四節寫道：「每位德國人皆擁有完全的信仰和良知的自由。人沒有義務要公開他的宗教信念。」想要的話，任何人也都可以創立「新的宗教團體」，但是「沒有任何宗教團體享有更多的國家特權」，而且「每個宗教團體都得……遵守一般的國家法規」。這種對世界新的理解也正好呼應了另一節闡明的內容：「科學及其學說是自由的。」[13]

《聖保羅教堂憲法》從未真正生效，而德意志帝國一八七一年的憲法一開頭就說：普魯士國王威廉一世是「神的恩典授予的德意志皇帝」。[14]以宗教為基礎的威權國家以及君主的威權主張，兩者之間的緊密關係於是被保留下來，並且塑造了普魯士和德意志國。於一八八八年至一九一八年間在位的皇帝威廉二世，喜歡以教會的宗主自居，也會親自參加「聖事」[15]；此外，該國的外交孤立政策也導致了一九一四年的戰爭，而他應該為這件事負起很大的責任。

隨著帝國的衰落，《威瑪憲法》裡的理性力量寫下了早在《聖保羅教堂憲法》就訂定的決定性內容。這部憲法的第三部分著眼於在「宗教與宗教團體」的議題：「聯邦內居民得享完全之信教自由及良心自由。凡清靜之宗教演習，應由憲法保障及由國家保護之。但一般國家法律，不受本條拘束。」（第一三五條）[16]同時，「民事上及公務上之權利義務，不以宗教自由之行使而附條件或受限制。」「無論何人、皆無宣告其宗教上信仰之義務。」（第一三六條）「在聯邦領土內，宗教團體之聯合不受限制。」（第一三七條）。《威瑪憲法》的相關條文也於一九四九年列入基本法。[17]

在二十世紀，一九一七年至一九四五年的這個期間具有劃時代意義。因為從一九一七年開始實行的共產主義，以及於一九三三年在德國掌權的國家社會主義，這兩種世界觀都以極權的主張崛起。它們也主張擁有真理，並且聲稱認識了到歷史的運動定律。

它們的封閉性信仰系統、儀式，都有類似宗教的特徵，而對於其信徒的教條式要求更是如此。它們同樣承諾要拯救人們；此外，它們的極權主張也讓人想起傳統的宗教衝突。其教條式意識形態採用和上一個世紀的宗教一樣的方式，要求虔信和忠誠。上述這兩種思想完全違反了自由且自決的人性觀，致使啟蒙運動的思想大開倒車。

國家社會主義及其意識形態上的世界主導權，隨著在第二次世界大戰的戰敗而土崩瓦解；以蘇維埃聯盟為首的共產主義意識形態，則是在大戰之後穩定地維持了數十年。它不斷宣稱自己追隨著歷史預定的道路，一種他們自己的救贖計畫。

從這些宗教和意識形態的衝突得到的經驗和知識，它的歷史性的影響就是一九四八年的《世界人權宣言》。人類的自由和自決同時意味著宗教自由的權利；作為一種人權，這個權利卻意味著：如果我擁有在宗教上的選擇權，那麼我也必須包容其他人的選擇，不論他們認為自己是否需要宗教信仰。

正如歐洲歷史所示，宗教及其真理主張和國家政治掛鉤，一般都是暴力衝突、戰爭和大屠殺的起因。上百萬名受害者告訴所有共犯說，沒有任何真理主張優先於他者。在歷史上，這些經驗往往導致妥協：停戰、損害賠償、尋求平衡，並且設法努力包容。同時，宗教也持續被用來維持並且捍衛階級性的、威權國家的權力結構。

自從啟蒙運動之後，歐洲的國家秩序漸漸和以前的宗教及其正當性主張脫鉤。這個世俗化的過程在生活領域中尤其明顯。其中重要的是，國家作為規範的權威，宗教和意識形態上的中立是其必要的特徵，它也試圖賦予所有宗教相同的權利。正如同霍斯特．德萊爾（Horst Dreier）的精闢描述，現代憲政國家「不是創造意義的機構。……自由憲政國家的威權並『不是』來自神。正如基本法第二十條所說的，所有國家權力都來自於人民。依據這個人民主權的原則，國家權力的基礎既不是君權神授，也不是出色的領袖的個人魅力，更不是形上學的理念或是聖職團體，而只是在於聚集成為國家人民的眾多個體的意志。……除了人民之外，世俗國家和法律沒有其他正當性權威或是意義來源。」[18]

如果說世俗憲政國家對於宗教及意識形態的真理主張堅持中立，它就會從歷史知識裡推論出，按照常理，世上不「可能」只有「一個」（宗教或意識形態的）真理主張！它這麼做完全不是在無條件地宣稱自己為真理，也不是在散布任何意識形態的教條；它就只是在保護它的「所有」人民，讓他們不致被期待必須宣示「一個」意識形態立場，抑或是受制於該意識形態的真理主張。

儘管如此，直到我們現在，宗教的角色和功能依然受到熱烈討論。有個時常聽到的問題是：假如道德行為不是衍生自宗教，那麼人們的倫理行為是衍生自何處？那些規範我們的共同生活的道德觀念，難道不是特別奠基於「西方」或「猶太教和基督教」的價值嗎？

它背後信念是，人類的道德本質只會是宗教性的，也就是說，只有宗教才有辦法產生倫理行為，以及人與人之間（和平的）共同生活。這個假設是錯誤的，情況正好相反：正如我們前面看到的，一直到二十世紀，歐洲的信仰體系及其無條件的真理主張，會導致和平與和諧的反面，甚至是暴力衝突的主要原因。而這些經驗就反映在一八四九年、一九一九年及一九四九年談到人類的個人宗教自由的憲法條文裡。

「博肯費爾德困境」

在討論到國家、宗教與人類秩序之間的關係時，一般都會引用到所謂的「博肯費爾德困境」（Böckenförde-Diktum）：「自由的、世俗化的國家依賴於它們無法保證的種種先決條件。」

恩斯特・沃夫岡・博肯費爾德（Ernst-Wolfgang Böckenförde, 1930-2019）於一九六四年的一場演講「國家的興起為世俗化的過程」裡，探討當前國家與教會關係的問題，他的總結是：「國家應該體現及保證的普遍性實體……再也不是宗教或特定宗教了」，而是必須「獨立於宗教，在世俗的目標和共同性當中尋得」。「國家從何而生？當宗教的約束力對國家來說不再且不得具有必要性後，國家要到哪裡尋找支撐它的、保障同質性的力量，以及自由的內在規範力量？」[19]

後來，博肯費爾德又解釋他如何理解這個問題：「一方面，當國家要保護其人民的自由，基於個人道德與社會同質性而自個人內心加以規範時，那麼國家便只能以自由國家的形式存在。另一方面，在沒有放棄其自由，而且——在世俗的層次上——沒有回到過去導致教派內戰的全體性主張的情況下，國家無法自己（也就是以法律的強制手段以及威權的命令）去保證這個內在的規範力量。」[20]

博肯費爾德的言論一再激起知識圈的辯論，並屢次被人引用且宣稱是要救回宗教的榮耀，彷彿（只有）宗教才能提供所謂自由的、世俗化的國家所缺乏的先決條件。[21] 但是宗教的教義、誡命或價值，對這類基礎而言，是完全不合適的，因為它們的有效性是建立在信仰之上。所以，國家的「內在的規範力量」不可能衍生自任何宗教，因為若是如此，那麼所有不覺得自己屬於該宗教的人民都會落在國家之外。

這件事不需要同質性，不論源自於意識形態或宗教皆然，而是需要源自理性自由的人性；把它視為秩序框架而以法律建構且維繫它們，那是國家的任務，或者更精確地說，是其人民的任務。因為一個自由的、世俗的國家賴以存在的預設，正是創建國家的人民。

每個國家——不管是自由的、世俗的、獨裁的，或是威權的、宗教性的——都是人類的產物；一個國家及其共同生活的規則，只能由人們協商出來，並持續接受他們的法律監督。換句話說，道德不是從天上掉下來的，也不存在於以前的數百年裡，抑或是在發明宗教之前的年代。人們使用他們的知性而得出道德。只要他們身而為人，認識到如果沒有和他人和衷共濟，他們的個人願望、行為與努力便不可能實現，那麼他們就會成為有道德的存有者。

世俗的、自由的國家促使對於理性的開放態度變得可能。那並不是要預防各種全體性的主張，因為那是留待人們去完成的事；而只有人是自由的，才會生起「內在的規範力量」。就這點而言，自由的、世俗的國家確實創造並確立了它自己的先決條件：作為人類發明的產物，它有辦法透過證明自己的效能——作為社會福利國家、法治國家、議會民主，或是個人自由、科技進步的推動者——而每天重新建構且保障自身的意義。

達成這件事的手段，可以是一個使得人盡其才的高效能教育系統、以社會整體福祉為鵠的的負擔和獲利的稅務系統、法律的保障、人類尊嚴、學術自由、免於歧視之保護，或是對於窮苦者的照顧和補貼。

自由國家需要一個團結精神，但這種精神卻不能強制實行，而當博肯費爾德正確地指出這個兩難時，我們卻可以在歷史裡找到答案：啟蒙、認識自己、反思以及人文主義，都是這種精神的重要來源；而宗教則不是，它是訴諸人類之外或之上的、「必須相信」的權威。

人類可以使用理性來建立這個團結精神。只要人自視為人，這個精神就會從他們心裡生起。「個人的道德實體」存在於獨立思考的人的理性能力當中。關於團結精神是如何形成的，定言令式提供了可以作為模範的方向。這當然是個持續性的挑戰，而在啟蒙運動的人性觀裡，它卻是不證自明而且無所畏懼的事。

自由且世俗的國家是因為艱苦地取代了宗教及其他教條式的意識形態的真理主張才誕生的。所有人都可以出於宗教動機而支持那作為自由且世俗的國家之基礎的人權、啟蒙和人性。

但是它們所代表的價值，因而不是宗教的產物，而是人類的產物。只要憲政國家的中立性尊重所有他人信奉（其他）宗教（與否）的自由，那麼就算人們加上宗教信念，也可以相安無事。

現代自由的憲政國家是「沒有神的國家」。正如德萊爾精闢的結論，憲政國家「並不自視為信仰的對立面，反而為它提供了一個平台。沒有神的國家以及社會裡活力充沛的宗教信仰，這兩者絕對不是互斥的。」

「相反的，如果國家本身在世界觀上嚴守中立、不偏不倚，各宗教團體就可以不受拘束地形成擁有各種活動機會平等的自由團體。所有人在信仰和世界觀上的同等自由，也需要國家相對應的節制。因此，就自由而言，國家的世俗化是必要的，而它也對宗教有正面的影響，雖然表面上是弔詭的。」[22]

現代世界的彼岸主張

二十一世紀的世界也充斥著各種宗教思想，以「傳教士」自居的人處處可見，而宗教和政治的掛鉤也屢見不鮮。許多國家都會以統治形式裡的宗教本質為其訴求。

舉例來說，伊朗自稱是「伊斯蘭共和國」，它的政治權力並非「來自人民」，而是源自於神的想像，神透過祂的宗教代理人賦予政府正當性。[23]同樣的，沙烏地阿拉伯自視為「神的國家」，其中，伊斯蘭教的瓦哈比派（Wahhabism）為該國國教，並以君主專制的形態統治該國。這兩個國家不但牴觸了政教分離原則，更違反了普世人權。它們以宗教理由壓迫性別平等以及言論和出版自由。

但宗教運動的影響也可見於世俗化了數個世紀之久的「西方」國家。在巴西，波索納洛參選總統時，他最重要的支持者是福音派創始人埃迪爾．馬塞多（Edir Macedo）及其上百萬名信徒。在巴西國會的「五一三名議員中，目前有兩百名屬於所謂的『聖經黨派』，其中半數為福音派教徒，而當中更有許多人為自由教會（Free Church）的牧師」。[24]至於在美國，支持川普總統的福音派支持團體，估計約有兩千五百萬名成員。

當今多數福音派教徒對於新冠病毒的反應，顯示了一種以宗教為基礎的特殊認知：他們對於美國的科學分析及其應對方式，抱持嚴重懷疑的態度。這個宗教浪潮一向是川普最重要的支柱；川普的副總統邁克・彭斯（Mike Pence）就是歸信的福音派教徒。全國聞名的德州達拉斯浸信教會牧師羅伯特・傑佛瑞斯（Robert Jeffress）曾經與川普在白宮橢圓形辦公室（Oval Office）內公開禱告，在過程中更為總統行按手禮。傑佛瑞斯跟其他批判川普人格的基督徒持相反意見，於二〇一九年十二月「預言」說，絕大多數的人會認為川普是「美國歷史接下來數世紀中最偉大、最接近先知的總統」。[25]亞特蘭大浸信教會牧師查爾斯・史丹利（Charles Stanley）是一位深具影響力的傳教士，他的電視節目《與查爾斯・史丹利博士接觸》在五個國家播放，而他認為新冠病毒是「神的旨意」。[26]

把宗教至上主張表現得最為淋漓盡致的，是「電視福音教徒」肯尼斯・柯普蘭（Kenneth Copeland）。他在二〇二〇年三月二十九日的一場「公開審判」活動中，對新冠病毒下達「命令」，因為：「身為神的子民，我們將擁有主宰新冠病毒的統治權和權威，因為耶穌已經將我們從一切邪惡中贖回，包括病痛、缺陷與流行疾病。」[27]

如同許多其他福音派教徒，身為活動策畫人的柯普蘭，對於能夠持續舉辦集會及募款這件事感到興趣。他的同事、擔任維吉尼亞州林奇堡（Lynchburg）「福音派菁英培育學校」自由大學（Liberty University）校長的傑瑞・法威爾（Jerry Falwell），忽視地方首長針對全球疫情提出的警告，敞開學校大門讓上千名學生繼續到校。[28]法威爾質疑說，國家要求關閉學校的政策背後有政治因素。至於傑佛瑞斯，則在二〇二〇年五月十五日代表加州的三千個教區表示，他們將不理會國家的指示，並在有任何疑慮時，把「神的話語」置於國家命令之上。[29]

在德國，世俗化的政治代議政治也完全不同宗教的代理制度。二〇一九年三月，一群無宗教信仰的社會民主黨員想要在黨內成立一個正式的工作小組（類似基督教徒與猶太教徒的關係），而祕書長拉斯・克林拜耳（Lars Klingbeil）禁止他們使用「社民黨內」（in der SPD）等縮寫字樣命名。[30]

黨魁對於無宗教信仰者的態度素有其傳統。在二〇一〇年夏天，有些社民黨員想要在黨內成立世俗主義者（Laicist）（主張政權歸還給平信徒）的工作小組，他們自視為「沒有宗派、無神論、不可知論和人文主義的黨員的代表和傳聲筒」。黨代表以不具名方式否決了這些世俗主義者的要求。儘管黨主席西格瑪・嘉布瑞爾（Sigmar Gabriel）認為該議題「不是什麼驚天動地的事」，仍不得不在臉書上表達意見：政教分離並不是社民黨的立場。[31]當時的聯邦議院議長沃夫岡・提爾澤（Wolfgang Thierse）甚至提到「世俗化基要主義」（säkularer Fundamentalismus）的危機。[32]嘉布瑞爾自相矛盾地說：國家「不會碰觸世界觀和宗教的問題」，但是國家又會支持「宗教和世界觀團體」。[33]

沒錯，現在到底是怎樣？國家的態度中立嗎？或是支持特定團體？當國家挑選了某些團體，那麼它的立場就幾乎不能算是中立了。問題依舊存在：為什麼社民黨在二〇一九年拒絕像承認宗教團體一樣接受黨內沒有宗教信仰的成員？值得注意的是，我們到了二〇二〇年仍不得不承認，社民黨顯然還不願承認說，在現在的眾多信仰當中，也包括了無宗教信仰。

一個自由的政治秩序不需要宗教基礎，就能夠思考並執行人類和政治的秩序模式。自由憲政國家並不會把自己等同於宗教內容，也會和所有宗教的真理主張保持距離。

對每個自視為人的個體而言，對於道德和倫理的需求是不證自明的。假如信仰凌駕於人類思考之上，並訴諸所謂的神召，那麼，我們就不得不表達相反立場，而那麼做並沒有思想控制的問題。因此，不論守法精神奠基於哪一種個體的內心先決條件，它都是有效的而且必須遵行。

注釋

注1 Lichtenberg, *Sudelbücher*, S. 261。

注2 引自：Lübbers, *Die Heuschreckenplage*, S. 97.

注3 《新約聖經．啟示錄》9:3-10。

注4 引自：Lübbers, *Die Heuschreckenplage*, S. 105。

注5 這些數據推算自人口登記資料（網站：5）（於二〇一八年十月八日取得之二〇一七年資料），不應被理解為確切資訊，但確實能提供讀者十分清楚的比重概念。

注6 Parzinger, *Die Kinder des Prometheus*, S. 15.

注7 Whitehouse et al., Complex societies。

注8 同前揭。

注9 「所以你們要去，使萬民成為我的門徒，奉父、子、聖靈的名給他們施洗。」（《馬太福音》28:19）。

注10 另見：Craig, *Germany and the West*。

注11 Lübbers, *Die Heuschreckenplage*, S. 101-104。

注12 康德（《實踐理性批判》〔*Kritik der praktischen Vernunft*, S. 87）的哲學討論聽起來比較複雜，但意思相同：「只有人及所有與人並存的理性生物，他們本身才是目的所在，亦即人乃是道德規則的主體，憑藉著其自由的自主性而變得神聖。」所有人都能認知、並同時接受人類的不完美性：「個性這種激發尊嚴的概念，向我們展現出自身天性的崇高性（根據決心而來），但同時也讓我們注意到自己的行為在這方面缺乏適切性、並因而壓抑我們的自負心，這些都是很自然且容易被注意到的人類共同理智」（同前揭）。

注13 一八四九年三月二十八日德意志國憲法。（網站：6）

注14 一八七一年四月十六日德意志國憲法的相關法規。

注15 Philipp Eulenburg, *Mit dem Kaiser*, S. 58-59。描述類似的場景。

注16 一九一九年八月十一日德意志國憲法（《威瑪憲法》）；另見：Huber, *Dokumente*, Bd. 4, S. 151-179。（網站：6）

注17 《基本法》第一四〇條寫道：「一九一九年八月十一日德意志憲法的第一三六、一三七、一三八、一三九及一四一條之條款，皆屬此基本法的一部分。」

注18 Dreier, *Staat ohne Gott*, S. 11。

注19 博肯費爾德在埃布拉赫假期研討會（Ebracher Ferienseminare）中的授課內容。研討會主持人為其師恩斯特・福斯托夫（Ernst Forsthoff）；福斯托夫邀請海德堡大學學生及知名學者前來講課，其中福斯托夫的老師卡爾・施密特（Carl Schmitt）經常受邀。博肯費爾德的文本收錄於一九六七年《世俗化與烏托邦》（*Säkularisation und Utopie*）一書中，該書是慶祝福斯托夫六十五歲生日的紀念刊物。

注20 Böckenförde, Entstehung des Staates, S. 93-94。另見：Böckenförde, Kirche und christlicher Glaube。

注21 博肯費爾德於四十幾年後指出，此解讀事實上源自一項誤解：「此呼籲內容確實被部分理解為，只有

宗教才能夠保障由國家所支持的精神及相對同質性。但事實並非如此。重要的是人所體驗的活生生的文化；宗教事物進到文化裡，而文化常帶有宗教的根，但這種根也會分解降級，也可能被其他事物疊加於上。」

注22 Dreier, *Staat ohne Gott*, S. 10。

注23 根據一九七九年的伊朗憲法，簡單來說，世界正等待所謂尚未出現的第十二位伊瑪目（Imam）。在他出現以前，其代表（即宗教領袖）將代為治理。

注24 Brühwiller, Bolsonaros Pakt mit den Freikirchen。

注25 二〇一九年十二月二十日，羅伯特・傑佛瑞斯於福斯財經網（Fox Business）接受魯道柏（Lou Dobbs）採訪。（網站：7）同時，他也承諾要動員二千五百萬名福音派教徒支持川普。

注26 Coronavirus: An Interview with Dr. Charles Stanley, 27.03.2020。（網站：8）

注27 這段影片被發布到網路上，影片敘述原文寫道：「As people of God, we have dominion and authority over COVID-19, because Jesus has redeemed us from every curse, which includes sickness, disease and every plague.」。（網站：9）截至二〇二〇年六月底為止，這段「驅逐病毒」影片（無意諷刺！）已經累積超過一百五十萬次觀看數。影片中，柯普蘭表示：「我在此對你執行判決，新型冠狀病毒……你必須離開這個國家。」他稱道，疫情已經結束、美國已經痊癒（「都結束了，美利堅合眾國已經痊癒且康復。」〔It is over and the United States of America is healed and well.〕）三月二十九日，該國確診人數約為十萬人，三個月後人數增加超過二十倍，而死亡人數自兩千人攀升至十二萬人以上，成長幅度超過六十倍之多。（網站：10）

注28 Williamson, Liberty University Brings Back Its Students。

注29 見：網站：11。

注30 Smolka/Ashlem, Atheisten dürfen keinen Arbeitskreis gründen。

注31 Sigmar Gabriel, 14. Januar 2012。另見：網站：12。

注32 Thierse, Anachronistische Forderungen。

注33 Sigmar Gabriel, 14. Januar 2012。另見：網站：12。

第四章

女性的形象：兩性關係

「所有時代的歷史……都會告訴我們；那些忘記想到自己的人，也會被人遺忘！在我們所有人身處的巨大動盪當中，如果女人忘記想到自己，她們就會發現自己被人遺忘！」

（露易絲．奧圖．彼得斯〔Louise Otto-Peters〕，一八四九年）

第一三五六條：家事管理，有酬工作

（一）1 妻子有承擔經營家庭之責任。

2 只要與其婚姻與家庭義務相容，她有權從事工作。

（二）凡符合夫妻生活之一般情況，所有配偶皆有義務幫助其配偶的工作或事業。

就我們現在看來，女性在法律上遭受的歧視似乎早已成為過去，這是多 嚴重的誤會！直到一九七〇年代末，儘管憲法中已訂定平權原則，女性在法律上的地位仍然比男性弱勢，例如上述的一九五八年至一九七七年版《德國民法典》（BGB）第一三五六條。平權的社會現實依然是個持續性的挑戰。

二〇一九年八月三日，巴伐利亞廣播公司報導一則慕尼黑伊斯蘭協會網站的相關新聞。該網站說，男人有權毆打妻子。《慕尼黑日報》於二〇一九年八月五日寫道：「在慕尼黑伊斯蘭中心（Islamisches Zentrum München; IZM）的網站上，關於『伊斯蘭教中的女人與家庭』之章節引用了《古蘭經》的其中一節經文，表示毆打女人是在處理婚姻困境中的最終解決方法之一，但丈夫必須遵循三個步驟：『訓誡、分床與毆打』。然而，根據『神學士』的看法，毆打『比較偏向於一種象徵』。」[2] *

除了這類的宗教基要主義，女性在世俗世界中同樣持續被賦予特定角色模式，例如，德國另類選擇黨（AfD）便感嘆道「不婚不生急遽增加」。女性被分派了一個明確的功能：基於「自然的性別兩極性」，為了「維繫她們自己的國民」，她們對於德國「人口現況」宣揚「典範轉移」到「以現行的之家庭政策為形式的人口政策」。[3] 於是，根據二〇一七年聯邦選舉的綱領，「聯邦家庭事務、老年、婦女及青年部」必須改名為「聯邦家庭事務及人口發展部」，「以因應科學規範來配合並促進人口發展」。[4]

在全人類中，女性與男性大致佔了相當的人口比例。[5] 實證上，全球女性數量較男性人口稍少[6]，

---

* 譯按：《古蘭經》：「男人是維護婦女的，因為真主使他們比她們更優越，又因為他們所費的財產。賢淑的女子是服從的，是借真主的保祐而保守隱微的。你們怕她們執拗的婦女，你們應該勸戒她們，可以和她們同床異被，可以打她們。如果她們服從你們，那末，你們不要再想法欺負她們。真主確是至尊的，確是至大的。」

但她們（至少在許多工業化國家中）平均壽命較男性長，在統計上也比較健康。然而，人類歷史顯示，在政治、經濟與社會進程及權力關係中，不同性別的參與並不對等——數千年來，女性被排除在政治與經濟權力之外。人們一再以所謂神祇或自然賦予的差異及相關特徵去證明這種不平等，但是它其實是人類的產物，尤其源自男性的行為。

在漫漫長夜的解放過程中、在政治和社會活動經歷了極大的阻礙與傳統的限制以後，源於自然法的人類平等，以及隨之而來的性別平權意識，在啟蒙運動之後，終於也被稱為人權之一。最終達成的進步結果表現在核心層面，例如選舉權、婚姻法及職業選擇自由，乃至福利國家對於孩子的平等撫養權的建構，這就是意識歷程和權力協商的結果，兩者是無法分割的。

解放不只意味著女性的平權，也代表所有處於不同權力地位之個體與社會群體的普遍機會對等。面對世界的挑戰，這個歷程預設了理性的處理方式，它卻不僅止於合理性而已，它更要求結果必須不斷受到檢視。當我們探究女性解放時，這種觀點可以說是處於「邁向成熟的漫長道路上」。[7]

「知性不分性別」

數世紀以來，在「篤信基督宗教的西方世界」裡——我們可以說在德國也是一樣——女性形象一直受到宗教思想的影響，例如《聖經》的故事：夏娃是以亞當的一根肋骨「創造」而來，這則寓言聽起來像是在說女人是男人的「副產品」。由於女人的來源與構造，她附屬於他，並不具備獨立性——我們在《創世記》（二：二三）中讀到「她當稱為女人，因為她是從男人身上取出來的」。除此之外，她也要為「被逐出伊甸園」負責，因為她違反了「神的命令」，讓自己陷入誘惑、吃了

「善惡知識樹」上的果子。「原罪」，即人類的根本罪，因而被套在女人身上。

數千年來的日常活動與傳統，經過長時間的發展，濃縮成現代化以前的社會傳統性別形象，呈現於上述故事當中。基於宗教的美化，這些形象具有極大的影響力。

聖多瑪斯（Thomas von Aquin, 1225-1274）等西方哲學及其具有基督宗教色彩的詮釋，他們的思考模式為「自卑」和「瑕疵」。過去，基督宗教的人性觀一直是主流思想，而根據該人性觀，女性在教堂裡必須保持安靜（*taceat mulier in ecclesia*）[8]——女性被隔絕於大多數公共生活之外，只具有妻子與母親的身分。「在整個歐洲，女性是男性的『財產』，因此不是法律上的人，不准經商或簽立合約，甚至不准管理自己的繼承物與資產。而這個情況在整個十八世紀期間都沒有改變。」[9]

啟蒙運動固然挑戰這個人性觀，卻沒有徹底改變它。舉例來說，法國啟蒙運動思想家拉巴爾（François Poullain de la Barre, 1647-1723）在他的《論兩性平等》（*De l'Égalité des deux sexes, discours physique et moral où l'on voit l'importance de se défaire des préjugez, 1673*）中明確表示，男女在生理上的差異不會影響其思考能力：「知性不分性別」。[10]但即便是在啟蒙運動思想家陣營當中，那也只是單一意見，甚至到了兩百年後，當多姆（Hedwig Dohm, 1831-1919）把這句話稍作修改為「人權不分性別」時，也是乏人問津，而且此情況並不僅限於德國。[11]

啟蒙運動時代的觀點依舊是被父權思想主宰，對於「自然」差異的理解及其推論（男性優於女性），反映出當時性別角色的基礎。盧梭（Jean-Jacques Rousseau, 1713-1778）在一七六二年的《愛彌兒》（*Émile, ou de l'éducation*）中論道，女性附屬於「主動的」男性之下，是比較「被動的」一方；她們在社會中的定位源自於「女性的天性」。[12]不論是盧梭的《社會契約論》（*Du contrat social, 1758*）或是孟德斯鳩的《論法的精神》，都沒有「把女性視為夥伴而置入社會契約論裡的思想」。[13] 如果真的要談啟蒙運動的「解放歷程」，那麼也僅限於中上資產階級的少數女性。[14]

當然，絕大部分的女性都屬於所謂的中下資產階級。她們「以廉價勞工的身分……滿足全歐洲工業領域的需求。部分女工住在住宅區裡，那往往是『監獄和囚犯工廠』的混合體，若每日工時以十五小時來看，她們幾乎不曾離開住宅區」。那種情況讓我們聯想到現下的亞洲血汗工廠（sweat shops）。此外，她們所賺取的「貧窮工資也遠低於男性工人的報酬。生活一樣悲慘拮据的，有流浪漢、小販、商人、乞丐、（家務）女傭、臨時工與妓女等女性族群。」[15]

在男性的監護、受限於私人環境的情況下，女性無法就讀大學、從事一般行業、經商或工藝，也被拒於政治權力位置的大門之外。在公共生活、社會或文化中，她們不被視為獨立個體，甚至幾乎就像不存在似的。

轉捩點：法國大革命

法國大革命同樣也是女性主義和女性解放運動歷史的一個轉捩點。相較於美國《獨立宣言》提到的人權見解，法國大革命更是強烈挑戰傳統思想，並撼動「整個文明最根本的基礎」。[16]

孔多塞（Jean-Antoine de Condorcet, 1743-1794）是大革命當中最知名的女權擁護者之一，他在一七九〇年的《為婦女爭取公民權》（*Sur l'admission des femmes au droit de cité*）當中表示：「要麼全人類中沒有任何人擁有真正的權利，要麼所有人都應該擁有相同的權利，而那些對他人的權利投下反對票的人，不論他們是否屬於不同宗教、膚色或性別，都因此喪失他們的權利了。」[17]

但是女權倡議沒有就此止步於這類公開文書；此時，女性本身已經是主動參與政治的主體了。一七八九年十月五日及六日，在所謂「巴黎婦女大遊行」當中，一場從巴黎走到凡爾賽的「群眾示威」聚集了「大約八千至一萬名婦女，她們最後還受到兩萬名男性國民自衛軍，即新的民兵組織，一路護送。」[18]他們不只要求賦予女性參與公共生活的權利，也主動拿回權利，並且充分發揮它的效力。

其中主要的冷領袖是艾塔・潘・德爾德（Etta Palm d'Aelders, 1743-1799）。德爾德出生於荷蘭，自一七七三年起以女權主義學者兼沙龍籌畫人的身分，游走於巴黎的外交和新聞業界活動。一七九〇年十二月三十日，她在法國國民大會前發表《論犧牲女性、利於男性之法律不公》（*Sur l'injustice des Loix en faveur des Hommes, au dépens de Femmes*）。[19]

同時期的奧蘭普・德古熱（Olympe de Gouges, Marie Gouze, 1748-1793）擁有作家等多重身分，她以一七八九年的《人權與公民權宣言》為基礎，於兩年後草擬了《婦女及女性公民權利宣言》（*Déclaration des droits de la femme et de la citoyenne*）。其中，她明確表示，人權不只是男人的權利，而套用公民權時不應考量性別差異。宣言第一條開宗明義道：「婦女生而自由，且在各項權利中與男人平等。在社會領域中的差異只能以公共利益為基礎。」沒有人應該「因其想法而處於劣勢，即便是在根本的天性問題上亦然。女性有權攀上結構鷹架，同樣也必須被賦予登上演講臺的權利。」[20]

儘管德古熱的影響力在將近兩百年的歷史裡微乎其微，她所提出的攀上結構鷹架之權利仍不時被人引用，因為這道公式已然成為她們的宿命：「她藉由書寫顛覆國家」的指控，導致她受到富基耶坦維爾（Antoine Fouquier-Tinville, 1746-1795）的革命法庭審判，並於一七九三年十一月三日遭到處決。[21]

爭取更多女性平權以及參與的動力，在法國大革命期間再度喪失。當時雅各賓黨宣稱的「女性的榮譽」在於，「在謙遜的面紗及她們的家園的陰影下，悄悄培養出屬於她們的性別的美德。此外，也不應由女人向男人展示該路徑。」[22]此外，反動的規模也很大，因為身為核心權力人物的拿破崙助長了這個概念。法國《民法典》（*Code civil*）起草人之一的波塔利（Jean-Étienne-Marie Portalis, 1746-1807）不明白一個問題：人們「已經針對兩性間的優劣或平等爭辯多時，沒有什麼事情比這種爭執更加無意義」，因為「天性使他們不同」，而這種差異正是「其權利與義務的基礎」。[23]拿破崙自己也說，丈夫務必擁有掌控其妻的「絕對權力」！[24]

十九世紀女性的法律處境

為了了解並且劃分當時的情況，首先我們必須注意到法律地位的問題：女性身為法律個體的概念幾乎沒有出現在十九世紀的法理學裡，更精確地說，在討論她們的社會定位時，幾乎都只跟丈夫或男性有關。黑格爾在其《法哲學原理》（*Grundlinien der Philosophie des Rechts*, 1821）中提到：「男子的現實的實體性的生活是在國家、在科學等等中，否則就在對外界和對他自己所進行的鬥爭和勞動中，所以他只有從他的分解中爭取同自身的獨立統一，在家庭中他具有對這個統一的安靜的直觀，並過著感覺的主觀的倫理生活。至於女子則在家庭中獲得她的實體性的規定，她的倫理性的情緒就在於守家禮。」[25]

這類想法通常導致女性的自決遭到剝奪，更別提政治參與甚或共同決定的權利。男性有能力決定其生活條件，而正如《民法典》所寫的，他們甚至也有權力掌控通訊。對此，史托堡・利林格（Barbara Stollberg-Rilinger）總結道：「男人們在十九世紀公民社會裡不斷提升的平權源自法國大革命，卻也更徹底地把女性排除於政治生活之外。」[26]

把女性排除在外是如此自然而然的事，甚至不需要成為討論議題——「不論是在選舉權或德國人在法蘭克福聖保羅教堂中的基本權利等辯論中，抑或是在個別國家憲法（例如一八五〇年普魯士憲法）或新興的貿易與商業自由中」皆然。[27]

主要的改變先驅大多是經濟獨立的女性，她們利用其自由，以透過積極參與而要求平權。自一八四三年起就經常在公眾場域露臉的露易絲・奧圖・彼得斯（Louise Otto-Peters, 1819-1895）表示：「女性為了國家的利益而參與公眾事務……不是一項權利，而是義務。」[28]。她在一八四九年發行《婦女報》（*Frauen-Zeitung*），但是遭到薩克森邦查禁，她也籌畫女性研討會，並於一八六六年推出一份備受關注的宣傳手冊《婦女工作權》（*Das Recht der Frauen auf Erwerb*）。

在財務獨立與自決之間、以及在個人自由與社會參與之間的因果關係，以前（現在亦然）從來沒有像在「女性權利問題」裡如此顯著。客觀而言，女性一向與男性同等地工作，但是她們的法律、社會與物質地位依然附屬於男性。因此，取得獨立收入及財務獨立的權利是所有獨立選項的核心議題，直到今天都是如此。為了阻擋解放的步伐，人們不斷發明新的歧視形式，以保存傳統性別角色，針對女性公務員的單身條款便是一例。

根據一八七三年帝國公務員法（Reichsbeamtengesetze），各邦國訂定自己的公務員法規，並實行教師禁婚令。[29]巴登大公國（Großherzogtum Baden）於一八七九年規定說，「唯有未婚女性才得以任職教師」。[30]普魯士自一八九二年起就規定公職教師於結婚後必須解僱，也可能會喪失領取退休金的權利。[31]相關法規因國而異，但是女性總是遭到相較於男性的歧視，所有女性公務員都必須申報婚姻狀態，不過沒有訂立「普遍禁婚令」。[32]

女權主義者瑪莉亞・里希涅夫斯加（Maria Lischnewska, 1854-1938）老師於一八七五年開始任教時，單身條款還沒有生效，但是她強烈反對這項歧視。身為普魯士國民小學國家協會的第二任主席，她在一九〇四年的一場國際婦女會議上表示，她希望「看到男性教師在國內也是在接受終身獨身的條件下才得以獲聘；他必須向國家完全效忠。」[33]

女性教師的單身條款混雜了當時的偏見與經濟計算。女性之所以得以擔任教職，主要是因為職員不足，於是她們扮演起備受歡迎的經濟來源角色；她們應該可以保持這個彈性。該論述摻雜了根深柢固的角色形象。人們認為，已婚女教師因為丈夫和孩子的關係，而無法在學校的職務上投入必要的精力。一名女性教師必須專心致志於她的工作，她可以因此而得到獨立，而那是對她有利的事，她必須權衡放棄自己的家庭。

這種把女性教師單身條款誇大成有解放意味的職業，其實就和其他辯解的空話一樣，只是粗暴地閹割了個人的人生決定權。要求女性教師不得擁有配偶，這「並非德國特色」，事實上，在一九一四年以前的職場世界裡，「全歐洲和美國的絕大多數女性教師」都具備兩個特徵：「她們賺的錢比男同事少，而且單身。」[34]

當我們把目光轉向農場和工廠時，會發現只有這些場域才有可能兼顧工作和家庭生活，對許多女性來說，這甚至是她們的永久日常。此外，在這裡，她們的工作量幾乎不少於男性，所以她們作為家庭主婦和母親的額外角色，會和她們在職場上的身分完全交織在一起。基本上，大部分女性的日常生活，在我們想得到的各種領域和生活場域裡，都被要求投入同等且持續性的精力和承諾，她們就這麼理所當然地承擔這個要求。

爭取投票權

所有的解放都需要政治權力才能執行。因此，在國際女性運動中，爭取投票權成為一項核心訴求。

在德國，最早開始倡議兩性都應享有投票權的是社會民主黨。起初，勞工運動內部的態度頗具爭議。其中，全德工人聯合會（Allgemeiner Deutscher Arbeiterverein）特別把女性視為勞力市場上的競爭對手。很快的，社會主義運動便形成一個想法：男女都是階級鬥爭的一部分，他們也必須共同克服階級鬥爭。關於這個議題，社會民主主義者倍倍爾（August Bebel, 1840-1913）的《婦女與社會主義》（*Die Frau und der Sozialismus*, 1879）最受人矚目。這本書的發行背景是在蘇黎世發生的社會主義者迫害事件，它意圖提供一個綱領式的綜覽，說明社會問題和「解放婦女」是密不可分的。

創立於一八九四年的德國聯邦婦女協會（Bund Deutscher Frauenvereine; BDF）到了一九〇五年時大約有十萬名成員、一百九十個婦女協會。[35]「女性議題」變得不容忽視，但是在輿論當中，該問題依然受到傳統角色形象的影響。想要多了解相關資訊的人，可以在一九〇七年的《邁耶百科詞典》（*Meyers Großem Konversationslexikon*）中看到：「相較於實務需求，政治平等之訴求應該是源自可疑價值的理論觀點。女人的精神個體性，以及主宰她們的情緒生活，使她們看起來不適合積極參與公共生活。假若現代文化也拒絕……針對女人的殘暴壓迫，好比發生在野蠻人與東方的情況……，如此一來，該文化便會藉由認知理想化的性別差異，來促進屬於真正女性氣質的利益，並幫助女人獲得她們值得擁有的地位，以及有利於她們的活動範圍。送男人進到國家，送女人進入家庭！」[36]

即便在當時，對於獨立而自覺的女性而言——一如往常，經濟、財務的穩定性激發了參與解放所需的自由——這番話已經是一種挑釁與矮化。如果你認為該詞典的摘要是當時時代精神的流行看法，那麼就聽聽看米娜．考爾（Minna Cauer, 1841-1922）更具革命性的論述：「女性不再屬於家屋，她們屬於這個屋子：國會大廈。」

考爾年紀很輕就結婚了、有過兩段婚姻。她在財務艱困的情況下成為老師，並以匿名作者身分開始寫作。一八九五年，她創辦刊物《婦女運動》（*Die Frauenbewegung*），並與其他女性一同成立德國婦女選舉權同盟（Deutscher Verband für Frauenstimmrecht）。其他重要的先驅包含海蓮娜．朗格（Helene Lange, 1848-1930）、克拉拉．柴特金（Clara Zetkin, 1857-1933）與安妮塔．奧格斯普爾格（Anita Augspurg, 1857-1943）。[37]她們都遭受到當時的抵制和惡意攻訐，儘管歷史主流直到第二次世界大戰之後很長一段時間，仍然普遍忽視女權運動的決心，但是她們的影響力確實深植於歷史敘事當中。

爭取婦女投票權的運動在英國尤其激烈。自一八八〇年代起，英國國內有越來越多婦女組織成立，以此為主要追求目標。到了第一次世界大戰時，已經有六百多個這類團體，而全國婦女選舉權聯盟（National Union of Women's Suffrage Societies; NUWSS）總共累積了超過十萬名成員。[38]

其中，由艾米琳・潘克斯特（Emmeline Pankhurst）於一九〇三年十月創立的婦女社會與政治聯盟（Women's Social and Political Union; WSPU）的歷史重要性不只在於其新興運動形式，更是因為她們強大的行動主義形式：她們的格言是「行動勝於言語」（Deeds, not words.）。她們的刊物名為《婦女選舉權》（*Votes for Women*），同時是聯盟的口號和主要訴求，每週發行四萬份，明確表達她們的基本主張。這些女性領導者同時創立了爭取投票權的現代手法，以海報、旗幟和手冊為大眾思想帶來深遠影響。

一九〇八年六月二十一日，五十萬名婦女在倫敦發起爭取選舉權之遊行活動。英國經歷了一場頑固的無知和解放的動力之間的角力：握有權力的男性試圖以國家力量、逮捕和監禁的方式捍衛當時充滿歧視的現況。其中，他們認為自己已經透過「民主」程序取得執行上述手段的正當性，因為他們代表著他們的（男性）投票人。他們只代表了一小部分人口的這個事實，削弱了正當性的基礎，卻沒有對他們構成挑戰。

第一次世界大戰期間的轉變

第一次世界大戰決定了性別關係的形成，當然也具有革命性的影響。由於男性必須從軍、前往戰場，把女性納入工業生產過程的需求因而產生。過去，女性的責任始終以家務與孩子為主，而人

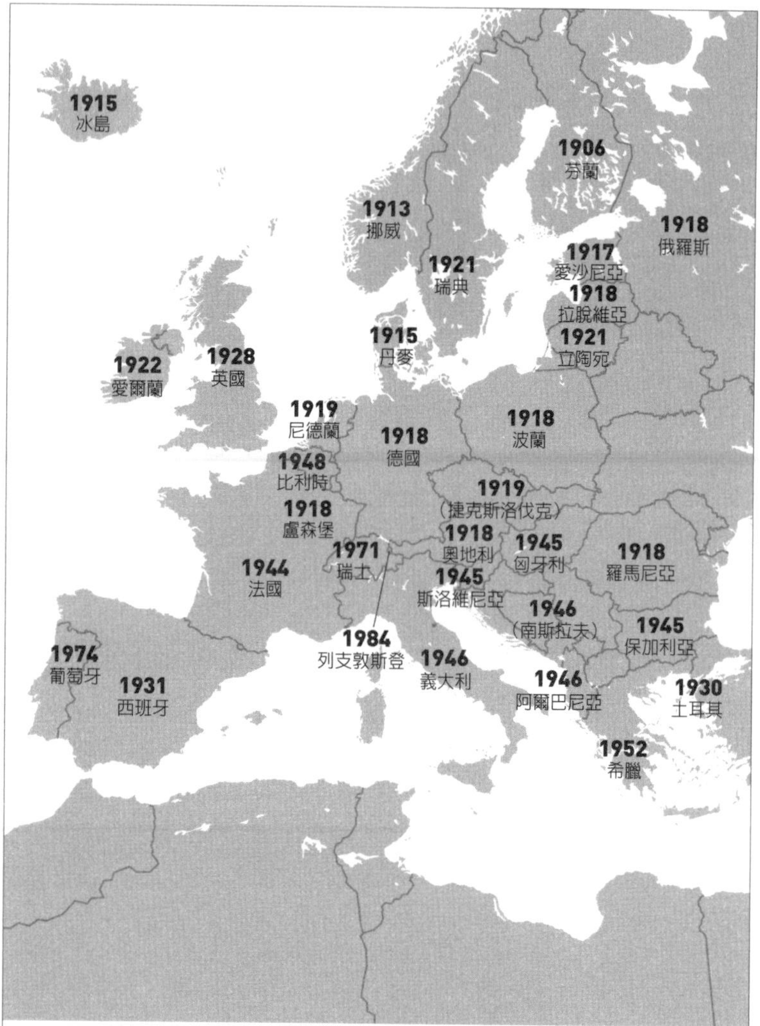

婦女投票權概況：示例

婦女投票權概況：

半數人口沒有選舉權：在許多歐洲國家中，直到第一次世界大戰末期，婦女投票權才首度實施，而有些國家則是到第二次世界大戰之後才開始。起初，某些國家針對性別訂立不同的投票年齡限制；舉英國為例，直到一九二八年後，男女才首次享有無差別投票權。

們這時卻發現，她們在工業和公共事務上也可以和男性一樣投入。

相較於其他國家，英國在一九一四年以前經歷的婦女選舉權衝突，可以說是最劇烈的，它一方面以暫時的和解落幕，而另一方面則是誘發了社會改變的初期階段。[39]舉例來說，過去許多莊園的運作都仰賴於管家、清潔工、廚工、洗衣工、保姆等廉價女性勞工，而這些女性通常都和業主簽署長達數十年的合約；這些社會結構都如實呈現於《樓上、樓下》（*Upstairs, Downstairs*）、《唐頓莊園》（*Downtown Abbey*）或《重返布萊茲海德莊園》（*Brideshead Revisited*）等電影和電視影集中。但是現在，許多女性勞工已經可以在工業中賺取更高薪資、享有更多自由且彈性的個人選擇，固有的莊園圖像就此瓦解了。

同樣的，在德國，這場戰爭也強化了女性工作的結構轉移而導向工業與服務業。婦女開始任職於國防工業與公家機關，傳統上以女性為主的產業，如紡織工業，則漸漸式微。整體而言，受僱婦女的比例維持在大約三分之一的勞工總數。[40]

在君主制被推翻之後，人民代表議會於一九一八年十一月十二日開始實施婦女投票權：「基於適用於全體二十歲以上男性及女性之比例代表選舉制，往後所有公家機構之選舉，將依據平等、匿名、直接、普及等選舉權原則實施。」[41]

一九一九年，選舉產生的四百二十三名制憲國民會議議員中，共有三十七名女性議員，約佔十分之一的比例；直到一九八三年以前，德國國會和聯邦議院從未再度達到這麼高的比例！一九一九年二月十九日星期三是新議會的第十一天會期，當天，社民黨黨員瑪麗・尤哈斯（Marie Juchacz,

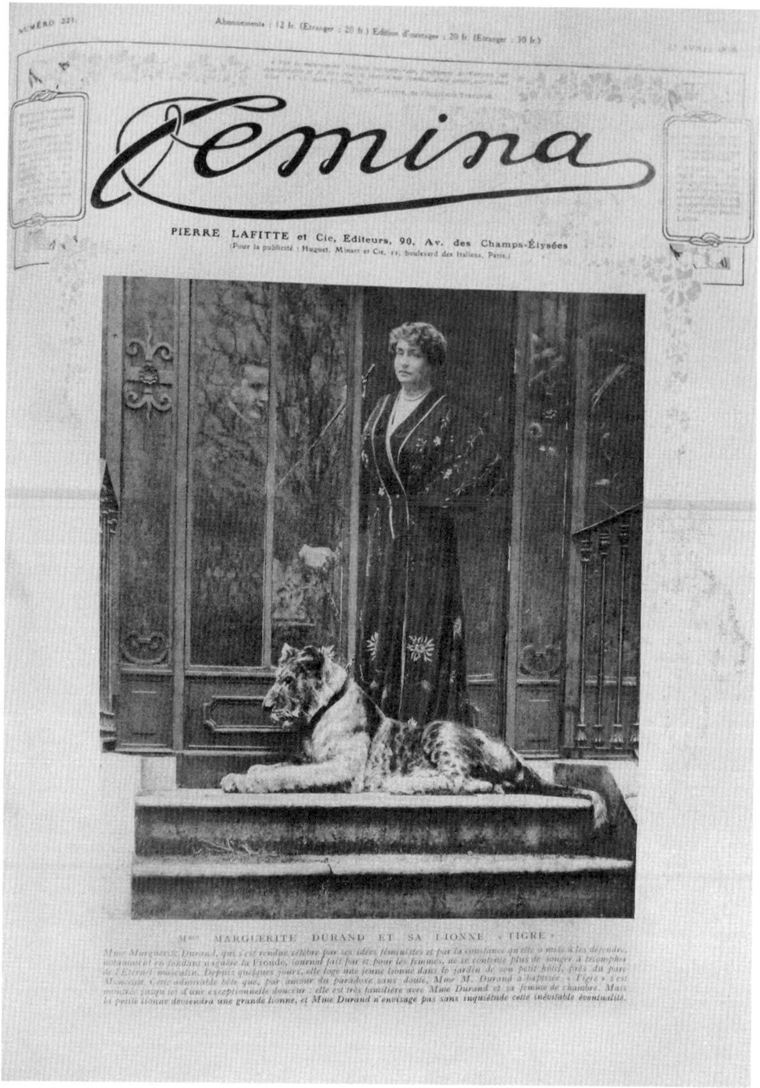

NUMÉRO 221.

Abonnements : 12 fr. (Etranger : 20 fr.) Edition d'ouvrages : 20 fr. (Etranger : 30 fr.)

Femina

PIERRE LAFITTE et Cie, Editeurs, 90, Av. des Champs-Élysées

(Pour la publicité : Huguet, Minart et Cie, 11, boulevard des Italiens, Paris.)

Mme MARGUERITE DURAND ET SA LIONNE « TIGRE »

Mme Marguerite Durand, qui s'est rendue célèbre par ses idées féministes et par la constance qu'elle a mise à les défendre, notamment en fondant naguère la Fronde, journal fait par et pour les femmes, ne se contente plus de songer à triompher de l'Eternel masculin. Depuis quelques jours, elle loge une jeune lionne dans le jardin de son petit hôtel, près du parc Monceau. Cette admirable bête que, par amour du paradoxe sans doute, Mme M. Durand a baptisée « Tigre » s'est montrée jusqu'ici d'une exceptionnelle douceur : elle est très familière avec Mme Durand et sa femme de chambre. Mais la petite lionne deviendra une grande lionne, et Mme Durand n'envisage pas sans inquiétude cette inévitable éventualité.

法國記者兼婦女投票權運動者瑪格麗特・杜杭（Marguerite Durand）在一九一〇年初與她的母獅「老虎」〔Tiger〕合影。照片中，杜杭替一場投票權運動擔任模特兒，雖然她只能象徵性地參與該活動，而母獅則是法國在西非的總督威廉・梅洛龐地（William Merlaud-Ponty）贈送的。透過這類宣傳活動，女權運動者成功地為她們的志業製造曝光率。杜杭的影像及相關漫畫，持續刊登在法國和國際報刊上長達數個月。

1879-1956）成為首位在民主選舉的德國議會上演講的女性。針對她的開場問候「我的先生、女士們」，在場議員報以「興高采烈」的反應、在議程上大聲回覆。尤哈斯自信地表示：「我想在這裡表示，而且我相信許多人會同意我所說的——身為德國婦女，我們並沒有欠這個傳統概念中的政府一個感謝。這個政府所做的是一件理所當然的事，它把過去女性遭到不公剝奪的權利還給她們。」[42]

此時，女性身為國家公民的權利被記載於《威瑪憲法》第一〇九條中：「男女基本上擁有相同的公民權利及義務。」[43]女性教師單身條款也被廢除[44]，但是女性的公民權依然僅限於「基本上」，也就是說仍然受到限制。改變只有在於國家層面，在私人生活層面，依然沿襲了一九〇〇年《德國民法典》的男性至上原則。[45]

婦女透過她們在戰爭期間的工作，已然成為商業生活中的一部分。她們擔負起原先僅限於男人的功能。現在，這些飽受創傷、長年習慣暴力的男人從戰場上回來，必須努力找出重返公民日常的途徑及新的定位，一般是指新的工作職位。社會的主流期待是，婦女必須讓位給返家的士兵。已婚女性的工作被許多人視為一種挑釁，因為她們被認為是「被供養的」。在工作機會稀少的情況下，她們遭到污名化、被稱為「雙薪工人」（Doppelverdiener）。一九二三年，政府重新施行公務人員單身條款，甚至取消了和公務人員密切相關的解僱保護條款。

一九三二年五月三十日，「女性公務人員法定地位法」生效，第一條便武斷地表明：「已婚女性聯邦公務人員依據要求，隨時得解僱之。假若女性公務人員的經濟來源因高家庭收入而貌似永久穩定，主管公務當局甚至不須符合本項規定即行解僱。」[46]「所有退休金和相關福利」應以遣散費結算。

這些敘述的關鍵在於其象徵性效果：國家可以隨時廢除那些被視為穩定而可以信賴的規範和規定。這是極權主義的野心，它清楚表明了平權的法規仍然不是基本權利的一部分，正如尤哈斯所強調的，它是社會協商的一項可變資產。

在國家社會主義崛起不久之後，接踵而來的是有意識且明目張膽的極權體制，它要求所有男人或女人都臣服於它，並規定擁有明確意識形態特徵的角色。

國家社會主義中的女性

國家社會主義德國工人黨（NSDAP〔通稱納粹黨〕）是一個男性黨派、納粹德國（NS-Staat）由男性領導，而「第三帝國」的核心也是個男性社會。希特勒及其黨羽倡議的女性角色是他們所謂的「自然法則」，她們必須居於附屬的地位，並專注於家庭、廚灶和母親的身分。

希特勒以為這個性別形象會吸引許多女性，但是正好相反，國家社會主義德國工人黨「直到一九三二年聯邦總統大選前，都沒有獲取和男性票數相對應的女性票數，更遑論在女性合格選民間的覆蓋率」。[47]國家社會主義的快速崛起並不是因為女性的聲音。該黨派的黨員結構也反映出由男性主導的現象，女性仍然在陰影底下。一九三五年一月一日，國家社會主義德國工人黨共有二百五十萬名「黨團同志」，其中只有十三萬六千一百九十七名女性。

國家社會主義的世界觀把女性定位為服務人民和育種的角色：她們應該盡可能地「生產」孩子；而為了優等民族的身分及生存空間而戰鬥的任務則是男性的事。在一九三四年九月八日一場「關於德國婦女」的演說上，希特勒解釋說：「那些或許較沒有哲理天賦的精神體，能夠透過科學分析的方式，更加直覺地感受到未受污染之人的心緒。女人的感受，尤其是她們的心緒，素來對男人的精神具有補足的效果。……女性解放的論述只是猶太學者發明出來的言論，其內涵實由同樣的精神所塑造而成。……人們說，男人的世界是國家、男人的世界是搏鬥、是對群體的投入，那麼男人或許可以說，女人的世界比較小，因為她們的世界就是她們的丈夫、她們的家庭、她們的孩子及她們的房子。……當女人闖入男人的世界、他們的主場時，我們覺得這是不正確的，唯有兩者的世界維持分離狀態，我們才會視之為自然。……所有來到這個世界的孩子都是一場戰役，為了他們國家的存亡而戰。……我們因而把女人建構到屬於國家群體的奮鬥當中，正如同自然與天意的決定。」[48]

納粹德國初期，把婦女趕出她們的職位，有助於一舉減少失業人口，但是軍備及一九三五年重啟的徵兵，很快便吸收了數百萬名男性勞工。因此，國防經濟相關職務必須壓榨所有潛在女性勞力的壓力隨之增加。自一九三六年起，已婚女性農工再度獲准參與收成工作；一九三七年十月，聘僱已婚婦女的禁令被廢除；一九三八年二月，政府針對所有二十五歲以下女性實施農務及家務管理「義務年」。在工業化國家裡，關於家庭、廚灶的言論再也站不住腳，國家的勞動人口必須承受高壓、為了戰事生產軍備。如果原本屬於男性的工作領域中沒有女性的參與，那麼，國家社會主義者也不可能建立起一個國家。儘管當時瀰漫著保守主義的意識形態，反對女性就業，以及反對「雙薪工人」的相關運動，在一九三三至一九三九年間，女性就業人口仍從一千一百六十萬提高到一千四百六十萬。

戰爭期間，最後動員的後備軍也不分年齡和性別了。舉例來說，國防部長亞伯特・史佩爾

（Albert Speer）在一九四三年十月十八日的一場大點名（Massenappell）中號召「具有創造力的德國青年」[49]；數千名年輕女子穿著白色襯衫、年輕男黨員穿著制服，在史佩爾面前以行列式行進。身為「如今在職場與經濟生活中擔起重要任務的大約六百萬名青年」的代表，史佩爾鼓吹他們持續參與戰爭，並為了「創造新興德國生存空間」而奮鬥。[50]在戰爭的最後十二個月，平民受害者超過三百八十二萬人，大約是前面幾年間受害者總數的兩倍。[51]

「男性與女性有同等權利」

在大約一千八百萬名德國男性之中，大約有四百萬個軍人喪生，另外有一百二十萬個失蹤人口，而有四百萬人淪為戰俘。因此，大戰後初期，住在德國境內的女性比男性多了七百萬人，而有兩百萬名女性成為「戰爭寡婦」。戰爭期間，額外的日常負擔就已經落到女性肩上，而現在她們當中有許多人因為性別比的失衡因素而被迫處於單身狀態。同時，男性仍然在黨團、行政管理及公家機關當中位居要津。

新興政黨尤其吸引女性投票人的興趣；這些政黨很快便由康拉德・艾德諾（Konrad Adenauer）和庫爾特・舒馬赫（Kurt Schumacher）等早在納粹黨執政以前就從政的人主導。然而，即便已有女性成為活躍的政治家，她們的人數仍然不足。據估計，在戰後時期，每十名女性中大約只有一名擔任相關代表以及公職。直到一九六〇年代末期，在主要政黨當中，女性也只佔了全體成員的五分之一。

立法會議於一九四九年五月為德意志聯邦共和國通過基本法，當時在場的除了六十一名男性之外，只有四名女性：伊麗莎白・塞伯特（Elisabeth Selbert）、弗里德里克・納德希（Friederike Nadig）、海蓮娜・韋伯（Helene Weber）以及海蓮娜・魏瑟爾（Helene Wessel）。「男性與女性擁有同等權利」這句話之所以納入基本法當中，主要是因為她們其中的塞伯特，也多虧了成千上萬受她鼓舞的女性的公開支持。

當時除了有大量持反對意見的男性抵制這個條文，塞伯特也必須克服來自其他「基本法之母」的質疑。反對者對於這句條文的法律效果感到恐懼。托瑪斯・德勒（Thomas Dehler，自由民主黨）說：「這麼一來，《德國民法典》就違憲了。」[52]事實上，原先施行的《德國民法典》在許多方面都違反了平權原則，是可忍孰不可忍。最初的版本源自帝國時期，於一九〇〇年生效，經歷了所有政體的更迭而原封不動，其基礎為對於婚姻和家庭的父權觀念。由於它不再符合基本法，民法規定也必須調整。

基本法第一一七條中的過渡與最後條款寫道，所有違反平權的條例都必須在一九五三年三月一日終止。*但是期限過了，一九五二年十月有一項法案沒有通過，而具有歧視意味的條例則一直沿用到一九五八年：

《德國民法典》第一三五四條（至一九五八年止）

（一）丈夫有權決定所有與共同婚姻生活相關之事務，尤其是居住地與住所。

---

* 譯按：第一百十七條：「一、法律與本基本法第三條第二項牴觸者，在未經依照本基本法該項規定調整以前，仍繼續有效，但不得超過一九五三年三月三十一日。」

（二）若丈夫的決策出自於權利濫用，妻子沒有義務聽從該決策。

妻子不只必須在居住地及住所內聽從丈夫，也必須在該處替他工作：

《德國民法典》第一三五六條（至一九五八年止）

（一）無關乎第一三五四條之內容，妻子有權利及義務管理家庭事務。

（二）凡下述活動為夫妻維生之慣常情況，妻子有義務於家庭事務上及丈夫經營之事業中工作。

同樣的，於一九五八年生效的修正條款，依舊指示妻子應繼續扮演服從而依賴的角色；她們的自由權仍然受限而且仰賴於模糊的準則，無法自行決定：

《德國民法典》第一三五六條（一九五八至一九七七年）

（一）1.妻子有承擔經營家庭之責任。

2.只要與其婚姻與家庭義務相容，她有權從事工作。

（二）凡符合夫妻生活之一般情況，所有配偶皆有義務幫助其配偶的工作或事業。

接下來，歷經長達十九年之後，在一九七七年的修正內容中，平權至少發展成慣例，雙方相互權衡的準則也已然建立；該法規可被視為賦予兩性同等的決定權。

《德國民法典》第一三五六條（一九七七至二〇〇二年）

（一）1. 夫妻透過雙方協議管理家庭事務。

2. 若經營家庭事務之工作落在其中一方配偶身上，該配偶獨自承擔經營之責任。

（二）1. 雙方配偶皆享有有酬受僱之權利。

2. 選擇並執行有酬職務時，他們必須考量到其配偶與家庭之利益。

相較於第一三五八條，其他少數規定更明確提到妻子的法律從屬性及潛在的未成年性，實際上否決了婦女決定其自身職業行為的權利。丈夫能夠利用無數方式來阻止妻子賺錢或財務獨立。關於這點，原文內容也值得一讀，以了解當時決定聯邦共和國法律規範的女性形象：

《德國民法典》第一三五八條（至一九五八年止）

（一）1. 若妻子擔任第三方職務、親身提供服務，且若丈夫通過聲請後獲監護法庭之授權，則得以在沒有提前告知的情況下，終止其法律關係。

2. 若妻子之活動影響到其婚姻關係之利益，監護法庭必須予之授權。

因婚姻之故，婦女不只在選擇職業與求職上之個人自由受到限制，她們甚至喪失了處置自身資產的權利：

《德國民法典》第一三六三條（至一九五八年止）

（一）基於婚姻關係，妻子的財產聽任於丈夫的管理及使用權（攜入的財產）。

（二）妻子在婚姻期間所取得之財產，亦屬於其攜入的財產。

以基本法為本而推動的法律改革相當牛步化，它顯示出法律傳統在政治和議會權力問題結構當中有多麼根深柢固。正因為女性在政黨、議會和政治權力圈中的數量一直不足，即便她們佔了大部分的人口數及相對應的投票人口數[53]，仍舊必須採取其他途徑來強調平權的利益，並且進一步擁護她們的自身利益。

一九六二年，德國社會民主黨要求針對女性的處境成立調查委員會。《時代週報》（*Die Zeit*）記者海因茲．伯格納（Heinz Bergner）於一九六四年十二月寫的一篇文章，充分展現當時的時代精神，在其中，其他問題似乎更為迫切：「上週三，經過數小時關於納粹罪行的追訴期，以及德國教育體制的狀況或緊急情況等辯論之後，聯邦議院成員已然感到疲乏，不再有意討論原本排入議程的婦女報告（Frauen-Report），然而至少聯邦政府承諾執行全面性的婦女調查（Frauen-Enquete）」。[54]

一九六六年六月，長達六百頁以上的《婦女在職場、家庭與社會中之現況報告》（*Bericht über die Situation der Frau in Beruf, Familie und Gesellschaft*）就性別相關情況提出豐富的實證細節。該報告提供了非常不同的歷史推論，指出在工業化以前，家庭社區與男女共同工作的情況十分普及。女性當下要面對的挑戰，其實都是來自工業化歷程以及「家務以外」的職場世界。

報告相當明確地談及「女性模範的轉變」。確實，女性的社會角色一直是「透過女性本質的想像」以及「在前景中的母親身分」加以定義的，身為「家裡的母親」的「女性形象」，也被視為「『原型』階層」，但該報告清楚提到西蒙・波娃（Simone de Beauvoir）於一九四九年出版的劃時代著作《第二性》（*Le Deuxième Sexe*）。根據波娃的說法，「女性模範並不是以前既有的，而是歷史的產物。」[55]

當時的受僱婦女大多半是非技術性勞工。就實作面而言，這意味著她們大多屬於產業中的後備軍，在經濟繁榮之際可以運用（而必要時，在經濟危機時可以隨時遣散）。關於「婦女、職業與工作」的想像，依然是傳統性別形象以及可用經濟資源的結合，這也決定了當時常見的三階段模式：「在第一階段職業訓練與工作之後，第二階段是婦女作為母親與家庭主婦肩負之義務的緊急使用，而第三階段則使她們得以再度進入職業生涯。」[56]

在許多方面來說，這距離平權還有很長一段路。男性不但沒有撫養孩子的相同職責，這個模式也不符合變動不居的工業社會裡的勞力市場現實，因為脫離職場生活數年之後，就很難回去了（依據前述第二階段，實際上至少會有二十年的脫節），而與此同時，男性則能夠繼續發展他們的職涯。

另一個名為「婦女與社會」（Frau und Gesellschaft）的調查委員會於一九七三年十一月成立。

這次是由基民盟和基社盟（CDU/CUS〔通稱聯盟黨〕）提出的要求，以回應關於一個新興女性形象多年以來的論辯，即避孕議題和第二一八條。一九七一年六月六日《明星週刊》（*Stern*）的封面故事可以說是這場辯論的象徵。該期封面有二十八位女性名人，以代表三百七十四名在刊物中自白的女性：「我們墮胎過！」[57]

調查委員會的任務是提供「關於社會中婦女的法律和社會平權之建議」。相較於第一次調查委員會只花了短短幾年的時間就做出報告，這次則經歷了三次以上的任期。[58] 調查委員會於一九七七年發布的期中報告（明顯具備「工作坊特色」）一共發行了六萬五千份。[59]

同年間，下一場聯邦議會決議繼續執行調查，但是調查結果到了一九八〇年八月才完成，來不及趕在聯邦議院選舉前進行討論，那些內容相對限縮的報告漸漸從人們的注意力中淡出。[60] 關於女性在社會與政治中的角色等討論轉向一個全新的層次：由議會之外與所謂的新興社會運動帶頭、對於「男性共和國」（Männer-Republik）的直接挑戰。

直到一九八三年以前，女性議員在德國聯邦議院中的比例持續低於十%！在一九七二年的議會中，女性議員的比例達到最低點，只有五．八%；該次選舉確立了聯邦總理威利．布蘭特（Willy Brandt）在議院中的多數席位，而布蘭特早在數年前便是以「挑戰邁向更多民主！」（Mehr Demokratie wagen!）口號出道的。

「綠黨」（Die Grünen）在一九八三年的選舉中大勝而進入聯邦議院，於一九八四年首度成立全女性的議會黨團，並為了更新女性自決之認知而推動大量政治活動。這些發展在權力政治上形成決定性的影響。在風格和用詞方面，當時在議會的論爭經歷了大量來自女性主義的衝撞；起初對於人們構成挑釁刺激，隨後漸漸以卓越的方式進行跨黨合作，並且在那些年間緩步而持續地踏上改革之路。[61]

一九九四年十一月十五日，聯邦議院決議增補了基本法第三條第二款：「男女平等。國家應促進男女平等之實際貫徹，並致力消除現存之歧視。」可以說是這個持續進行的反思歷程的一個里程碑，而這個議題還沒抵達終點。

就社會現實而言，德意志聯邦共和國在許多領域中，依然距離性別平權甚遠，在一個核心問題上尤其顯著：那就是同工同酬。這個問題也存在於女性在企業中的管理職位，以及重要機構和政黨的職涯發展機會。沒錯，現在的確有若干女性握有權力職位[62]：安格拉・梅克爾（Angela Merkel）便是最顯著的例子，但是真正人口比例的完全平等仍然遙遙無期。此外，在聯邦議院和國家議會中佔有席次多年的德國另類選擇黨，其黨綱旨在國家鼓勵生育的服務當中呈現所謂「自然」的性別和家庭形象，並轉而回到「自然性別極化」（natürliche Geschlechterpolarität），換句話說，他們擁護沒有科學依據的性別二分法。

然而，女性平權的歷史顯示，長期來看，以理性原則為導向是有利於社會的，它可以在生活機會上提供所有人最大限度的公平性：在任何人權和法治的國家以及民主自由的地方，「知性不分性別」的認知一直在論述當中活躍著。[63]這個現象能夠在社會的所有領域中得到驗證，身為成功企業主的女性角色便是一例，即使目前幾乎還沒有比較系統化的歷史研究，但是這樣的案例不勝枚舉，包含寶馬車廠（BMW）的尤哈娜・匡特（Johanna Quandt）與蘇珊娜・克拉滕（Susanne Klatten）、德國INA軸承公司的伊莉莎白・舍弗勒（Elisabeth Schäffler）、博德曼公司

德國聯邦議院自一九四九至二〇一七年間之女性比例
每一任期最初之統計（以百分比顯示）

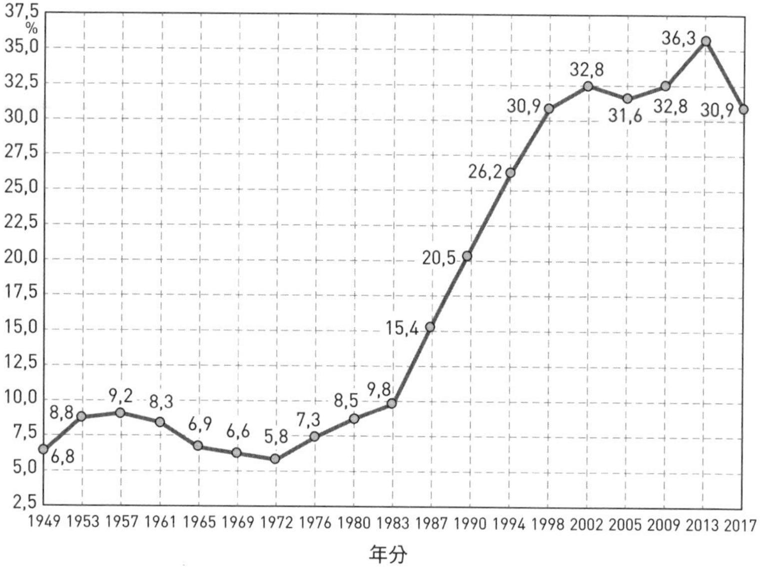

於一九一九年所票選出的制憲國民會議中，423 名議員中有 37 人為女性，約佔9%。這個比例直到一九八三年以前在國會或聯邦議院是絕無僅有的，女性比例通常都低於9%！同樣的，在現今的聯邦議院中，只有30%為女性議員，相較之下，德意志聯邦共和國全體人口中，女性佔51%。

（Bertelsmann）的麗茲和碧爾吉特・默恩（Liz und Birgit Mohn）及阿克塞爾・斯普林格集團（Axel-Springer-Verlag）的弗里德・斯普林格（Fride Springer）、馮克媒體集團（Funke Mediengruppe）的佩托拉・格羅特坎普（Petra Grotkamp）、鮑爾媒體集團（Bauer Media Group）的伊馮・鮑爾（Yvonne Bauer），以及擁有同名企業集團的亞歷珊德拉・斯科爾古柏（Alexandra Schörghuber）、擁有同名釀酒廠的蘿瑟瑪麗・費爾廷斯（Rosemarie Veltins）及其競爭對手華士坦（Warstein）的卡塔莉娜・克拉瑪（Catharina Cramer）。[64] 被視為理所當然的男性主導局面，已經成為過去式，近期研究甚至發現，男女混合董事會中若有較高比例的女性成員，該企業便會有更高的財務成就。[65]

基本上，平權問題一向都和政治、社會與經濟的權力議題有關，而在民主法治國家裡，這些議題都取決於議會、法律及公家機關，或是經濟的權重及財富。這就是為什麼女性在立法機關、公家機關、企業董事會和監事會中的參與問題至為重要。

但是平權的發展並不是無意識的、自然而然的事。再者，在歐洲和北美洲盛行的性別平等的人性觀，儘管與世界上其他人性觀有所差異，卻還是有個共同點：沒有人會被問到是否認同這些人性觀，他們反而是以宗教、意識形態或者權威的方式被賦予了一個身分。這對女性和男性而言，才是真正的挑戰。

注釋

注1 Louise Otto, Frauen-Zeitung (Probenummer), 21. April 1849, S. 1；可見於網路（網站：13）。

注2 另見：網站：14。

注3 另見：網站：15。

注4 德國另類選擇黨於二〇一七年九月二十四日德國聯邦議院選舉上發表的宣言。

注5 若論及我們所說的「自然的」意義為何，以及由其中推論出我們對於性別理解有哪些分類等問題的背景，我們必須討論歷史面向與科學面向。我們將所謂的生理性別（即英文裡的「sex」）與性別角色（即英文裡的「gender」）兩者加以區分；我們利用物理特徵來決定生理性別，而個人的性別角色可以跟前者不一樣。多樣性是人類的天性；男性和女性的「本質」可能不一樣，但他們的「價值」並無不同。此文本聚焦於歷史上的性別兩極化，但並無意將之視為「自然的」本質。

注6 比較：世界銀行相對應的數據。（網站：16）

注7 這段用詞來自芭芭拉・貝克・坎塔莉諾（Barbara Becker-Cantarino），引自：Brandes, Frau, S. 126。

注8 於是，這句話也代表女性被排除於教會教導師以及牧師等職位以外。

注9 Brandes, Artikel “Frau,“ S. 128。

注10 Gerhard, *Frauenbewegung und Feminismus*, S. 12。

注11 另見：Karl, *Die Geschichte der Frauenbewegung*, S. 83-84。

注12 Gerhard, *Frauenbewegung und Feminismus*, S. 12-13。

注13 同前揭：S. 13。

注14 Brandes, Artikel "Frau," S. 126-128。

注15 同前揭：S. 126。

注16 Gerhard, *Frauenbewegung und Feminismus*, S. 10。

注17 同前揭：S. 14。

注18 同前揭：S. 10。

注19 幾週之後，人們把這場演說的內容加上帕爾瑪（Palmer）所寫的內容，一併印製成小冊發行。

注20 Bessières/Niedzwieck: *Die Frauen in der Französischen Revolution*, S. 14, 15。

注21 另見：Gerhard, *Frauenbewegung und Feminismus*, S. 18。

注22 法文原文：「L'honneur des femmes consiste à cultiver en silence toutes les vertus de leur sexe, sous le voile de la modestie & dans l'ombre de la retraite. Ce n'est pas non plus aux femmes à montrer le chemin aux hommes.

注23 引自：Gerhard, *Frauenbewegung und Feminismus*, S. 18。

注24 法文原文：「Le mari doit avoir un pouvoir absolu et le droit de dire à sa femme: Madame, vous ne sortirez pas, vous n'irez pas à la comédie, vous ne verrez pas telle ou telle personne; car les enfans [sic] que vous ferez seront à moi.」

注25 Hegel, *Grundlinien*, S. 319。

注26 Stollberg-Rilinger, *Europa im Jahrhundert der Aufklärung*, S. 278：正如她所總結的，「若要去證明朝向比啟蒙運動時期更為高度的平等及自由的這種線性發展，那是錯誤的。……直到大概一百年後，新的女性運動才成形，而它們對於法律平等的訴求應該有更多成功機會才對」（同前揭）。

注27 Gerhard, *Gleichheit ohne Angleichung*, S. 143。

注28 露易絲・奧圖彼得斯也有用她個人的名字出版著作，但為了避免混淆歷史來源，也便於讀者在參考書目中辨別，我們在這裡將她的所有出版著作都列於其冠夫複姓下。

注29 另見：Kling, Die rechtliche Konstruktion, S. 608。

注30 Gesetzes- und Verordnungsblatt für das Großherzogtum Baden (1879)。

注31 引自：Löwe/Reh, Das zölibatäre Leben, S. 33。

注32 Kling, Die rechtliche Konstruktion, S. 609。

注33 引自：Löwe/Reh, Das zölibatäre Leben, S. 33；另見：Reh, Die Lehrerin。

注34 直到一九五七年五月，聯邦德國勞動法院（Bundesarbeitsgericht）才宣布單身條款無效；聯邦德國勞動法院第一參議院的判決。

注35 Karl, *Die Geschichte der Frauenbewegung*, S. 85。

注36 Frauenfrage, in: *Meyers Großes Konversations-Lexikon*, Bd. 7 (1907), S. 40。

注37 這裡提到的女性只是歷史中的一些重要女性代表，她們的成就一直到二十世紀下半葉才開始被人研究。在建立歷史意識上，德國女性運動檔案庫（das Archiv der Deutschen Frauenbewegung; AddF）尤其重要。

注38 Karl, *Die Geschichte der Frauenbewegung*, S. 69。

注39 戰前的軍備競賽導致遺產稅及財產稅增加（勞合・喬治於一九〇九年提出的人民預算），而在那之後，第二波浪潮也於此時展開，並將傳統資產階層及統治階層納入國家成本之整體責任當中。許多房地產幾經轉手，可能被拋棄，抑或是透過售出其他資產加以維持，此現象在倫敦尤其明顯。

注40 Frevert, *Frauen-Geschichte*, S. 150-155。

注41 另見：Huber, *Dokumente*, Bd. 3, S. 6 f.。

注42 另見：網站：17。

注43 Weimarer Reichsverfassung, *Grundrechte und Grundpflichten der Deutschen*, Die Einzelperson, Artikel 109 Abs. 1。（另見：網站：6）

注44 《威瑪憲法》第一二八條之二明確指出：「所有針對女性公務人員的豁免條例都將移除。」

注45 另見：S. 78 f。

注46 *Reichsgesetzblatt*, Teil 1, 1932, S. 245 f。

注47 Falter, *Hitlers Wähler*, S. 143。

注48 Wollstein, *Quellen*, S. 123-127。

注49 史佩爾的演講由德意志帝國青年領袖的官方機關所印製：Das Junge Deutschland, Nr. 11 (1943), S. 259-260。

注50 *Völkischer Beobachter*, 18. Oktober 1943; *Wochenschau* (688) vom 10. November 1943, 4'40-4'56。

注51 Speer, S. 679-680, Anm. 9。

注52 *Der Parlamentarische Rat* 1948-1949, Bd. 5/I, S. 748。

注53 一九五〇年，德國約有五千零八十萬人，包含二千七百一十萬名女性及二千三百七十萬名男性；一九六一年六月，總人口約為五千六百萬，包含二千九百七十萬名女性及二千六百四十萬名男性。

注54 Bergner, Frauen-Enquete。

注55 *Bericht der Bundesregierung über die Situation der Frauen*, S. 9：另見：Beauvoir, *Das andere Geschlecht*, S. 281 ff.

注56 *Bericht der Bundesregierung über die Situation der Frauen*, Einleitung, S. XVII。

注57 即便不是所有連署人都墮過胎，但她們都跟清單籌畫人愛麗絲・史瓦茲（Alice Schwarzer）一樣，曾經

「在腦中演練過」這件事。

注58 Plenarprotokoll Nr. 07/64 vom 08.11.1973 (Einsetzungsbeschluss); Bundestagsdrucksache Nr. 07/5866 vom 11.11.1976 (Zwischenbericht der Kommission); Plenarprotokoll Nr. 08/25 vom 05.05.1977 (Einsetzungsbeschluss); Bundestagsdrucksache Nr.08/4461 vom 29.08.1980 (Bericht der Kommission)：網站：18。

注59 Deutscher Bundestag (Hg.), Frau und Gesellschaft. Zwischenbericht der Enquete-Kommission, Stuttgart 1977; der Bericht ist datiert auf November 1976 (Bundestagsdrucksache Nr. 7/5866). Vgl. Bericht der Enquete-Kommis- sion Frau und Gesellschaft, 29. August 1980 (Bundestagsdrucksache Nr. 8/ 4461), S. 3-4：網站：18。

注60 一九七七年的期中報告共有九十五頁，而一九八〇年的報告為三十八頁。一九八一年三月十九日，聯邦議院曾對此進行辯論，但沒有任何明確結論。最後一次討論於一九八六年由青年、家庭與健康委員會執行：Beschlußempfehlung und Bericht des Ausschusses für Jugend, Familie und Gesundheit (13. Ausschuß) zu dem Bericht der Enquete-Kommission Frau und Gesellschaft, 5. Juni 1986 (Bundestagsdrucksache Nr. 10/5623)：網站：18。

注61 目前清楚概述者為：Körner, *In der Männer-Republik*。

注62 如今在所有政黨中，女性已經為自己建立好基礎，參與爭取實質掌權的領導角色。在這裡，我們應該要提到安妮格雷特・克朗普・凱倫鮑爾（Annegret Kramp-Karrenbauer）、安德里亞・納勒斯（Andrea Nahles）、薩斯基婭・艾斯肯（Saskia Esken）、佩托拉・基平（Petra Kipping）、莎拉・瓦根克內希特（Sahra Wagenknecht）及安娜琳娜・貝伯克（Annalena Baerbock），甚至是德國另類選擇黨的愛麗絲・魏德爾（Alice Weidel）——在她所處的圈子裡，競爭對象多以男性為主。

注63 因此，歐盟於二〇〇六年三月發表「男女機會平等藍圖」（Fahrplan für die Gleichstellung von Männern und Frauen），並創立「歐洲性別平等研究所」（Europäisches Institut für Gleichstellungsfragen）。

注64 直到幾十年以前，女性仍經常得等到她們的父親或丈夫過世之後，才能夠坐上決策者的位置。

注65 die McKinsey-Studie, Diversity Wins: How Inclusion Matters, Mai 2020。

第五章

發現聲音：政治與參與

「並沒有人優秀到可以不經他人同意就治理他人。」

（亞伯拉罕・林肯〔Abraham Lincoln〕，一八五四年）

二〇一九年三月，於倫敦，要求針對英國脫歐（Brexit）舉行第二次公投之示威遊行。這些公投被以快照的形式捕捉下來，表示複雜的問題能夠用簡單的是非作答加以解決。非此即彼的對抗取代了民主協議的原則、持續性的利益妥協，致使社會產生分化。在英國脫歐的議題上，持相反意見的雙方旗鼓相當。二〇一六年輸掉公投的那一方，在體會到隨後幾年的後果之後，要求再次舉行投票；結果是無疾而終。

「我們國家才剛結束一場大型民主活動，它的規模或許是史上最大。超過三千三百萬名來自英格蘭、蘇格蘭、威爾斯、北愛爾蘭以及直布羅陀的人民表達了他們的心聲。我們應該為自己感到驕傲，因為我們信任這些島民、由他們做出如此重大的決定。我們不只擁有議會民主，當談到我們該以何種形式或方法接受治理的問題時，有時候詢問人民本身是正確的，而這也是我們做到的。英國人民投票決議脫離歐盟，這個決議必須受到尊重。……我們必須遵從英國人民的意願。……因此，該結果不得受到質疑。」[2]

脫歐公投之後，英國首相大衛・卡麥隆（David Cameron）在二〇一六年六月二十四日發表的辭職演說上，試圖解釋他為何打破了該國原引以為傲的議會民主。「有時候詢問人民本身是正確的。」好像在說他們國家的人民除此之外沒有其他機會能夠表達意見了。英國的多數表決制強調各區選民和議員之間的連結。由於選舉權讓人民選出一個最受歡迎的候選人而排除其他候選人，議員不得不照顧他們服務的選民。以後還會有選舉。畢竟，選舉是「詢問人民本身」這個民主過程的本質。

人們經常誤以為公投是個具有民主意義的行為。這個觀點可以就歷史去解釋，因為投票權是個歷經多重艱難才爭取到的人權。大多數男性一直到十九世紀才獲得選舉權，而女性甚至更晚。

任何有在關注德國、歐洲和北美洲民主議會的公開辯論的人，最近應該會看到關於民主的質疑論調，甚至是某種疲乏感，其中，聲量最大的批評總是在攻擊「體制」。

顯然，大部分的原因是源自於歷史的遺忘，此外還包括對於想像中的往日穩定生活的嚮往，它和錯綜複雜的當下形成強烈對比。這個從不存在的美化了的過去，可以上溯到德語區和歐洲的歷史。

「威權統治的穩定性」這個觀念有其傳統，尤其是在德國。在「體制批評」當中，極少有人意識到，他們在那些所謂「美好的舊日時光」中根本不可能發聲，更遑論分到政治權力的一杯羹。代表大多數人民的議會作為政治立法和權力支配的中心，要一直到一九一四年才在德國首度成立。

這不僅僅是因為德國對於政黨的普遍偏見，關於不同論述、概念與意見多數的種種爭論，也都起了不可或缺的作用。擁有投票權的人的願望和意志必須被傳達、構建和協商。有鑑於此，政黨（原則上開放給所有人）便成為擁有相關世界觀和利益的人的聚集地。藉由選出自己的政治結構和領導者，他們在代議民主裡創造了自己的能量中心，而這種代議民主則不斷在自由選舉中建立其正當性，同時擔任政治權力的基本載體，以及握有政治控制的基礎機關。

一直到二十世紀，在中歐德語地區（普魯士境內主流群體尤甚）最為盛行的想法是，政黨有兩個必要的任務：在政治上使國家權力正當化，並且以議會方式控制國家權力。統治者的仁民愛物的想像相當普遍，人民認為他們會關照「他的臣民」的福祉，並且保障他們的安全，為「受到權力保護的內心世界」保留一個空間（湯瑪斯·曼〔Thomas Mann〕語）。十九世紀初，歌德在《浮士德》（*Faust*）中把「政治歌曲」叫作「污穢歌曲」（garstig Lied）。

「政黨」往往誤以為自己是在整體人民之外的，因此，主張普選的民主主義者，甚至是在國際上和同路人聯合的社會民主黨，都被視為「沒有祖國的人」。一九一四年八月四日，德國軍隊進軍比利時，威廉二世在柏林宮（Berliner Stadtschloss）向國會議員宣示：「我不再認識任何政黨，我只認識德國人。」這句話也訴諸一個幻想，誤以為所有臣民都是同質性的。

首先，德國人必須學習的是，在政治思想的形成以及不同利益的和平妥協當中，政黨扮演了多麼不可或缺的角色。長久以來，德國人不情願地學到了這件事。「那麼，」庫爾特・圖霍爾斯基（Kurt Tucholsky）於一九三一年寫道：「假如我們現在拿掉政治中的一個愚蠢的小把戲，也就是譴責執政黨說他們在經營政黨利益？是的，他們除了經營政黨利益之外，究竟還能做什麼？全體福祉……，我早就知道了。但是我只是想要知道，假如不是為了讓政黨擁有權力這個目的，那選舉和政治宣傳和政黨鬥爭的目的究竟是什麼。而當他們達成目的，他們必須做什麼？當然是要使用他們的權力。……唯一需要對抗的是政黨利益，這件事並未被如此公開認知到，卻假裝是在為大方向而努力。」[3]

走向參與決定的漫漫長路

在歷史進程中，人們已經為了他們的共同生活發展並試驗了許多秩序模式。從西元前三千年的埃及統治體系到啟蒙運動時代，政治秩序從來不是以一個人人平等而等值的觀念為基礎，人們並沒有因為身而為人就有權去共同決策。一個（大多是宗教）正當化的階級（權力）結構，一直被視為既定的，在其中，所有人（不是每個個體，而是以任意方式定義的團體中的一分子）都被分配到一個位置。為了以階級結構的方式來建構政權，並且把領導者設置在頂端，特定團體的權力參與形式一向有其必要，例如神父、公務人員、貴族或地位團體。

從中世紀便以政治聯盟形態存在的神聖羅馬帝國，一直到被拿破崙廢除之前，其主權頂端設置了一個遴選的國王或皇帝。然而，只有少數選民「享有投票權」。德意志國王或皇帝握有最高權威、宣稱自己繼承以前古羅馬之傳統及皇位，並且「由上帝」加以正當化。

至於他的執政，不僅要仰賴自己的軍隊、皇室或謀士，他還需要盟友幫助他建立且維持整個聯盟穩定。在歷史現實裡，這些盟友便是選民、諸侯、伯爵、騎士、主教等統治階層裡的夥伴。他們都擁有自身利益，也握有不同程度的權力。

國會是個聯合政治決策的集會機關，自一五二一年起，具有納稅義務且意欲參與決策的地位團體（die Stände）便開始於此聚集。我們可以謹慎地把這些帝國政治體（Reichsstände）解釋為一種代議制度，他們是在「臣民」當中脫穎而出的一小群中間統治者。

如果放到現代的背景裡，帝國政治體可以形容為權力網路裡的獨立管理單位。皇帝想要從他們身上課稅，而他們則是想要鞏固自己的權力、追求自身的利益、尋求保障、安定和利潤。為了共同利益，他們透過人、忠誠、協議和合約形成一個網絡，也一直會相互競爭。

回顧近代歐洲早期的歷史，我們在所有國家中都可以看到地位團體與最高統治者之間持續的權力鬥爭，即使結果不盡相同。在英國，地位團體在議會中以核心權力之姿與君王抗衡。國王與議會之間的衝突導致一六四二年的內戰，最終以國王查理一世於一六四九年一月三十日被斬首收場。

這個事件告訴我們，就連君王也可能遇到這種結局。君主專制在事件後續的鬥爭當中短暫復辟，但是到了一六八八、一六八九年的光榮革命（Glorious Revolution），議會終究選出了自己的國王。君主變成議會的一部分（「國王會同議會」〔king in parliament〕），其地位不再高於議會。另一方面，在法國，以「太陽王」路易十四（1638-1715）最著名的波旁王朝，則試圖削弱地位團體，並自行建立「絕對君主制」。與英國國王或德意志皇帝不同，他以長袖善舞削弱了地位團體的權力；他建立起一個龐大官僚，密切掌控親信；他建立常備軍，作為其權力工具，它也是規模龐大的官僚機構，執行他的願望和命令；最後則是他本身籌措資金的能力，以及限制地方領導團體否決權的能力。

在德語區境內，不論是皇帝或其他個別君主，沒有任何人取得相對特殊的地位，而是呈現出如拼布一般林立的統治區域，而沿著上百個疆界延燒的宗教衝突則穿插其中。為了獲選，皇帝終究必須妥協，不得不讓步以爭取支持。

位於雷根斯堡的國會是權力團體的協商地點，它卻沒有像倫敦國會那樣成為權力機關；它並沒有高於帝國全體聯盟的權力位置，卻發揮了平衡利益及展現力量的作用。至於它的臣民，帝國人民，雖然佔了大部分人口，卻不曾扮演任何政治角色；他們的功能在於勞役和生產，而沒有他們自己的代表。

隨著人性觀在啟蒙運動時代的轉變，也就是對於自然權利的認知，原先在歷史裡被認定有效的統治組織的定理開始受到質疑。這正是經濟學家兼政治作家尤斯第（Johann Heinrich Gottlob Justi, 1720-1771）在他的《優良政府概論》（*Grundriß einer guten Regierung*, 1759）中所寫到的：「由於所有理性之人皆享有自由及知識，他們應當自治；自由且文明之人亦應以此為本、盡己所能地自治。人民有能力出於異議而進一步立法，因為他們比任何人都更加認識自身的處境與需求。因此，在一個明智的混合政府形式裡，立法權應該交給人民。然而由於全體人民無法在不失序或疏忽的情況下，在大型及中型國家中自主召開全體會議，而且最底層的人民也不具備國家真正福祉所需的知

直到一八〇六年以前，「神聖羅馬帝國」及其境內上百名統治者決定了中歐的政治地圖長達數世紀，其中包含哈布斯堡王朝（Habsburg）與霍亨索倫王朝（Hohenzollern）等領土廣大的政權，以及其他佔地僅數公頃大的小型王國。不同政權之間的教派衝突形塑了帝國內的日常生活，並影響大規模的政治；無數領地邊界致使經濟發展困難。另一方面，在教派與領土上比較統一的英國和法國，則發展為活躍、位居主導地位的世界強權。

識和洞見；自然的，政府因而需要透過代表來執行其立法權。低地德語國家的每個城市和區域，都必須藉由自由選舉推派代表，而這是人民駕輕就熟的能力，因為就連最低等的人民都有能力分辨其才能及功績。」[4]

於是，政治理論的核心問題是：有鑑於全體人類的自然權利，政權應如何正當化？如果政權的基礎為人與人之間的契約，那麼君主或諸侯如何正當化他們的地位？

一個答案是，統治者自視為所有契約當事人的共同利益而把自己正當化。「開明君主」應該被視為理性的最高代表，高於各個階級以及個人利益，服從自身的理性律法。但是，應該由誰來監督？而且，何不尋求其他方法去訂立理性法律呢？

遠方的北美洲獨立運動示範了在有疑慮的情況下，具備自我意識的公民如何以武力抵抗傳統統治者。一七七六年的《獨立宣言》明確表示，所有政權皆由人民建立而成，以鞏固其不容剝奪的權利，而各政權的權力與正當性都源自於被統治者的同意。如此權力政治的實踐就有了自然法思考的推論。[5]

人們對於「公平代表」的需求，逐漸發展為代議民主的核心議題。就要求制憲一舉，北美洲再次立下模範，於一七八七年制定、一七八九年生效，把這些權利一一納入憲法、加以規範，美國憲法不只規範了立法權力及其監督範圍等議題，更在增修條款當中明訂「人民的」自由權利。[6]

所謂「人民」究竟指誰，那要視不同的時間點而定。一般來說，對於人性觀的限縮看法摻雜了偏見，排除了只擁有「治於人者的褊狹知性」的「群眾」[7]，就連在美國，「所有人」的定義也不包括婦女、奴隸及非白種人，這些族群並沒有選舉權。

婦女、沒有接受過多少正式教育的人、基於特定種族或宗教原因的人，法律否決這些特定族群判斷及投票的權利，一直和「一人一票」的要求相牴觸：引用他們的話，臨時工、礦工或奴隸等可能不會讀寫的人，為什麼要讓他們參與選舉，並在政治中享有話語權？在爭取普遍而平等的選舉權的路上，一開始就遇到傳統權力團體的保守意志，這些人相信自己是被揀選者，認為自己肩負代表全體人民的使命。

在所有（成年）人是否得以參與政治決策的爭議當中，一七八九年的法國大革命可以說是歐洲歷史裡的決定性轉捩點。當時所謂的第三等級，包括農民與工匠，他們和資產階級一樣，都可以在制憲國民會議當中成為核心影響因素。隨著《人權宣言》的持續發酵，貴族、教士的特權以及封建稅終於被廢除。

於一七九一年通過的憲法，基於一些經濟標準，起初只有二十五歲以上男性有選舉權，把大多數人口排除在外。不過，到了一七九二年，國民公會便以（男性）普選為基礎成形。然而，革命的浪潮迅速演變為相互競爭的權力團體之間的血腥衝突，最終於一七九九年由拿破崙出兵鎮壓收場。

拿破崙政權基於權力欲而到處征戰，把法國革命的動力擴及整個歐洲大陸，使得歐陸政治地圖重新洗牌。同時，他也開疆拓土，囊括到他的結構化領地、統治權與人民之範疇內，以鞏固自身的權力。

這個基於一八〇六年舊帝國瓦解而確立的革命性土地重劃，不只摧毀了德國國會及其他傳統地位團體代表等機關，也帶來實際上的變革，例如農奴解放或貿易自由，並且為日耳曼的國族主義煽風點火。

憲法問題

在民主意義下的政治參與問題裡，制憲的要求具有決定性的意義。一七九九年，拿破崙提出的新憲法為法國大革命畫下句點；到了一八三〇年，歐洲總共通過了七十多部憲法，旨在有系統而透明地規範個人與國家權力間的關係，並且適用於全體人民。國族主義和制憲要求這兩件事，都違反了中歐德語區裡許多核心王朝權力以及秩序原則，他們在一八一五年拿破崙政權結束時，於維也納會議上重新分配領土。新建立的德意志邦聯（Deutscher Bund）包含了三十五個諸侯國以及四座自由市，依然由奧地利以及普魯士這兩個主要強國主導。兩者之間的衝突也反映出天主教和基督新教之間持續醞釀的爭端。

關於政治參與權，德意志邦聯的強人，奧地利首相梅特涅親王（Klemens Fürst von Metternich-Winneburg）抵擋了國族主義者和民主主義者長達數十年。因為從統治者角度來看，兄弟會、合唱團和體操團體的國族主義目標，都有革命意味的挑釁，他們旨在推翻傳統的君主制秩序。對哈布斯堡、霍亨索倫、維特爾斯巴赫（Wittelsbacher）及其他所有王朝而言，國族主義的統一主張和民主參與的訴求，都對它們的存在構成了威脅。

然而，對於民主憲政國家的訴求，終於發展成一八四八年的革命運動。在本質上，這場革命屬於資產階級的行動，並不是「大眾」的革命；民眾的世界依然生活艱困，為了基本生計而輾轉於溝壑。在當時的數十年間，人口成長，以及農業、手工業和初期工業的生產轉變，催生了新的一批貧窮人口（而且經常挨餓），用以指稱這些人的「無產階級」（Proletariat）於一八三五年出現。[8]從此以後，「貧窮狀態」（Pauperismus）一詞便被用以描述這些群體的處境。[9]

在德意志邦國當中，尤其因一八四五年的社會與經濟危機、憲法問題以及權力分享的要求而形成一股新動力。特別是在普魯士和奧地利境內，統治者封鎖了制憲以及政治參與的相關承諾。社會的悲慘和饑荒，點燃了原本就存在的、對於國家無能的潛在批判，並正當化了對於政治參與的革命呼聲。

「人民——意即所有階級，不論高低——的願望是……憲法自由……以及屬於全體日耳曼人民的真正的、普遍的代表。」倫敦《泰晤士報》（*Times*）於一八四八年三月六日一篇名為〈日耳曼〉（Germany）的報導中如是寫道，顯示出人們對這個問題的高度興趣，他們也想要把這場動盪帶到國際舞台上。[10]人們應該依照什麼標準、賦予哪些人投票權的問題，仍舊備受爭議。

對此，每個邦國的答案各異（其中一些國家只把男性納入討論），但他們通常都會設定門檻，尤其是收入，因此農民與工人大多被排除在外。實際上，一八四八年於法蘭克福聖保羅教堂舉行的國民會議，變成了一場學者議會（Akademiker-Parlament）：全體八百一十二名議員當中，約有四分之一人接受過學術教育，一半以上的人具備法律背景，外加三名農民與四名工人。[11]

這場民主運動以及設置議會的訴求方向，在於抵抗君主專制的威權地位並且建立憲政國家，但是許多領導一八四八年革命的人，仍舊和普遍、平等、匿名且直接的民主參與相距甚遠。意欲把國族主義和議會政治結合、追求「議會憲政國家」的希望，仍舊無法實現。[12]

代議模式

時至今日，英國仍被視為議會政治的發源地，但是人們容易忽略到：取得議會權力並且和王權

西利西亞紡織工人起義的木版畫，刊登於一八四四年《飛葉》（*Fliegende Blätter*）雜誌。假如苦難與悲慘被視為天意、單純是個人問題，那麼每個社會終將導向衝突。但貧窮與飢餓、社會爭端與經濟利益衝突，皆無法以槍枝處理，只能藉由政治參與策略、機會平等與社會流動才能成功解決，以達成社會全體人民的福祉。

抗衡，絕對不是民主的同義詞。

在英國，在地位團體和議會在十七世紀壓制王權之後，該由誰來決定哪些人有權成為英國議會政治代表的問題便一直存在，直到現在依然如此。代議政治絕對不代表人民享有顯著的權力參與權，而是由下議院議員代表地主以及國家機關等特權團體。十九世紀到二十世紀初時，關於把選舉權擴及於更大範圍的人口的爭議，幾乎和議會與君王之間的衝突同樣激烈。

直到一八三二年的選舉改革以前，一千四百萬人口當中只有大約四十萬至五十萬名男性有參與權而得以發聲，這些人不是坐擁符合資格的財產，就是具備一定的年收入或其他特權。該次改革把人數從六十五萬提升至八十萬，更重要的是，許多小地主、佃戶和商人也開始享有選舉權了。[13]估計數值或有誤差，但是當時已經有三至五％之人口具有有投票資格。隨後，一八六七年選舉改革把標準擴大，二百二十萬名男性因而獲准投票，其人數約佔成年人口總數的十六％。[14]但是投票權依然受限於資產和收入等標準，合格選民每年必須擁有十英鎊的租金或少量土地。一八八四年，選舉權變得更加一致，得以投票的男性人數提高至五百萬人，但是四十％的男性和所有女性依舊沒有選舉權。[15]

第一次世界大戰為社會帶來的影響加速推動變革。至少一九一八年《人民代表法》（*Representation of the People Act*）就已經推行全體男性普選，而且超過三十歲的女性也得以參與選舉。女性普選首度於一九二八年實施：投票年齡原為二十一歲，並在一九六九年降至十八歲，具備投票資格的人因而提高至總人口數的七十一％。[16]

第一次世界大戰結束以前，不但大多數人口群體被排除於共同決策之外，就連投票資格的開放也不意味著可以聽到更多「人民的聲音」。政黨的版圖一目瞭然；直到第一次世界大戰，保守黨和自由黨是主要政治潮流，持續輪替執政。接著，到了一九二〇年代，工黨（Labour Party）開始成為重要的政治力量，以第三黨的地位維持了一小段時間之後，隨即取代自由黨的位置。

儘管選舉權擴大範圍、第三大黨獲得確立，選舉權法規依然持續阻礙著全面代議制，議會選民的意願仍無法被完整傳達，直到今天也是如此。因為在每個選區內，唯有多數票的意見才得以發聲。依據領先者當選制（first past the post），獲得相對多票數者勝出，凡取得簡單多數，就能夠佔有議會席位。這代表著，即使獲得少於一半票數的候選人，通常也能夠在其選區內勝出；當其他候選人的票數不再增加時，他們就能夠進入下議院。

以二〇一九年十二月選出的議會為例，保守派在六百二十五個選區中，贏得三百六十五個選區，共獲一三九六六四五一票（四十三．六％）；工黨取得一〇二九五九〇七票（二十三．二％）並贏得二百零三個選區；自由民主黨取得三六九六四二三票（十一．五％）但只贏得十一個選區。儘管工黨加自由黨所得的票數比保守黨多了二五八七九票，他們只取得二百一十四個議會席次。相對地，保守黨只足以代表四十％的選民，卻得以指派十六％之議員，享有舒適的絕對多數地位。

在普魯士以及當時的德意志帝國（deutsches Kaiserreich）內，議會民主基於其他理由而受限。依據一八四九年通過的法案，普魯士眾議院（preußisches Abgeordnetenhaus）得以由選票多寡決定；當時邦議會（Landtag）並未參與該法案的決議程序。[17] 所有二十四歲以上，且享有公民權利、未領取貧困救濟的男性普魯士國民皆擁有選舉權。[18] 但是具有投票資格者並未享有同等的投票權：

其選票的比重取決於他們繳納的直接邦稅（direkte Staatssteuern）。此外，合格選民無法匿名投票，必須在所謂的「原選區」內公開選出男性投票人（Wahlmänner），再由這些投票人公開選出議員。

原投票人（Urwähler）依照其繳納的直接稅務多寡，被分為三個分區或「階級」，而各個階級則是代表該分區內部稅收總量的三分之一。第一分區投票人的選票在一八三九至一九一三年之間的比重，約為第三分區投票人之選票比重的十六到二十六倍，而第二分區為第三分區的五到八倍。因此，投票數與最終取得的席次之間的差距很大；兩個保守黨派於一九一三年以十六・八%的選票，贏得四十五・六%的席次，而雖然社會民主黨獲得二十八・四%的選票，卻只取得二・三%的席次。[19]

另一方面，自一八七一年以來，德意志帝國國會依據的規定是以「祕密、直接、普遍的選舉」產生議員。[20]在這裡，每張選票都是等值的，但是投票權不適用於女性，而且也只有二十五歲以上的男性才享有投票權。[21]在當時重要人物的眼裡，那已經是太過分了，例如歷史學家特萊屈克（Heinrich von Treitschke）便辯稱，普選獎勵了無知者以及「愚蠢的驕傲的人」、「大肆在群眾當中推廣個人權力及價值的無稽幻想」，而且是「有組織的無法無天，承認對於主權的無知僭越」。[22]直到今天，關於「群眾之不理性和無知」的類似言論，依然可見於和代議民主有關的政治論述當中。把所有女性及二十五歲以下的男性排除在外，意味著在帝國結束之前，只有大約五分之一的居民具有選舉資格。[23]

身兼普魯士王國首相與德意志帝國總理的俾斯麥（Otto von Bismarck）直到一八九〇年卸任以

前，是帝國內最重要的政治人物。當時的代議機關，也就是帝國國會，在有限權力的條件下，握有至上的重要權力工具，但是當俾斯麥和國會意見衝突以及面對質疑時，他總是祭出君主的特權、「他的」獨立於議會的首相身分，還有皇帝手中的軍權。同時，俾斯麥試圖透過（抵觸社會民主的）禁令以及（社會立法等）誘惑，抵抗當時對於議會政治的渴望，鞏固君主立憲制以及普魯士霸權。

一直到俾斯麥卸任以前，他在這場防衛戰當中所向披靡，但是回頭來看，他的成功的代價很大。他的政治風格素來以權力平衡為核心，在外交上，拯救了這個原先被其他強權質疑、而且從一場生死存亡的戰爭勝出的新興帝國。因此，對於俾斯麥以權力平衡塑造外交政策、並進一步成功維持和平的能力，當時的追隨者及眾多歷史學家都感到敬佩。

另一方面，批評者強調，由於代議政治的受阻，並且缺乏輿論實際參與政治決策，導致帝國陷入不健康的依存狀態，因為俾斯麥的外交終究是俾斯麥個人的外交，它嚴重限縮了工業化時代瞬息萬變的世界的複雜歷程。

隨著俾斯麥的下台，這個觀念的動力，以及數年來單靠他個人才能和經驗在其他政權之間累積的信任度在一瞬間消失。俾斯麥或許具備傑出的外交手腕，也讓威廉一世甘願順從於他，但是如果這個坐擁四千萬人口之國家的穩定性完全繫於一個沒有持續性的監督、即便犯了重大失誤也無可取代的少數人的健康狀態和能力，那是很不負責任的作法。

當時，大多數人都沒有想到這點。他們很習慣君主領導的主張，並把議會政治聯想到一八四八年那場失敗革命的記憶。畢竟，對他們而言，俾斯麥催生了帝國的統一。因此，何不相信它能繼續創造類似的成功經驗呢？

如今，如果我們能夠以批判的角度看到，議會政治的失敗使得普魯士模式的德意志君主專制政府得以維持數十年，並且使社會裡重要的族群無法積極政治參與，那麼，這就是歷史學習的結果。因此，回溯到一八九〇至一九一四年間，由議會決定且仰賴於議會的政府，究竟是否能夠找到另一種比較不具侵略性的外交政策，我們只能自己推測了。

但是有鑑於其外交政策的不理性本質，我們會想到民主的正當性，以及議會的透明度和問責等問題。假如外交首長兼帝國總理馮・比洛（Bernhard von Bülow）在其言行最具影響力的年代，即一八九七至一九〇九年，冒著被國會罷免的風險，而不是由皇帝威廉二世作為權力擔保人、因此不得不投機行事，那麼，這會對比洛本身的態度有什麼影響呢？可以確定的是，若是如此，議會就必須負起全責，也會更加謹慎地計算前述不理性政策的後果，而不會像一個無法捉摸的、自我中心的、自戀天真的君主那麼鹵莽衝動。

所以，第一次世界大戰前的歷史並不是始於一九〇八年或一九一二年，我們反而應該探究帝國在那數十年間的強權政治當中承擔的責任，以及其中的原因。這樣一來，我們就會發現，真正決定局勢的，以及其成因背後的根本制度問題，早在數十年前就埋下伏筆了。借用一句老掉牙的說法：國家的命運不該取決於像俾斯麥一樣的天才的決策。而他卸任後的四分之一世紀，狠狠地以一種回顧性的致命方式，說明了這句話的真諦。

救贖的幻覺：極權主義的應許

德意志帝國在第一次世界大戰中的殞落，不只結束了普魯士的三級選舉制，也把參政權延伸到全體成年國民，——不分男女！從此之後，所有德國男性和女性只要在選舉當天年滿二十歲，便有資格投票。此外，不同於德意志帝國的規定，軍人現在也可以投票了。24

談到全民普選時，我們可以說是到了「歷史之終點」。然而，關於權力分享的核心問題依然還沒結束：個人選票該如何兌換為正當的政治決定？由強大的總統來領導嗎？還是透過全民公投？政黨該具備哪些功能？有鑑於在德國國內及國際之間的戰壕裡經歷的慘痛經驗，應該怎麼依據適用於所有人的規定建立秩序，才能確保利益平衡？這些根本的問題，說明了全民普選不只在普世人權的實踐上遇到了轉捩點，同時也提出新的主張：具備了投票權之後，人們同時也擔負起永久的任務，即充分認識政治決策的過程。或許，你自己也正參與其中。

在德國的戰後社會中，大部分的人只能模糊地意識到這些措施在日常現實生活裡的價值，更別期待他們把這些討論放到心上了。在多數人的主流信念裡，反倒認為當前的問題以及戰爭後果是來自外部。而在國際間，戰爭助長了一股信仰力量，認為激進的國族主義是國家秩序的最佳可能選項。多數人心中認定的方式和「解答」並不是由政黨的論辯提出最好的論述，也不是投入政治的個人力量，而是他們聯想到和戰前俾斯麥等極權領袖「同質」的記憶。

另一方面，許多人認為理性的平衡以及跨國合作是理想主義的夢想；「現實主義」聽起來和執行起來都會很刺耳。結果便是可以預見的衝突：渴求修正和報復，並且在國內國外都願意使用暴力，而不是議會的文明、尋求折衷辦法，也不訴諸多數人的務實意見的脆弱慣例。

但是，民主國家和執政當局史上最大的挑戰，還是朝著當時的人迎面襲來。它們以二十世紀最強大的兩種意識形態之形式出現、誘惑人心——自一九一七年就掌握蘇聯的馬列主義，以及於一九三三年才在德國掌權的國家社會主義。

馬列主義根植於十九世紀的哲學概念，如今被濃縮成可以解釋一切的政治行動方針，把人們牢牢地嵌入歷史進程當中。同樣的，國家社會主義的主要論述也是源自該時期的世界觀，並且因世界大戰轉而激進化，醞釀成國族主義運動浪潮裡的一波主流勢力，以「法西斯主義」（Faschismus）為名，在許多歐洲國家中崛起，成為兩次世界大戰之間數十年的時代用語。

就像馬列主義的鏡像一樣，國家社會主義主張一種世界解釋，為每個人在歷史進程裡分派一個精確的角色和任務。一百年前，這兩個意識形態都向當時的人提出誘人的承諾，足以讓他們為之生為之死。

這些新興意識形態支配了全體人類，宛如十八世紀末以前決定政治秩序的宗教信仰體系。它們宣稱認知到歷史的運動定律，以及人類在其中「預定」的角色。任何接受這些信仰世界的人都必須放棄啟蒙運動的核心世界觀（所有人都是自由的，並且擁有理性決策和自我決定的能力），而為它們所承諾的救贖效命。

馬列主義世界觀的基礎是歷史唯物主義（Historischer Materialismus; Histomat）以及辯證唯物主義（Dialektischer Materialismus; Diamat），其核心信念是：歷史的運動定律是一連串的階級鬥爭；世界歷史的每個時代都被解讀為歷程的一個階段。「生產關係」（Produktionsverhältnisse）一向是理解這個概念的關鍵：在古代是奴役制度，到了中世紀和近代早期是封建社會，而自十九世紀的資本主義和公民社會時代起，便一直是工業和科技。歷史由無止盡的階級對抗驅動，是一段走向救贖、永不止步的歷程，而這裡的救贖指的是共產主義底下的無階級社會。

在這條形塑人類意識的路途上，每個人在歷史裡的角色都是預定的。人類擁有自由意志的這個想法只是個錯覺。根據「辯證唯物主義」的定義，「假設世界上的所有現象、事物、世界歷程，包含意識，都被決定為發展到極致的物質（也就是大腦）的功能」，因而得以套用到人類個體身上，如此一來，「意志作為意識的展現，並不脫離普遍規定性（Determiniertheit）」。[25]每個人類個體都必須融入歷史進程中，並驅使它大步向前行。他沒有任何選擇，而任何不想參與的人都是救贖道路上的絆腳石。

在幾乎整個二十世紀的時間裡，這個意識形態以列寧主義、史達林主義、托洛斯基主義（Trotzkismus）、毛澤東主義及其他形式的變體相繼出現，吸引了無數相信共產主義承諾的救贖的追隨者。在德國也是一樣；懷抱這個信念的共產主義者組成了重要少數，在一九二〇年代至一九三〇年代之間，主要以共產黨的形式，形成一波政治運動，並且於第二次大戰到一九八九年期間，成為德意志民主共和國（DDR）的國家教義。

自一九二〇年代起，國家社會主義逐漸成為主流信仰體系。國家社會主義的世界觀並沒有以其意識領袖希特勒（Adolf Hitler）為名，所以不叫希特勒主義，但是若談及這個意識形態的政治影響，很難不和這個人聯想在一起。希特勒於一九二〇年代之後便以民族主義、反猶太主義、反資本主義和反共產主義等圍繞著「民族」（Volk）和「種族」（Rasse）的意識形態潮流出發，發展出另一種解釋世界的模式。此外他也聲稱自己找到了通往這條歷史進程的關鍵。

「民族」一詞以前就已經發展為國族運動中的重要政治術語，從十九世紀末起，種族主義色彩越來越濃厚。自此之後，「民族」就被理解為一個人種同質的、生物的單位，而人們透過本能和意識而有了歸屬感。根據定義，其他人也有他們所屬的「種族」，被視為競爭者，甚至經常是敵人。這種民族和種族的思想就是推論出國家社會主義的其中一個核心傳統。

希特勒和國家社會主義以意識形態的方式把概念加值成一種世界解釋模式：所有歷史都被理解為種族鬥爭的歷史。人們無法選擇自己的種族，種族是固定的，並且決定每個人的天性。各個種族不只互異，更賦有不同價值，為了生存而不斷相互鬥爭。最優秀的種族是「雅利安人種」，該種族在全球最大規模的聚落就在中歐，希特勒時而說有八千萬人口、時而宣稱超過一億。

這個「種族核心」（Rassenkern）旨在團結人民，在軍事和精神上武裝人民，為了進一步的鬥爭做準備。德國民眾把希特勒視為彌賽亞，他們受到召喚，要把這場種族鬥爭帶進歐洲政治，並且不擇手段地取得統治地位。

根據希特勒的說法，「人類文化與文明」一向和「雅利安人的存在息息相關」，而對他來說，「雅利安人的最強烈的對比……就是猶太人」。在他眼中，這個定理是一種自然法則，註定要決定往後的一切行為。我們可以用「順從自然本能」總結希特勒的準則。只要「雅利安」德國人在他們的聚落裡團結起來，「種族純正」並且整軍經武，服從於自然本能，他們就可以征服新的「生存空間」、在未來數世代的種族鬥爭中鞏固地位，並且摧毀和奴役他們的競爭者。「自然本能」的優越性必須「被喚醒」和貫徹，凌駕於所有偏離的價值與概念之上，不管是自由主義、社會主義、基督宗教或是人類共同生活的其他文明取向。此外，在這個意識形態裡，個體必須服從被指派的角色和功能，否則就得消滅；他沒有任何選擇。

假如我們覺得這些世界觀和救贖的幻覺看起來很奇怪，那只是因為我們知道後來的歷史是怎麼發展的。在一個仍然深陷於戰爭陰霾當中的世界，一九二〇年代的人一般都會覺得共產主義或種族主義的救贖承諾相當吸引人，把代議民主以及和政黨競爭的簡短經驗和戰敗、革命以及經濟蕭條等主要事件連結在一起。相較於民主競爭以及令人疲乏的論戰，對數百萬人而言，救贖的承諾聽起來更加迷人。姑且不論個體的動機為何，這些歷史後果的經驗仍然在前方看不到的未來，但是對我們而言，這些歷史的後果就擺在我們眼前。

這不是歷史的終結

如果你在一九四五年夏天試著總結過去百年來的種種，你會看到第一次世界大戰集結了激進民族主義的發展與後果；大家也都能看得出來，第二世界大戰正是在意識形態的救贖承諾的結果。與此同時，這個視野也提供了我們潛在的學習資源，這些資源是前人所不知道的，而他們也沒辦法利用這些經驗。

顯然，政治參與以及民主社會的本質不能只侷限於選舉權。我們也必須討論到具有自我意識的個體，那意味著建立政黨、公民機構和社會利益團體。

德意志聯邦共和國從一九四九年開始實施的基本法以及政治秩序，汲取了數十年前的經驗，以其教訓和結果為基礎。自政權建立以來，不論由誰執政，以論辯和黨派競爭為特色的民主體制，自此便開始扎根，並以循序漸進的方式證明自己。我們在冷戰中就能看到證明，但是事例不僅限於大規模的衝突結構。對於傳統的反民主渴求，以及來自專制主義的誘惑，即便被邊緣化卻依舊以左翼和右翼形式存在。不論是左傾的德國共產黨（Kommunistische Partei Deutschlands; KPD）及其繼承者德國的共產黨（Deutsche Kommunistische Partei; DKP），抑或是右傾的前納粹黨潮流及右翼民族主義政黨，舉凡德國國家民主黨（NPD）、共和黨及德國人民聯盟（DVU），都沒辦法推翻德國另類選擇黨（自二〇一三年開始右傾）等主張民主的黨派的共識。

冷戰期間，代議民主制度被證實是可信的、有彈性且具備適應力的。而在一九九〇年代末期以降的政治體制競爭當中，就其為人們帶來自由、安全和繁榮這點來看，其他秩序模式，不論是獨裁政治、意識形態或宗教，都無法證明自己比民主體制更加優越。

若干證據顯示，當前對於民主制度的失望，主要是反映了冷戰結束之後未能實現的希望，而這裡所指的希望則是導因自歷史知識的缺乏。當時，有些人認為「歷史的終結」已經近在咫尺，這正是法蘭西斯・福山（Francis Fukuyama）的書名，於一九九二年造成轟動。在作者書中描述的未來裡，民主自由、以市場經濟導向的體制，在克服其最主要的對手共產主義之後，就要踏上全球的凱旋之路。

即便如此，福山描繪的未來更像是一個草圖，而不是預測，因為勢力龐大的對手——蘇聯及其在意識形態上的支配區域——依然存在，其他許多領導著國家抵抗民主和市場經濟規則的政府還沒有倒台。此外，蘇聯的威權傳統持續大張旗鼓；在解體後的國家當中，許多社會因為快速過渡到新興自由及開放市場而手足無措。

回顧並結算歷史正如醍醐灌頂一般讓人醒悟。蘇聯解體後，在其中最大的繼承國俄羅斯當中，前特務普丁（Wladimir Putin）繼承了沙皇國的帝國思想，施行獨裁統治大約二十年了。其鄰國白俄羅斯的總統盧卡申科（Alexander Lukaschenko）也以類似獨裁的方式掌權長達四分之一世紀。中華人民共和國，作為自冷戰時期以來人口數最多的共產國家，因應體制上的新興競爭形式而改變經濟政策，但是共產黨及其幹部持續執政，並且改造國家以維持其政治實權。

同樣的，冷戰的結束並未為中東造成任何根本上的改變。由什葉派傳教士組成的政權依舊統治著伊朗，而沙烏地阿拉伯則仍舊由遜尼派家族以君主專制的形式統治。伊拉克和利比亞的獨裁政權垮台之後，民主秩序並未就此盛行，反而出現多個暴力團體和軍閥相互競爭。在敘利亞，獨裁者阿塞德（Bashar al-Assad）無所不用其極地打擊反對者，甚至使用非法武器。為了掌握政權，他摧毀了上萬戶家庭的家園，迫使上百萬名人民流離失所。阿塞德得到俄羅斯政府的支持，因為俄羅斯政府希望藉此在該地區取得影響力；同樣的情況也發生在伊朗德黑蘭的統治者身上。

在前述所有國家中，我們找不到任何稱得上是民主的結構。其統治者都採取和二十世紀意識形態相同的方式來貫徹他們的權力優勢：中國共產黨、中東的宗教國家領袖、俄羅斯總統普丁，基於他們之於國家和人民的特殊角色，都認為自己有權忽視甚至壓迫真正的民主議會。簡言之，冷戰的結束之所以得以改變全球參數，在於它幾乎泯除了潛在於超級強權之間的核戰威脅，然而，其他的秩序系統、統治體制之競爭依然持續上演。

這些結算也指涉了一個重要的歷史見解：為了守護我們的自由，我們必須依據秩序的觀念共同生活，小自人民團體、大至全體世界人口，而這些秩序觀念的衡量基準乃是建立在全人類的平權之上。我們從幾千年來累積的經驗過程得到這個認知，在這個歷程中，啟蒙運動的人性觀逐步了解自己。國家權力本質上旨在保障個人的自由權利。國家權力是必要的，但是它的實踐也必須以自由權利取得正當性，並且著眼於全體的參與。

因此，如果我們想要努力達到「最多大多數人的最大福祉」，那麼我們可以從手邊的經驗學到：歷史已經證明了，以平權為憲政基礎的法治國家中的代議民主制，是最適當的模式。它能以最低限度的暴力為前提，達到不同個體、不同族群之間的利益平衡。在保護少數利益的前提下找出折衷辦法，保障多數決策的概念，便是源自對於全民平權的認知：每個人都有可能時而處於多數、時而處於少數的角色和位置。

競爭與利益平衡、爭執與妥協相應而生。「在議會政治中，沒有人可以擔保說自己擁有唯一正確的政治方針。因此，代議民主的本質就蘊藏在其妥協能力之中」，這是「為了平衡並且形塑現代社會的複雜與矛盾」、經過歷史無數的試驗之後得到的方法。[26]

另一方面，全民公投一向只捕捉到歷史中的片刻，而且複雜的問題經常被人們化約為是非題。英國的脫歐公投就是個很好的例子：人們僅以一些駭人而往往有誤導的口號，揚棄了該決策可能的各種後果（一輛紅色遊覽車上的主張無疑是最廣為人知的案例：上頭說脫歐以後，每個禮拜會多出多達三．五億英鎊的資金流入國家健保系統）。從一張拍攝於二〇一六年六月的快照，我們可以看到一個至為顯著的事實：國家分化。[27] 這場公投不只侵蝕了議會程序，也擴大了原本應該克服的衝突。

英國脫歐至少凸顯出一個歷史教訓，而它絕不是像我們今天看到的如此理所當然：沒有人有任何動用軍事武力來解決問題的想法；在歐洲，直到數十年前，軍事武力一向被視為正當且「務實」的選項。歐洲社會以及歐盟的發展歷史為我們示範了，相較於非民主社會，代議民主體制及其對應的選舉權和自由權，在採取暴力衝突之前，不論於內、於外都更為謹慎。面對衝突時，其人民也更有活力、更加積極，因為意識到其民主權利和自由的人，也會知道失去它們的代價。

民主不是隨便從天上掉下來的禮物，它曾經招致流血的代價，至今依舊如此：上百萬人因為無法以民主方式決定自己是否該被送往戰場而喪命。民主主義者就得以做出這番決定。民主主義者也可以決定自己要選擇哪種職業，想要哪種稅務體制，以及諸如此類被視為理所當然的事。簡言之，民主主義者可以自己決定人生、規則，以及他們的法治國家的結構。

此外，一個人可以抱怨時政、從靈魂深處感到絕望，也正是那個被某些人攻擊的「體制」的一項歷史成就，因為他們無法接受在代議民主當中，其他所有人也都有權拒絕分享想法或選擇其他選項。這種選擇的自由、競爭黨派對於選擇自由的實踐、爭取成為多數的競爭等等，如果無法被理解為歷史裡重要而必須捍衛的脆弱成就，那麼，假使有一天人們再度想要試看看獨裁專制，也不會太令人感到意外。

選舉權、政治參與、自由、法律保障及個人承諾，它們都息息相關而密不可分。種種權利和需求也會一路作伴。

有了普遍選舉權利之後，在民主化的自我認知當中，就會形成個人政治參與的需求。任何人隨意拒絕權利，都會損害它們；所以，每個人都必須基於個人自由利益，以政黨、社會利益團體以及政治領袖為取向而採取適當的行為：每個人都必須親身參與；每個人都必須用生命來充實並且捍衛其政治權利的根本本質。

如果我們既回顧歷史也檢視現在，就會發現：自由、權利和機會，絕不是人人都得以享有的，更遑論在日常生活中實際貫徹。當今仍有數百萬人的自由遭受剝奪，受困於過去幾個世紀以來的世界和人性觀，包括介入政治的宗教、唯物主義的意識形態及威權政府的民族主義。

如今，結合了教條式的真理主張以及競逐政治權力的宗教，可見於「政治伊斯蘭」（political Islam）、印度本土的印度教以及基督教福音派。

時至今日，承繼自馬列主義的唯物主義意識形態，在許多社會裡也仍然有數百萬信徒。直到冷戰結束以前，他們以國家壟斷資本主義之名去解釋當下的環境，聲稱該意識形態「在最重要的帝國主義國家中（美國、德國、日本、法國、英國）已經發展完全」，加深了「充斥著國家的金融資本以及人民之間無法妥協的對立」，並被視為「資本主義生產模式的逐漸沒落和過時的表現」。[28]

自從蘇聯瓦解、其散布於全球的意識形態恩庇結束之後，該信念的信徒人數迅速下降。就連過去古巴、委內瑞拉和北韓的教條馬克思主義政權，現在都變形成權力的維持工具。最顯著的挑戰則是來自中國共產黨；一方面，它繼承了馬克思主義的威權思想，另一方面更在欠缺民主和議會的正當性的情況下持續主張其領導權。同時，它的改革則是策略性而有系統地挑戰議會和民主的社會。

類似的情況也出現在代議民主的第三反對勢力中，即來自民族主義復刻小說（Retrofiktion）的預言。這群人大量從幻想的場域裡汲取歷史模範，想像出具備文化同質性的空間。他們覺得自己面臨到開放社會、競爭、全球資本主義的社會影響的挑戰，而他們對於現代性的複雜度的解答，同樣訴諸威權的介入。然而，他們對於「平等」的定義不想依據社會判準，而是以人民為判準。

這個世界觀同樣主張自己握有優越的秩序機制，主張擁有更高的正當性。「人民」的觀念便是以這種方式建構而成的，而這個意識形態的信徒宣稱自己有權代表人民的意志。「我們就是人民！」「愛國歐洲人反對西方伊斯蘭化」（Pegida）*的示威者如此傳唱；他們在現實世界裡替在場的群眾如實地傳達心聲。

該陣營有個著名的論述，也是其自選領袖的主張：他們認為自己知道「人民」是怎麼想的，還有人民「實際上」想要什麼。採用這個論述的人，他們的想法往往不是多數，卻又因為身為少數而感到被侮辱了。其中也透露了對於個人及其能力的明顯優越姿態：民主的本質是，從來沒有一個政黨、一個人得以正當地為全體「人民」發聲，因為那就違反了自由人的本質。其中，自由人的個體性向來是以個人利益為出發點，沒有任何其他人可以完全代表他的利益，而是必須在政治程序中協商和折衷的。民主社會是人類現行的共同生活在不同時間點裡進行協商的空間。社會流動的可能性和機會，都是參與式社會的前提，它們都必須受到保障，同時也是個人努力追求社會流動、把握自己的選擇機會的必要條件。

回顧和總結歷史上的以及現在的秩序模式，我們會發現：歷史並沒有決定論，也沒有必然的道路。人類能夠自由地建立秩序以和他人共同生活。每個個人都享有自由權利，並且有權利要求這個自由權利，這是其其核心的預設。

人類天生便不是什麼「臣民」，也不是由看不見的力量創造出來的生物。政治參與並不只是等

* 譯按：Patriotische Europäer gegen die Islamisierung des Abendlandes，縮寫成「PEGIDA」，二〇一四年在德國德勒斯登發起的歐洲右派民粹主義政活動，主張保護德國的基督教文化。

二〇一九年布蘭登堡州議會選舉海報。當個人或團體宣稱自己為「人民」發聲時，往往是帶有傲慢極權意涵的跡象。黨派只代表將選票投給他們的選民所佔之人口比例，不會更多、也不會更少。任何預設自己代表全體意見的人，都漠視了民主的本質。

同於每隔幾年就可以投一次票的權利；在法律上，它一直要求並呼籲人們思考社會的基本價值並且承載這些價值。因此，並不是所有人都必須投入政治生涯。在一個開放社會中，只要支撐的結構相當穩定，介於「直接參政」及「對於公民社會的自我認知有初步興趣」之間，存在著寬闊的光譜。但是每個人都必須意識到這些先決條件。

民主參與提供一個程序，社會裡的所有團體都得以據此共同決定並建立上述價值，甚至可以跨越資產、收入或社會的限制。身為憲政國家及其價值的支持者，人們生活在一個歷盡艱辛才贏得的安全且自由的模式當中，而即便到了現在，這個模式依然受到不同意識形態和世界觀的挑戰。

民主的建立是因為大多數的人們的投入和自願參與公共討論及政治決策過程，因此也（只能）透過相同的方式去維持。政治參與是個持續的過程，也是對於生活在一個社會裡的所有人的挑戰。渴望民主並為民主而努力，對於每個人都是有益而無害的。

注釋

注1　英文原文：What I do say is, that no man is good enough to govern another man, without that other's consent。Abraham Lincoln (1809-1865), Rede in Peoria/ Illinois, 16. Oktober 1854。網站：19

注2　大衛．卡麥隆於唐寧街十號外發表、由電視轉播的聲明；本段德文內容是根據《紐約時報》與德新社（DPA）發布的文稿自行翻譯；英文版出處見：網站：20。

注3　Ignaz Wrobel [i. e. Kurt Tucholsky], »Parteiwirtschaft« (*Die Weltbühne*, 6. Oktober 1931), in: Tucholsky, *Gesammelte Werke*, Bd. 9, S. 305-306。

注 4 Justi, *Grundriß*, S. 159

注 5 關於傑弗遜所說的「所有人」所指為何，詳見上方資料來源。

注 6 讀者可以前往美國外交代表機構的網站查詢這段歷史發展的現行德文版本（含註記）（網站：3）。

注 7 時至今日，獨裁者的自我意象依然充斥著「有限附從者認知」的概念，此概念可以往回追溯到普魯士內政大臣古斯塔夫．馮．羅紹（Gustav von Rochow, 1792-1847）於一八三八年一月十五日所頒布的法令（*Hamburger Börsen-Halle* vom 3. April 1838, S. 4）。其中，他寫道：「臣民聽從他的國王及領主、以他對於神所指派之當權者應負的責任來使自己平靜，這些行為是很適切的，而他們的責任便在於遵守施加在他身上的命令；不過，如果將國家元首的行為套用到臣民本身有限見識所衍生而出的標準上的話，並以自負姿態來評斷國家元首行為的合法性，那便不適合他。」羅紹針對「有限的臣民認知」的自大言論（諷刺的是，當中經常出現零碎、不合文法之語句）成為流行語句，甚至更被收錄到當代百科全書裡。

注 8 此術語可回溯至法朗茲．馮．巴德（Franz von Baader, 1765-1841）。

注 9 一八四四年，自由派的《德國本季文檔》（*Deutsche Vierteljahrs Schrift*）於該年度的第三卷中討論「貧民」主題。

注 10 英文原文：What the people - meaning by that word all classes, high as well as low - wish to have is, in the first place, constitutional freedom in the several states, and in the next a real united representation of the whole German race。

注 11 另見：Müller, *Die Revolution von 1848/49*, S. 8。資料來源：Schwarz, *Biografisches Handbuch des Reichstags*。

注 12 Müller, Die Revolution von 1848/49, S. 52-55。

注13　這些數據具有爭議，在這裡僅作為概略的關鍵資料。較低的數值來自：Phillips/Wetherell, »The Great Reform Act«, S. 413-414。更高的則是基於二〇一三年下議會的一份研究文獻：Cook/Stevenson, *British Historical Facts*, S. 115-6。

注14　Blackburn, *The Electoral System*, S. 75。

注15　同前揭。

注16　House of Commons: Research Paper 13/14, 1. März 2013, S. 4。

注17　直到一九一八年十二月二十一日頒布「普魯士邦國制憲大會選舉法令」（Verordnung über die Wahlen zur verfassunggebenden preußischen Landesversammlung）以前，「一八四九年五月三十日第二議院代表選舉之執行法令」（Verordnung betreffend die Ausführung der Wahl der Abgeordneten zur Zweiten Kammer vom 30. Mai 1849）皆具有法律效力。

注18　一八七四年，軍人的投票權基於帝國軍隊法（Reichsmilitärgesetz）而遭受剝奪。

注19　Ritter, *Wahlgeschichtliches Arbeitsbuch*, S. 132-139。

注20　Bismarcksche Reichsverfassung, Art. 20; vgl. Huber, *Dokumente*, Bd. 2., S. 390。另見：網站：6。

注21　於一八六年十月十五日所頒布的北德意志邦聯（Norddeutscher Bund）議會選舉法。

注22　Treitschke, »Die soziale Frage«, S. 109 f。

注23　由最新人口普查而來，合格選民在總人口數當中的佔比：Rahlf, *Dokumentation*, S. 525, 經校正之數據的依據來源為：Ritter, Wahlgeschichtliches Arbeitsbuch, S. 38-43。

注24　Statistisches Reichsamt, *Die Wahlen*, S. 1。

注25　Art. »Freiheit«, in: Klaus/Buhr (Hg.), *Philosophisches Wörterbuch*, Bd. 1, S. 426。

注26　Wirsching, »Weimar in Westminster«。

注27 不論人們針對最終結果的個人評價是什麼，「脫歐者」（Brexiteers）與「留歐者」（Remainer）陣營的規模大抵相同（現在應該也是）。因此，全民公投的結果算是一種經過篩選的決定，並不是一項解法，卻加劇兩邊陣營之間的對立。

注28 Art. »staatsmonopolistischer Kapitalismus«, in: Klaus/Buhr (Hg.), *Philosophisches Wörterbuch*, Bd. 1, S. 607。

第六章

我們和別人：民族主義

「所有人都有個天真的想法，認為自己是上帝最優秀的作品。」

（提奧多．霍伊斯〔Theodor Heuss〕，一九五一年）[1]

弗里德里希·凱爾斯丁（Friedrich Kersting），《站哨》（*Auf Vorposten*），一八一五年。德國民族主義經常以田園詩歌一般、應許救贖的救世主姿態呈現，但是自十九世紀末起，其奇特性質的構造開始導致傲慢、激進和戰爭。

凱爾斯丁（Georg Friedrich Kersting, 1785-1847）於一八一五年繪製《站哨的提奧多・克納、腓特烈・弗里森與海因里希・哈特曼》（*Theodor Körner, Friedrich Friesen und Heinrich Hartmann auf Vorposten*），以紀念他的三位友人，這幅畫也成為德國民族運動的代表性畫作。一八一三年，畫中站在右邊的弗里森、倚著對面橡樹的克納，以及抽著菸斗、望著觀畫者的哈特曼，加入「呂措志願軍」（Lützowsches Freicorps）與法國人作戰。凱爾斯丁和約瑟夫・馮・艾興多夫（Joseph von Eichendorff）等畫家也都是軍團的成員。其中，凱爾斯丁從卡斯帕・大衛・弗里德里希（Caspar David Friedrich）那裡取得金援和武器，也受到歌德親自支持。

事實上，在凱爾斯丁創作這幅畫的當下，三位主角皆已逝世。一八一三年八月二十五日，克納（一七九一年生）在參與進攻駐紮於加德布施（Gadebusch）與施威林（Schwerin）之間的法國軍隊時重傷身亡；哈特曼（一七九四年生）死於一個月之後的格爾德（Göhrde）戰役；弗里森（一七八四年生）則在一八一四年三月十五日喪命於法國勒泰勒的拉洛布（La Lobbe bei Rethel）。[2]這三人當中，起初是由克納號召邀請友人一同加入志願軍。他以撰寫煽動詩作著稱，在過世之後，他一直是德國民族思想的核心代表人物。[3]

畫中的三位主角神情專注、在典型的德國森林裡沉思，這幅景象向觀畫者（即必須從容赴義的人）表現出為民族而戰的模樣，幾乎有如田園詩一般。該意象也出現在克納許多鼓舞暴力和犧牲迷思的詩作中，被描摹成一種榮耀。例如，在一八一三年的〈呂措獵隊之歌〉（Lützows wilde, verwegene Jagd，隨後由韋伯〔Carl Maria von Weber〕改編成曲）當中，一幕「陰暗森林」的場景提到有人「埋伏於暗夜／歡呼響起、步槍大鳴／法軍黨羽應聲倒地」。

民族的概念是個想像的共同體結構，它與宗教類似，奠基於其追隨者的想像和信仰意願。然而，人們直到幾十年前才開始意識到民族其實是一種虛構物。[4] 自一九七〇年代以來對於民族主義的研究，便是史學進步的一個例子：徹底分析、解構過去傳統的自我形象，並從此改變了近代國家歷史的觀點。[5]

話雖如此，直至今日，我們還是時常在政治討論中聽到民族主義一詞，好比「祖國的歐洲」（Europa der Vaterländer），彷彿民族是歷史的必然，是一直存在的、只要注入生命即可的自然實體。

這種想像透過民族主義散播至全世界，並一再在史書裡加油添醋。一九五〇年出版的《歐洲民族主義史》（*Geschichte des Nationalismus in Europa*）提到，民族「自從西方共同體於中世紀瓦解之後，便成為歐洲的實際結構。……這些民族以各自的面容與角色，承載它們的性格特徵。人們能以書寫人物生命傳記的方式，來撰寫民族歷史。……民族已然成為人們居住與工作的共同體，且相較於其他共同體，民族也是人們隨時能夠為之犧牲生命的共同體。確實，若以國家（Staat）形式存在時，民族視這種犧牲為理所當然。」根據該書作者的觀點，上述情形「在未來還會一直維持著，因為人們需要一種更高形式的共同體，值得他們為之生為之死」。[6]

「民族是人類生命之意義與目標」的這個想法，已存在了大約兩百五十年之久，而且不需要進一步的證明，只須「洞見」和信念即可。在這麼做的同時，民族主義者預設了關於人類生活的特定假設是理所當然的，而這些假設事實上是他們自己發明的。其中，他們也認為「民族」是「歐洲歷史裡的類自然單位」（quasi-natürliche Einheit），抑或是他們擁有「形成自己的國家的權利」。[7]

民族經常被形容為已經在歷史裡發展了數個世紀之久的生物體，並在其想像的共同體當中逐漸趨於完美。舉例來說，在德國民族主義者的眼裡，一八七一年帝國的成立，若以文學、新聞學或史學的用語來說，便是在歷經數世紀的自我探索之後得到的確認。民族的想像向來需要對過去做出特定的詮釋，才能推論出前述的完美狀態，並使民族結構和價值達到相符的狀態。[8]

因此，「民族主義」同時是「政治理念、感受，以及可以（但是不一定要）形成封閉意識形態的相關符號這三者的聚合物」，也是用以表示「承載這些理念的政治運動」的術語。[9] 克里斯提安．亞恩森（Christian Jansen）和亨寧．伯瑞夫（Henning Borggräfe）區分出三條「民族主義教義」：「依據民族主義的世界觀，世界被分割為不同民族，而就特徵——包含『國族性格』（Nationalcharakter）、『民族精神』（Volksgeist）或『國族身分認同』（nationale Identität）——以及歷史與角色（『任務』或『命運』）的角度而論，每個民族皆大相徑庭。」這樣的分割進一步意味著「每個個體都能夠且必須屬於一個（而且只有一個）民族」。[10] 同時，這也代表說「對自身民族的忠誠」必須勝過並主宰一切。「在有所質疑時，個體必須將源自於民族的要務置於一切利益、關係連結及歸屬感之上。對民族主義者而言，民族歸屬成為至高的價值，所有行為都必須以它出發點。」[11] 這項要求的結果是，把為「民族」而死的行為渲染成無條件的、而且隨時皆應該可以執行的忠誠認證；民族主義者引用賀拉斯（Horaz）的句子來總結：「為祖國捐軀乃甜美且光榮。」（Dulce et decorum est pro patria mori）[12]

有鑑於此，民族主義同時也透過一種「想像秩序」，試著建構出人類存在的複雜性與多樣性；

其中，每個人都能在這個想像秩序中找到自己的定位。我們可以說，民族主義者創造了民族。因此，德國民族主義者便是與民族自我發掘、民族國家狀態（Nationalstaatlichkeit）等相關概念之運動的一部分。他們成為十九世紀歐洲情勢發展的決定因素與模範，「義大利統一」就是一例；他們定義了第一次世界大戰的後續發展，好比波蘭等民族國家的形成；而且他們為全球帶來的影響一直延續到現在。[13]十九世紀時，民族主義想像中的世界，與同時發展的啟蒙運動人性觀產生交集，但是由兩者間的矛盾衍生的政治經驗，直到後來才會浮現，那是現在的我們可以汲取的。我們可以把注意力放到這些經驗上，但且讓我們一個一個慢慢來。

想像的共同體

「民族」是個排外的俱樂部——有些人屬於其中，其他的所有人皆否。民族主義者結合了語言、宗教、地理與文化等特徵，以形成團結的、封閉的想像世界，進一步決定哪些人應該被視為「日耳曼人」或「德國人」、「法國人」、「英國人」、「俄羅斯人」等。在這個過程中，自己人與「他人」往往被「證實具備相符的心理屬性或典型行為」。[14]這就是「德國人」、「俄羅斯人」、「土耳其人」及其他群體之形象的緣起。

在德語世界中，「國民」（Volk）和「民族」（Nation）概念在根本上的新定義[15]可以回溯到赫德（Johann Gottfried Herder, 1744-1803）。語言是他的核心定義判準：「一個民族透過語言接受教育並成形」。[16]此外，民族的概念一向與「國民」等相關術語相互交織，到了十九世紀末起，也常混入「種族」（Rasse）及其假定的等級。同樣的，民族被視為「天生的」，並經常和「共同血脈」等比喻相連結。

一直到民族主義出現以前，「國民」的概念主要被用以描述臣民大眾。[17]雖然民族的觀念對於大眾而言是個遙不可及的主題，聽起來至少是個希望。因為「屬於一個民族」的這個想法讓人聯想到的是個人參與的承諾，而不是傳統的無力感。民族提供了一個包羅萬象的、全面性的信仰建議，而「想像的共同體」（imaginierte Gemeinschaft）（本尼迪克特・安德森〔Benedict Anderson〕語）則是涵攝了所有地位和階級的成員。任何以前由於分類而看起來不相同的群體，如「貴族」、「神職人員」或「臣民」等等，現在都可以在「民族」裡想像成一個範圍更大的整體裡的一部分。

赫德為其民族想像一個「造物者」和「世界的管家」（Haushalter der Welt），祂之所以「很重要」，那是因為「基於整體的安危，每個國民和性別都會烙上祂的印記和性格」。[18]祂讓國民各安其位、分配給他們一塊地方，並賜予他們一個建構其完整內在人格及精神的語言。重點在於「民族」無可避免的既定存在。基於這點，任何生物學的比喻都相當貼切，例如共同血脈的論述、「民族體」（Volkskörper），抑或是把國民或民族想像為一個具有特定性格的人、進而和其他「民族體」相互競爭。

為了點燃精神鬥志，民族主義需要在社會面和技術面加上一些先決條件：印製書刊、提升閱讀能力、合理的共通語言、適當的識字程度，再加上足以跨越更廣大的地理範圍的溝通方式；這樣一來，意見交換才能發揮效用。在這個變動的環境下，某些學者的菁英主義思考成了更廣大的群眾的指引和渴望的概念。[19]

對於民族之既定存在的信仰，於個人、於政治都具有影響力。對信徒而言，民族是「歐洲歷史裡的類自然實體」[20]，有權利擁有自己的國家。因此，對民族主義者來說，民族國家就是「自然」歷史發展的高潮。他們認為，指出這種目的性正是他們的核心任務，而在十九世紀時，歷史學家尤其扮演要角。

根據特萊屈克的描述，一八七一年德意志帝國的建立是在普魯士的號召之下的自然結果，也是德意志民族歷史自決的成果。若再聯想到黑格爾的想法，也就是說，歷史是世界精神的自我外化（Selbstentäußerung des Weltgeistes），那麼，德意志帝國的建立便具備雙重正當性了。

在直到現代仍然流行的「所有歷史發展都是以民族國家為目的的歷史敘事」[21]方面，特萊屈克只是其中比較著名的一個了。但是對於過去的簡化解釋還是不夠的。民族感和民族意識需要由持續的自信支撐，而這種自信則不斷藉由講述共同歷史加以重建和加強。[22]其中，學校和大眾教育扮演了關鍵角色：對民族主義者而言，教導後代堅信適當的世界觀和人性觀，那是至為重要的事。

條頓堡森林戰役（Varusschlacht）中的「日耳曼英雄」阿米尼烏斯（Arminius / Hermann）就是這般創造出來的民族主義記憶的經典例子。他那得以成為民族身分認同及民族記憶形象的生涯，說明了民族主義是如何創造適當的過去，為它加上種種故事和影像，並且用它們來追隨者建立信仰的符號。

在十五世紀以前，阿米尼烏斯就和其他千千萬萬人一樣，早就從歷史和記憶中煙消雲散。直到一篇大約西元前一百年的羅馬文獻出土，他才真正為世人所知。敘述者塔西佗（Tacitus）講述了「日耳曼人」抵抗羅馬征服者的故事。

該文獻從十六世紀初便廣泛流傳[23]，阿米尼烏斯成為現代探究「日耳曼」起源的參考人物。從他的歷史來看，我們可以知道為什麼塔西佗描述的人物和地區並沒有成為羅馬文明的一部分，以及他們為什麼從那時起就開始擁有自己的民族傳統。

人們忽略掉的是，塔西佗寫這篇故事的用意並不在於確定「日耳曼人」的歷史意識，而是想藉此批判當代羅馬人已然喪失的特質和行為模式，警惕他們應該把它們找回來。在閱讀塔西佗作品裡描述的「日耳曼生活」時，我們必須謹記他的寫作動機，並以此為基礎去詮釋他對於阿米尼烏斯的描述。值得相提並論的「日耳曼」起源，就和該地區內的其他人一樣，鮮少流傳至今。[24]

阿米尼烏斯就跟許多部落領袖一樣，很快就在該區域內的殘酷生存鬥爭之中落難，此後便湮沒在歷史當中。除此之外，對於他或該世紀及接下來數世紀的大多部落領袖，我們幾乎一無所知。過了十五個世紀之後，在特萊屈克改寫的著作裡，阿米尼烏斯蛻變成一個歷史人物，並為記憶幻想提供材料：這個完美的範本從十八世紀末開始，便把他奉為民族主義建構當中的先賢偶像。特萊屈克的故事是「日耳曼人赫曼」的神話，因而被塑造成「德意志民族」的起源歷史。於是，在整個十九世紀期間，他日漸被呈現為在「德意志」歷史裡代表身分認同的歷史人物。

這股偶像化風潮在人們於德特摩德（Detmold）附近豎起赫曼紀念碑的那一刻達到高潮。關於這座紀念碑，仍是青少年的恩斯特．班德爾（Ernst Bandel, 1800-1876）在德意志解放戰爭（Befreiungskriege）*之後的浪潮期間畫了第一批草圖。班德爾往後數十年的人生志業，便是創作打造這座民族模範身分認同的象徵性建築。紀念碑於一八七五年（帝國建立後的第四年）竣工（班

* 譯按：反法同盟於一八一三年的德法戰爭，同對抗拿破崙的統治爭取獨立的戰爭，普魯士和俄羅斯聯軍在萊比錫打敗了法軍。

德爾於隔年逝世），此後，其所在地——條頓堡森林（Teutoburger Wald）中的格羅滕堡（Grotenburg）——成為上百萬名群眾前往朝聖的民族地標。在歷史裡默默無聞的阿米尼烏斯，就這樣被尊奉為德國版的自由女神像：承載著民族意義的赫曼紀念碑。

人們一直認為，赫曼代表著德意志民族的獨特形象，而且存在兩千年之久，依然屹立不搖而不容置疑。[25]他手裡高舉的劍象徵著所有民族主義虛構的本質，匯集了政治和民族思維：人們必須為它奮戰。其他類似的象徵人物則有：法國的聖女貞德（Jeanne d'Arc），以及瑞士的民族偶像威廉·泰爾（Wilhelm Tell）。在民族主義中，「其致命的敵意堅不可摧，不但把自身與不斷輪替的對手之間的關係變得戲劇化，同時也把使用暴力之行為正當化。因此，打從一開始，對於敵方同仇敵愾的定位就包含在各個民族的自我定義之中。」[26]克納的詩〈號召〉（Aufruf, 1813）就在鼓吹這種思想：「振作吧，同胞們！大口吸入火焰信號／……你應該把刀刃沒入敵人的心臟／……最為崇高的救贖，乃屬躺於刀劍之中的最後一人！／把矛按入你那忠誠的心／通往自由的小徑！——洗淨大地／用你的血洗淨你那德意志之境！」[27]

以上就是當德國的民族主義在政治舞台上粉墨登場、企圖建立民族國家時浮現的思想總集。

民族的晚產

在十九世紀之交，一般都認為德意志民族是「文學及哲學菁英的思想產物」。[28]阿恩特（Ernst Moritz Arndt）、費希特（Johann Gottlieb Fichte）、詩萊馬赫（Friedrich Schleiermacher）和盧登（Heinrich Luden）等知名學者[29]，以及包含克納在內的作家，在他們的詩作、歌曲和文章裡創造出一種民族想像，而屬於該民族的人將能尋得至上和諧。

起初，德語以及文化民族的虛構要面臨的挑戰，主要是在於法國和英國已經作為國家的統治實體在歐洲稱霸了長達數個世紀之久。相較於中歐德語區，這兩個國家都有一個主導的宗教，有利於統一政權的形成及疆界的劃定，並加速「民族」國家的確立。

在這兩個國家當中，想像中的民族有個特定的區域，而這個概念也可以在地理上清楚地描繪出來，作為民族主義的「心智圖」（mental map）。對信奉英國國教的英國而言，它們的區域是「這座權杖之島」（this sceptered isle）（莎士比亞《理查二世》〔*Richard II*〕語），即該國內的主要大島。至於以天主教為主的法國，其民族領土的疆界則由海洋（大西洋、北海及地中海）與山脈（庇里牛斯山、阿爾卑斯山及佛日山脈〔Vogesen〕）加以劃定，該區域可以被想像為一個六角形。[30]

從德意志民族主義者的角度來看，中歐德語區的政治統一當然能夠與前述兩個國家相提並論。「德國？但它在哪裡？我不知道該怎麼找到那個國家？／博學的起點，乃政治的終點。」歌德和席勒在他們一七九七年的《諷刺詩》（*Xenien*）中如此寫道。[31]

所謂的「德意志民族」舊帝國，從來沒有發展出任何足以視為民族國家「天然」模型的明確地理輪廓，更遑論統一的統治力量。相反的，它的真正特徵在於領地和統治形式的多樣性、大量的內部疆界以及宗教衝突。因此，要這些政治領袖把各自的領地合併成一個民族國家，這樣的民族統一化的概念似乎對他們構成了威脅。

但是當拿破崙以戰爭席捲歐洲時，民族主義的想像變成一種壓倒性的力量：一個代表著「他者」的共同敵人，正如民族主義者時常講述的起源故事一樣，那是一種把「國民」結合成共同體的威脅。而拿破崙則是利用軍事力量，把舊帝國那將近兩千個小諸侯國建立成數個中型規模的新國家來支持他。而其中許多被迫瓦解的政體又促成了進一步的統一。「德意志民族」抵抗法國統治的口號也水漲船高，既激勵人心又和諧動聽。

民族主義者聚集且形成志願團體，就像前述的凱爾斯丁畫作裡看到的，卻沒有發生不可收拾的人民運動。在解放戰爭期間，有四分之三的男性人口是農民和農工，但是只佔了這些組織的十八％成員。有四十一％是工匠，另外有十二％的人屬於受過教育的中產階級——在整體人口中，這個族群的比例僅為二％！[32]

於是，抵抗「異族統治」的奮戰便成為民族主義者的孕育場所，虛構出自願犧牲、英勇赴義之類的別具意義的神話。但是這個夢想一直沒有實現。拿破崙統治的結束導向一種混合式的解答：舊時的群雄並立的政權既沒有復辟，也沒有形成一統的民族國家。完全相反的是：三十九個邦國（三十五個公國和四個自由市）於一八一五年的維也納會議後組成德意志邦聯，它代表著一種權力妥協，其中，爭權衝突依然存在，王朝、宗教及其反對方亦然。

對所有由君主、王朝統治的邦國而言，統一國家的概念是一種危機而不是誘惑。因此，在德意志邦聯中握有獨立權力的各個領袖，一直到一八四八年革命之前，態度都有所保留。

在接下來的數十年間，德意志民族的想像基本上依然是「一種城市的受造物，它們是基督新教徒的作品，是由人孕育而來」。[33]但是在一八一五年之後的數十年間，藉由技術轉變、識字率以及書籍和刊物的傳播，能夠接觸到民族主義思想世界的民眾大幅增加。「文化歷史層面的民族意識抬頭」，並且發展為實質的政治力量[34]，而這股力量及其對民族國家的訴求，直到一八四八年之後仍然持續成長。

一八四八年發生在德意志領土上的革命運動之所以失敗，不外乎是因為他們找不到一個對應的民族國家作為發展場域；而若從民族主義者的觀點來看，這可以說是特別諷刺的事。地方性強權林立的狀態，使得革命動能煙消雲散，這就是他們和既有勢力手中的統治權之間的根本差異：只要統治巴黎，他的統治權就得以如臂使指地擴散至全法國；在倫敦的掌權者可以大範圍地控制大不列顛；然而，征服了柏林，卻沒有辦法統治慕尼黑、德勒斯登或維也納。

文明的使命？

帝國在一八七一年的統一滿足了許多民族主義者的渴望，那卻不能算是他們努力而來的成果，而毋寧是保守派的反動抵抗的結果。普魯士及其主要政治家俾斯麥的政策旨在對抗民族主義的反王朝力量。因此，俾斯麥被描述為「白色革命者」（weißer Revolutionär），他用來保障普魯士的優越地位的格言便是「如果這是一場革命，那與其坐以待斃，不如主動出擊」。換句話說，為了防止普魯士君主的統治地位受到全德民族主義運動的威脅，俾斯麥利用民族主義當作鞏固王權的工具。即使在帝國統一之後，民族主義和王朝思維依舊互為對立。

然而，對大多數人民而言，一八七一年的帝國建立，似乎達成了民族統一的想望。他們認為，德國人終於跟上英國人、法國人以及其他人早就擁有的東西。但是若冷靜地回想，這件事有兩個面向。在「統一的祖國」當中，有上百萬名在語言和文化上足以被視為德國人者被排除在外，尤其是哈布斯堡帝國境內的德國人，他們在一八六六年的戰爭當中被排除在德意志邦聯之外。從民族主義的角度來看，這個事件完全不合邏輯，反而屈服於普魯士在強權政治的主導地位。相反的，另有數百萬人雖然就語言和自我認知而論並不屬於德意志民族，而是波蘭人（西利西亞）或法蘭克人（亞爾薩斯〔Elsass〕），卻被納入帝國的版圖中。

這些內部的壓力和外部的威脅相互呼應。帝國面臨到的外部情況是，主要強權的外交和軍事興趣已經不再著眼於中歐，尤其是英國和俄國，他們從歐洲轉移到外圍地區。其中，最為駭人的血腥衝突是一八五三到一八五六年間的克里米亞戰爭（Krimkrieg）。德意志民族國家的興起——從起初的四千萬人口到後來超過六千萬人口——倏地改變了這個狀況，因為這股新力量威脅到歐洲的穩定狀態，也就是對等的力量和利益之間的平衡。英國、法國和俄國對普魯士德意志的軍事力量感到恐懼。帝國在三場戰爭當中崛起的事實，讓他們心生警惕，這不只顯示該民族隨時準備好迎戰，也代表著其政治領導是經過有系統的計算。這些外來的旁觀者問道：三度利用戰爭成功擴張的國家，怎麼可能會不想要嘗試第四次呢？

內部和外部的緊張以一種特殊的方式和德國的民族主義相遇。民族主義者認為，把尚未歸屬於帝國的德國人加到他們的新國家之中，是個理所當然的目標。然而，以此為目標的一舉一動，都會激起其他強權的反應，可能會全面影響到這個年輕的民族國家，在下一場戰爭當中使國家再度分裂的可能性，實為一種威脅。因此，俾斯麥時代的外交政策一向被視為矛盾的拉扯：一方面為了鞏固既有的民族國家，另一方面則要馴服擴張的民族主義的時代精神。

甚至連以一絲不苟的分析著稱的馬克斯・韋伯（Max Weber），都在他那被大量引用的、一八九五年於弗萊堡（Freiburg）發表的就職演說中表示，這個年輕帝國必須遵循民族強權國家的利益：「我們必須理解，德國的統一是民族在舊時代裡的年輕叛逃，而基於這個行動所付出的代價，把它定位成德意志世界權力政治的終點而非起點，那會更好一點。」[35]這看起來是經過程序計算的：有了內部的扎根和繁榮之後，德國民族主義開始向外宣稱自己的文明使命。

一八九〇年，七十五歲的俾斯麥被三十一歲的皇帝威廉二世解職，在此之後，休養生息和擴張版圖這兩者之間的衝突越演越烈；帝國的政治領導方向在沒有認清楚行為後果的情況下，逐漸轉變為自閉症一般的全球政策，其中，軍備政策尤其如此，在執行時幾乎沒有經過冷靜的檢驗，更不用說有任何論辯。因為政治權力不在國會，而是在王室以及宰相手中。

自一八七一年後，帝國成功變成一個不斷擴張的經濟強國、科學革新的先驅、外交和軍事的強權，更因為國家快速發展，人口也隨之成長[36]，這一切催生了一種特殊的德意志精神和德意志特色。景氣和力量的成長，似乎驗證了君主專制體系以及在政府控制之下的議會體制，不但具備正當性，而且對當時的需求來說甚至前景看好。威廉二世及其他政治共同核心決策者，聲稱這些成功都是其來有自，並相信自己必須使帝國做好萬全準備，以根據傳統規則和他們自己的想像迎接二十世紀的權力較勁。

外交部國務大臣比洛，相當於帝國的外交部長，於一八九七年十二月六日在國會大廈中談到「其他民族的競爭」，認為德國人必須堅守自己的地位：「德國人把土地留給鄰居、把海洋留給他人、把完全由教條統治的天空留給自己，這樣的時代都已經過去了。……我們不希望任何人站在陰影之下，但是我們也要爭取在陽光下的位置。」[37]三年後，比洛由國務大臣升職為帝國宰相，並貫徹這般全球主張、形塑帝國的「全球政策」。

鑑於帝國的成就，在第一次世界大戰爆發前的四分之一世紀期間，不光是政治人物，就連學者都深信君主專制的領導是適合「德國特色」的政治體制。他們塑造出一種獨特的德意志本質，而這些本質能夠在音樂與哲學、藝術與科學等領域中發展創意，正是因為其政治參與權受到限制。

帝國的政治、社會與經濟等層面中的主流認知是，德國文化與西方文明相互對立、德意志「英雄」與那些只在乎金錢和利益的「商人」相互對立、德意志民族統一與西方個人主義相互對立。當時著名的歷史學家邁涅克（Friedrich Meinecke）說，文化價值是「禮品」，而文明價值則是「商品」。[38]

「文化戰爭」[39]的想法在戰爭爆發之後甚囂塵上。舉例來說，一九一四年九月二十五日，阿道夫．拉頌（Adolf Lasson）針對這種感受總結道：「德國是位於中心的國家，德國文化佔據了中心的位置。整個歐洲文化，或基本上其實就是人類文化，就好像在德國土地上、在德國人民心中匯聚成一個焦點那般。談及這點時，如果太謙虛、太克制，那就太愚蠢了。我們德國人代表的是歐洲文化從沒產生過的最後一種、最為崇高的文化；我們在自我感覺上的優勢和豐富正是以此為基礎。」[40]

在拉頌發表這段話的一週前，格爾克（Otto von Gierke）才以類似的方式向人說道：「流在英國人和法國人血液中的對於自身文化的排外正當性，對我們來說是陌生的。但是我們已經意識到德國文化那種無可匹敵的價值了，在未來，我們想要保護它免於低級外來者的篡改。我們不會強迫任何人接受它，但是我們相信，透過它內部的偉大，它將在各地得到它應得的重視，因為我們以它為傲，知道它對人類的意義為何。當我們的祖國仍然四分五裂的時候，費希特在一百多年前（一八〇八年）就在柏林這裡對德意志人民發表令人難忘的演說，頌揚德意志民族是歐洲唯一保有原初本色者，也因此保有思想的可塑性。費希特發現了思想上的轉變，從原本的世界性思維過渡到熾熱的民族熱情，這些人民尤其受到召喚要成為世界文化的承載者，因而對於人類而言，它有義務要自我保存。半個世紀過後（一八六一年），在我們的偉大時代來臨的黎明曙光裡，蓋貝爾（Emanuel Geibel）以宛如預言一般的詩句替他的優美詩作〈德國的天職〉（Deutschlands Beruf）收尾：『而可能隨著德意志本質／世界將再次痊癒』。」[41]

可惜的是，不只是其他強權，就連弱小的鄰居，抑或是領土被外人統治的被殖民者，都不認同這個觀點。他們問說：這個將要造福全世界的「德意志本質」是什麼？這個對於「文明想法」的提問一點也不庸俗，對於全球政治而言反而才是最重要的。因為在當時，民族主義的想法和全球使命感有直接的關聯性。

它原本只是承諾至少代表著若干價值，也就是在自己的國界以外，還有一點普世的意義，除了自己的民族以外，對於人類還有點吸引力，可是到頭來卻推論到一個強權的聲望問題。以法國來看，它便是因為法國大革命的口號——自由、平等、博愛——而被認定為一個國際強國。另一方面，英國由於其議會政治及其居民的公民自由權而被視為一個文明強國。至於美國，則被視為一塊宗教、政治和個人自由之地，而它賦予人民的自由尤其承諾了經濟繁榮的機會。

但是相較之下，德意志帝國代表的價值是什麼？普魯士和德意志專制國家的概念對於哪些人產生吸引力？或是以它深入人們生活行為的種種影響而向人們炫耀其軍事傳統？舉美國的例子來說，個人自由的自然權利及對於幸福快樂的追求，對世界各地的人都具有吸引力，人們因此想要移民到美國。然而，根據「受到權力保護的內心世界」的「德國自由概念」（特勒爾奇〔Ernst Troeltsch〕語），個人一向被理解成必須融入且臣屬於所謂更高的整體的一部分。

因此，第一次世界大戰的戰前歷史其實不是從一九一二或一九一三年開始的。我們反而必須探究帝國的強權政治在那幾十年間的情況及其原因，接著就會發現，儘管大戰在一九一四年夏天才爆發，真正導致戰爭的決策和基本體制問題，早在幾十年前就已經埋下伏筆。各大強權之間的衝突會在一九一四年引發第一次世界大戰，是由於德意志帝國早在所謂的「鉸鏈時期」（Scharnierzeit）鹵莽的自我封閉造成的。早在一九〇七年，帝國便有了一九一四年導致大戰的結盟形式。[42]世界大戰並不是夢遊形成的，而是源自於非理性的計算。若用當代的術語來說，這場戰爭變成了「文化」和「文明」之間的民族自我形象的衝突。

德國民族主義的自我認知滋養了「德國文化」優於西方「文明」的主張，而人們也為這個民族主義而喪命。邁涅克在戰爭初期寫道：「與我們同在的神，也希望我們能順從祂的作工。德國應當為了美好、偉大而神聖的事物而戰，而且每位戰士都應當以閃閃發光的眼神去看待這些事物。假使戰士的眼神遭受摧毀，一束如天堂般的光也會在最後一刻臨到他的靈魂，讓他得以善終。」[43]如果我們刪去句子裡的德國一詞，這段論述也適用於現在伊斯蘭基本教義派對於真主的信任。

從民族到種族鬥爭：兩次大戰期間

一九一八年德國戰敗，但前述的德國自我認知卻沒有因此消失，反而更加根深柢固。戰時德國社會裡的溝通情形大致上就像是在密閉空間裡一樣，對於勝利的期待在裡頭迴盪不絕，所以當德國在一九一八年秋天戰敗時，大多數德國人要不是還沒做好心理準備，就是對於帝國當時的處境渾然不知。從那時起，他們渴望釐清的主題不再是原因分析，而是對於過去榮耀的渴望。同時，人們把戰敗歸咎於外部因素，想要在其他國家那裡揪出罪魁禍首。

打從威瑪共和國成立的第一天起，這種自欺的行徑就成為它的重擔：人們不覺得戰敗的責任在於專制國家及其自欺行為，而是以社會民主黨和自由派為首的新興民主秩序。客觀上來看，這個想法是錯誤的，因為戰敗的結果是幾近於獨裁的領導者造成的，由興登堡（Paul von Hindenburg）和魯登道夫（Erich Ludendorff）領導的「第三最高陸軍指揮部」，德國內部也承認這個事實。但是德軍完全沒想到要承認自己的過錯；他們欺瞞人民，轉移人民的注意力，並杜撰一些傳奇故事，其中最主要的說詞是，當時幾乎勝券在握的軍隊是被家鄉從背後捅了一刀的。經過了四年的掠奪、死傷多達百萬人的戰爭之後，許多德國人都很樂意相信這個說詞。不論是民眾、菁英階級或資產階級，都充斥著對於一九一四年以前帝國榮景那種幾近美夢一般的記憶——以及當時帝國的威權領導。

假如我們把第一次世界大戰歸類成文化之戰、對立的秩序模式之間的鬥爭，那麼，戰敗看起來就像是對於民族自我形象以及優越感的一記不當攻擊。甚至連比較溫和的民族主義者都不願意接受這樣的結果，包含割讓領土、外國的索求賠償，以及控訴他們的戰爭責任。一九一八至一九三三年期間，德國社會唯一全體贊同的事，或許便是推翻《凡爾賽條約》了。

經濟層面的影響也使得失望加劇。戰爭期間，領導者不敢把駭人的開銷轉嫁到民眾身上，例如適度增加稅賦等手段。他們指望以戰勝解決債務，就像法國在一八七一年戰敗之後支付給他們的賠償金，促進了當時的經濟成長。但是現在德國戰敗了，戰勝國要求他們賠償，這讓民眾赫然意識到過去四年的戰爭期間的債務尚未償清。當通貨膨脹逐漸掏空資產階級的儲蓄時（尤其在一九二三年十一月以前），很少人試著去了解背後的原因，亦即戰爭及其所需的資金，反而一味怪罪議會民主制度以及簽署和平條約的政治人物。

對威瑪共和國充滿敵意的不是只有菁英階級，軍方也完全不想承認戰敗責任，尤其是興登堡和魯登道夫，他們很快就開始在威瑪共和的政治體制高唱民族主義。另一方面，在資產階級當中，許多外交官員、公務人員、企業家和影響團體也認為，當前的經濟及社會問題都是源自於威瑪共和採用的新政治體制。

在這些情緒上面火上加油的，還有對於布爾什維克主義擴張的恐懼。到了大戰末期，帝國的統一就已經岌岌可危了。[44] 即使當時帝國喪失了不少領土，但是還能維持統一的局面，因而還可以抵擋布爾什維克主義的擴張。德國國內瀰漫著害怕被共產主義推翻的情緒，其中一個原因在於，依據馬克思理論，相較於以農業為主的沙皇國，高度工業化國家實際上更成熟也更適合推行共產革命。

對於過往榮耀的幻想及因戰敗結果而產生的憤怒情緒，兩者相互結合，形成了一種衝著威瑪秩序而來的怨恨，並滋長了民族主義團體，其組成包括反民主主義者、反猶太主義者、反共產主義者，以及許多其他不滿現狀者。一九三〇年以降，國家社會主義便成為這些人的歸宿——國家社會主義德國工人黨（NSDAP）成為第一個全民政黨，因為它幾乎滿足了社會上所有團體的要求。該黨在一九二八年的選舉只拿到二．六%的選票，到了一九三〇年的國會大選中大幅增加到十八．三%，而在一九三二年七月的選舉當中的得票率成長到三十七．四%。另一方面，在一九三二年初的總統大選中，該黨的候選人希特勒獲得超過一千三百萬張選票（三十六．八％）。

當時的社會氛圍和大眾心理支持的對象，就是萬中選一的興登堡，甚至連社會民主主義者和中產階級亦然。其中，興登堡代表的是軍事和威權的傳統，以及對於歷史責任的不誠實態度，這些在人們眼中看來，似乎都不像威瑪共和秩序那麼邪惡。那些抵制或想要廢除議會民主制的政黨，早在一九三二年就取得了毀滅性的多數支持。由此可知，在德國歷史當中，國家社會主義的統治並不是一場工業意外，反而是奠基於過去許多傳統、思想模式和信念。

繼希特勒在一九三三年一月被任命為帝國總理之後，由國家社會主義形成的種族社會及備戰政策隨即得勢。其中，國家社會主義確實是從德國民族主義直接發展而成的，但它不單「只是」民族主義的極端表現，更在意識形態上進一步產生了變形。在這裡，所有民族主義的重要關鍵字「國民」尤其因生物定義而開始限縮指稱範圍，在概念上變成民族主義以及種族主義思維的基礎，以此為基礎的歷史理解方式也相應而生。

一開始，很多旁觀者搞不清楚這種新興意識形態，因為它和傳統的民族主義之間有許多重疊之處。不論是在國內或是國外，大家都指望希特勒及其追隨者會追尋修正主義政策，並且在一段時間後就歸於平靜。

德國的外交政策被倫敦、巴黎和華盛頓解讀為傳統的歐洲強權政治，根據他們的假設，希特勒想要使帝國重返歐洲強權的地位，當目標達成之後，他就能夠因為這個成就而受人推崇。然而，保守來說，一直要等到一九三九年春天，希特勒的野心再也無法被世人所忽視：他想要的不只是回到一九一四年以前的狀態，這時人們才開始認清他的政治意識形態。

希特勒認為自己使具有世界歷史意義的國家民族主義（völkischer Nationalismus）更臻完善。他相信自己掌握了歷史的運動定律，並且在歷史進程中的關鍵時刻進入政治世界。根據他的想法，他的任務是把雅利安人（即他所認定的德國人）帶到主導世界的地位。他的所有經濟和外交政策、所有軍事準備、包含中小學和大學在內的所有國內教育體制，都旨在達成這項目標。一九三三到一九三九六年間的和平，都是累積政治、軍事和意識形態能量的過程，好為了這座注定永垂不朽的帝國奠定「雅利安統治」在全球種族鬥爭中的基礎。

我們都知道這一切的結局了：國家社會主義在歐洲開始風起雲湧，而這個局面當然只能透過戰爭來達成。如果不是透過這個方法，所謂的生存空間還能怎麼被「建造」出來呢？他們一直到一九三九年以前以民間投資和消費為代價以建立軍備，這個資源揮霍要怎麼彌補呢？希特勒的政策使自身陷入困境。它無異於一場劫掠，對於土地、奴工和原物料的剝削。戰爭是為了鞏固既有的成就，並為進一步的鬥爭奠定基礎，那些鬥爭則是種族之間的競爭的核心。

對國家社會主義德國工人黨而言，一九三八年以前讓帝國史無前例地擴張版圖的外交政策，一直都只是擴張上述意識形態的其中一步。一九三八年九月二十六日，希特勒公開聲明道：「我們不希望有捷克人存在。」六個月後，他就佔領了他們的土地，而當然，波蘭接下來也淪為他的受害者。

希特勒張開雙臂迎接戰爭的到來，甚至主動尋釁求戰，以作為試煉種族的時刻。從這個角度來看，第二次世界大戰的用意在於，把德國在第一次世界大戰當中取得的小規模霸權地位和更大範圍的種族重整主張結合在一起。這些國家社會主義者重新組織歐洲的計畫，由許多學者、科學家與其他具備實用技能的菁英人士擬定並加以推廣，而計畫當中也包含了即將降臨在數百萬人身上的奴役與屠殺。他們將這項民族重整行動視為由德國主宰的歐亞種族帝國之基礎。德國人在強行統治歐洲、引發種族滅絕戰爭、最終導向孤注一擲之政策上展現的侵略性，是史無前例的全新激進主義。

思想競爭而不是文化衝突

就算處於戰爭期間，學者、科學家、記者、外交官和僑民（不只是在同盟國內）都一直在探尋事件的解釋及歷史成因。從他們的角度來看，德國的侵略性似乎是數個世紀以來（錯誤）發展的結果。

這些論證並不是什麼新鮮事，看起來卻是透過經驗而得到驗證。據此，「德國人」有兩種相互衝突的特徵：一方面，就音樂、文學、哲學及許多其他思想和藝術領域裡的頂尖成就而言，他們是一群和平、愜意、有創意的文化人；另一方面，則是政府當局和軍事侵略的德國。第二種德國，在普魯士的領導下，藉由一八七一年的戰事形成了獨立的國家；接著，受到經濟成就的支持、並堅信自己肩負特殊任務，它奮力在歐洲及世界政治中取得主導地位，兩次世界大戰便由此而來。

關於「德國自創的優越感」的分析可以說汗牛充棟。而民族主義者的共同體想像現在被用來把「德意志本質」詮釋為對於歐洲和世界和平的集體危害；「德意志特殊道路」（der deutsche Sonderweg）導向萬劫不復的深淵。在關於這種發展的相關討論中，其起源最具爭議；有時候，你會看到有人說，它源自俾斯麥和腓特烈大帝，有時後則是馬丁・路德或甚至是阿米尼烏斯。傳統民族主義故事的想像，這次變成一則災難故事。社會學家拉爾夫·達倫多夫（Ralf Dahrendorf）把這種詮釋稱為「塔西佗假說」（Tacitus-Hypothesen）。

第二次世界大戰時期的分析者認為有個論述是決定關鍵：德意志的民族主義道路招致了當時的災難。所有重複的可能都應該被斬草除根，而根據他們的解讀，想達成這件事絕對是有希望的，因為還有「另一個德國」存在：啟蒙運動、政治上的自由主義、人文主義的資產階級、社會民主主義、法治國家與憲政國家，以及議會民主制等等傳統。即使這個版本的德國在一八四八年失敗了，在帝國遭到邊緣化，即使它沒有起身反抗威瑪共和裡的威權專制國家思維，這時候它應該等到它的機會了。在其代表和追隨者的支持下，並在必要時執行保護性的監督，那麼，暴力歷史的根源就可以被斬除。

此外，不希望德國民族主義因為國家社會主義德國工人黨而名聲掃地的人，同樣也支持「另一個德國」的想法。繼納粹政權之後，一些政治人物投身於建立另一個新的民族國家（若不是為了這個目標，他們大概很難搭上關係），包括以庫爾特·舒馬赫（Kurt Schumacher）為首的左翼社會民主黨，以及右翼的民族主義保守派。在他們看來，國家社會主義的發展只是德國歷史裡的一場工業意外，撇開這個不談，德國歷史向來都是兼容並蓄的。

其中，核心論點成為再次的「德國統一」的問題立足點。起初，戰後德國被分割成四個佔領區，取代了原先的統一民族國家，而相較於一九三七年、帝國被國家社會主義德國工人黨征服的前一年，佔領區的範圍總和也大幅縮減。但是該以哪種形式來達到「重新統一」的可能，以及該付出什麼代價，都仍然是問題。有些人強調，聯邦共和國的安全和人民的自由，必須優於任何關於民族統一的含混提案，但是儘管如此，在一九五〇年代期間的各方陣營當中，支持統一而中立的民族國家的想法者仍然多達數百萬人。[45]不過「融入西方」（Westbindung）的政策明顯傾向採取「自由優先於統一」，民族利益因而和民族主義脫鉤。

十九世紀時，民族主義者把民族國家形容為個別國家歷史的巔峰。此後，他們宣告說，這些國家處於無政府的競爭狀態；外交和軍隊應該維持它們之間的平衡，但是民族主義運動的動向卻驅使它們相互衝突而開戰。

這個歷史認知的結果是，人們把民族國家和民族主義及其世界觀區別開來，於是便形成了新的關鍵：歐洲國家的政治直到一九四五年之後仍然一直以「民族利益」為驅力，但至於什麼是民族利益以及該如何達成，則是有了轉變。

首先，區別以下三個觀點，有助於理解這件事：民族觀點、歐洲觀點及全球觀點。國家社會主義德國工人黨讓所有單一種族的強權國家的概念在歷史上徹底身敗名裂，任何倡導這類意識形態者再也不能夠主張說那「只」和民族統一有關了。這些概念的暴力凶殘已經摧毀了大部分的歐洲，並且使數百萬人喪生。

從歐洲觀點來看，幾乎所有國家，尤其是歐陸的核心國家，都因為戰爭和大屠殺而遭到重創。對他們所有人而言，他們和納粹德國的繼承國之間的關係，形成了一個疑問。另一方面，就全球觀點而論，「德國問題」在幾年後的冷戰衝突當中就被揚棄了（冷戰的核心衝突也反映在東、西德關係上）。

在直到一九九〇年之前的四十五年間，超級強權之間在全球形成的核彈問題僵局具有決定性影響。德國外部對於和平的軍事捍衛（比較算是休戰），以北大西洋公約組織（NATO）的形式，透過美國對於西歐及西德的安全保障，訂定出一個架構，而唯有透過這個架構，才有可能達成自由的發展。但是，如果沒有在這個框架內實際執行（遠超出軍事範疇），也沒有在那些成果豐碩且真正的跨國合作當中不斷累積經驗，那麼，這個架構就很難維持永續。[46]

戰後數年之間，國際組織大量成立，直到一九六〇年，全世界的國際組織總數攀升到一千兩百五十個以上。[47]但正是因為有如此大量的國際組織，我們可以清楚看出何者確實有用，而哪種形式及機構則幾乎沒有任何效果。我們可以把這個現象解讀為歷史的「試誤法」實驗。光在歐洲，我們就看到不少重要的國際組織與國家聯盟，舉凡歐洲理事會（Europarat）、經濟合作暨發展組織（OECD）和歐洲自由貿易聯盟（EFTA）。整體來看，這顯示出在這幾十年間的兩大中流砥柱，北大西洋公約組織及歐盟的若干前身，它們如何演變為主要的機構。我們可以看到，它們代表了個人、社會和國家之存在的兩個核心層面：跨國的軍事安全，以及在經濟上（以及福利國家方面）的比較和進步。自從戰爭結束之後，國際組織的多樣性及發展向我們展示了什麼是可行且可以興盛的，人們的嘗試又會在哪些地方觸礁。

從軍事政治的角度來看，北大西洋公約組織和跨大西洋合作關係的確可以真正保障歐洲大陸的和平。同時，德國、法國和比荷盧聯盟（Benelux）國家裡的政治領袖，也把旨在對抗「他者」的傳統民族主義概念拋諸身後。零和遊戲的道理（一方必會失去另一方贏得之事物）與撞球的比喻（民族國家像一個個封閉的權力球體，在該空間中運動，因此註定會發生衝突）逐漸消融在新的經驗裡。過去在無政府狀態的權力競爭的狀況之下，戰爭一向以最終方案的姿態呈現，現在則轉變為以和平為基礎、以法律和機構為出發點的競爭。

多年來，協調的經濟競爭形成了繁榮局面，並得以維持自由，因為所有人都認同規定、接受折衷辦法，而不是在犧牲他人的情況下、甚或以暴力衝突而尋求好處。

這種合作進一步推廣了對於「民族利益」的新理解：例如，假使「歐洲煤鋼共同體」（Die europäische Gemeinschaft für Kohle und Stahl）的會員國把他們的經濟期望融入到這個領域，這麼一來，個別國家就能得到它們在敵對的情況下難以取得的好處。此時「國家利益」變成「理性利益」，而這可能意味著，如果要確保大家都有更強大的競爭力，就得放棄特權和主權。

舉例來說，儘管經濟競爭仍舊持續，當西德重振生產力、穩定處於工業強國的位置時，比利時、法國和荷蘭也同樣得以獲取國家利益。法國尋求國家安全，而和重新振興的德國相互抗衡；德國努力重拾主權，在國家社會主義造成的歷史重擔陰影下，形成國際「常態」；比荷盧聯盟國家旨在取得話語權，並爭取參與規模較小的經濟體，以避免落於德法關係之外。

凡此種種，都是歷史的學習過程，因為在一九四五年以前，民族國家世界並不熟悉其所需要的心態。舉凡成立於一九五一年的歐洲煤鋼共同體、創立於一九五七年的歐洲原子能共同體（Europäische Atomgemeinschaft），以及由德國、法國、英國與西班牙共同經營的空中巴士（Airbus）或雅利安太空（Arianespace）等發展歐洲航運的多邊公司，這些合作的概念都遠超出一九二〇、三〇年代的民族國家政治。

人們因為經歷過戰爭並了解其成因以後，才準備好迎接這種文化轉變。關鍵因素在於普世認可的規則和法治國家的結構模式，人們因而信任以契約為基礎的統治形式以及經濟獨立等等凝結的經驗。不斷的整合促成了以交易、體制化、相互的認識等方式來達成和平，並在克服民族主義的零和思維時（從歷史角度來看，這種思維實際上具有誤導性，甚至是一種危險的道理），採取有規範的競爭方式以維持和平。

到一九八九年以前，若不是因為歐洲上述的學習經驗和取得平衡的過程，長期融合的局面幾乎是不可能實現的。唯有透過北大西洋公約組織的成功，這些國家才得以在冷戰的全球競爭當中，長期取得內部之可信度與經濟實力。

於是，在二十世紀後半葉，民族國家的概念才和民族主義脫鉤——至少在大部分歐洲國家中是如此。如今，民族國家所呈現的，基本上是不被民族主義綁架的、在歷史裡實行過的秩序模式。民族國家不再動不動就和他人競爭，而是能夠為了秩序模式的永續發展而具有相互連結和發展的能力。

民族主義捲土重來？

在人們把「民族」虛構成一個政治信念之概念的兩百五十年間，他們嘗試過所有民族主義的共同體建構的必要變數：語言、文化、民族和種族。這些嘗試顯示，一直到二十世紀的兩次世界大戰之前，民族主義的同質性及優越性的想法一直是其中的核心，並經常因此導致自我膨脹以及軍備競賽。

那麼，為什麼最近民族主義想像又重新對人們產生吸引力？

以匈牙利為例，總理奧班追求的民族主義政策衝擊著學術自由及自由開放。然而，該國國內生產毛額有三%以上來自歐盟補助款，才得以進一步取得在國家原則和自由方面的成功。

在波蘭，支持民族主義的執政黨，法律與公正黨（PiS），使國家自由化大開倒車。在過去四分之一世紀期間，該國經濟因為自由化而蓬勃發展，掌權者也是基於自由化的環境，才有辦法提供政治回饋和大量社會安全生活補助金來服務他們的選區，並再度對繁榮的基礎帶來威脅。然而，他們對支持者的回饋的主要資金又來自前朝餘蔭，而他們利用這些政治作為來推行一種經常帶有反叛色彩的民族主義記憶政治（Geschichtspolitik）。*

與此同時，民族主義運動促成了怪誕的聯盟組合。例如，德國另類選擇黨主席耶爾格・默爾騰（Jörg Meuthen）在二〇一九年四月歐洲議會選舉前，讚揚當時義大利內政部長薩爾維尼（Salvini）對於歐盟執行委員會法規的無知：而那正是默爾騰宣稱自己為其政黨而倡議的預算紀律及預算控管的法規。又或者是在法國，瑪琳・勒朋（Marine Le Pen）的民族主義運動公開接受普丁政府的資助。俄羅斯為什麼那麼在意勒朋所擁護的法國民族主義利益？我們不會假定俄羅斯想要推廣法國大革命和自由國家的成就，抑或是歐洲的民主模式。一直以來，民族主義的諾言都表現為具有毀滅性的機會主義，而任何回顧歷史的人都知道其後果是什麼。

自一九四九年以來，德國歷史中也有數十年的政治潮流致力於早期那種民族主義的認同渴望，以及國際無政府狀態的機制。一九五〇年代時，接替國家社會主義德國工人黨的政黨位居主流，例

* 譯註：記憶政治是一種存在政治之中的潛意識，詳見李有成教授的著作《記憶政治》（2020）。

如一九五三年受到禁止的社會主義帝國黨（Sozialistische Reichspartei），接著是出現於一九六〇年代的德國國家民主黨，以及一九八〇年代所謂的德國國家民主黨和德國人民聯盟（Deutsche Volksunion）。

一九九〇年德國再度統一之後，德國國家民主黨在新組的聯邦國家議會及州議會上贏得大量席位；在過去的舊聯邦政府當中，從來沒有差堪比擬的景況。在德國國家民主黨的廣告文宣裡，可以找到早期民族主義的本質主義歷史觀點，並結合了社會主義的「民族」概念。本質上，這和國家社會主義宣揚的民族共同體（Volksgemeinschaft）的「種族主義和民族概念」（rassistisch-ethnischer Begriff）幾乎無異。

支持者版圖隨著德國另類選擇黨在二〇一三年崛起再度轉變，因此，德國另類選擇黨從「歐洲批判者」（Euro-Kritiker）的政黨轉型成民族主義者與民族幻想支持者的聚集地。該黨的領袖代表的言論經常透露出民族主義的世界觀與史觀，而毫無歷史啟蒙和科學知識可言。不論其世界觀是把國家社會主義淡化的結果，或是數千年來對於族群同質性的想像，都是來自十九世紀的歷史想像，好似二十世紀從來沒發生過一樣。

如果民族主義者今天（或再次）透過語言、文化與歷史，以特定人群的共同歸屬為基礎，而主張一種自然賦予的（「原始的」）秩序，那麼，他們就是在建構一個信仰共同體，在其中把人們歸類且相互比較。數百年、甚至是數千年以來不曾中斷的「民族」共同體想像，一直都是歷史裡的虛構的故事。那些在內部發展出各自傳統的語言及文化空間，是會不斷變化的；這才是它們唯一不會改變的事實。決定因素在於伴隨這種改變而來的規定，以及所有當事人的政治自決和共同決策程

二〇一九年五月，來自十來個歐洲國家的民族主義者示範了他們的世界觀的反覆無常。在歐洲議會選舉的一週前，當時的義大利內政部長薩爾維尼在米蘭的主教座堂廣場（Piazza del Duomo）舉辦了一場聚會，聚集了來自比利時、保加利亞、丹麥、德國、愛沙尼亞、芬蘭、法國、義大利、荷蘭、斯洛伐克及捷克的民族主義者。現場的講臺上寫著「義大利第一！」（Prima L'Italia!）正如所有民族主義者向來所期望的，把自己的國家視為「第一」。與會者不願承認他們的祖先因為「第一」的口號而被拖到戰壕裡，也不願承認民族主義的號召再度讓暴力衝突成為一個考慮選項。

度。從這個觀點看來，民族國家一直有其價值——以機構和秩序體系的姿態來確保個人的自由。[48]歐盟不只創造了一個比個別國家更具經濟競爭力的單一市場，而和全球各地區相互抗衡（尤其是北美和遠東），同時也建立起一個共同的法律空間和共同機關，讓和平的利益平衡因而取代了民族國家間的權力較勁。

國家之間的戰爭，以及受到鄰國干擾的各國內戰，一度是全世界的共同議程。這在當代歐洲似乎是已經難以想像的事，它既不是自然而然就產生的，也不是什麼巧合，而是政治學習和行為的結果，更不用說歐洲社會的其他種種成就以及影響效果（例如旅遊、求學、投資、自由選擇居住地等等）。

任何哀悼「歐洲代價」、攻擊歐洲統一性發展及其協定以及對於整合的追求的人，以及任何抱怨來自布魯塞爾的至上規範——即官僚慣性，以及（目前）由二十七個國家組成的機構在決策上的執念——的那些人，都可以在第一次世界大戰的戰場上、第二次世界大戰的軍人公墓裡，描繪出一幅圖像，包含被歐洲拋在腦後的事物、民族主義運動的導向，此外也包括，當他們的信仰掌握政治權力時，他們又會再度導致什麼樣的結果。

注釋

注1 Heuss, *Geist der Politik*, S. 22。

注2 Verwiebe, »Theodor Körner, Friedrich Friesen und Heinrich Hartmann auf Vorposten«; Jäger, »Körner, Theodor«; Leber, »Friesen, Friedrich«。

注3　一八一四年，民族主義詩集《里拉琴與刀劍》（*Leyer und Schwert*）出版，為其父親逝世後所出版的作品。在《新德意志人物誌》（*Neuen Deutschen Biographie*）一九七九年版本中，漢斯・沃福・耶格（Hans-Wolf Jäger）描寫到克納的「英雄式死亡」（Heldentod），但沒有使用適當的標點符號引用原文。

注4　許多重要書刊於一九八三年出版，成為重新塑造民族主義科學意識構造的關鍵：Benedict Anderson, *Imagined Communities*; Ernest Gellner, *Nations and Nationalism*; Eric Hobsbawm und Terence O. Ranger, *The Invention of Tradition*。安德森將民族（Nation）形容為「想像的政治共同體」：「這樣的想像是因為，連大多數人都不知曉、沒見過或甚至沒聽過的最小型民族，其成員的腦中都存有共同體的概念。」

注5　Wehler, Nationalismus; Geary, The Myth of Nations; Jansen/Borggräfe, Nation, Nationalität, Nationalismus。

注6　Lemberg, *Geschichte des Nationalismus in Europa*, S. 9。

注7　接下來的大綱主要是根據漢斯・烏里希・韋勒（Hans-Ulrich Wehler），以及克里斯提安・亞恩森與亨寧・伯瑞夫所寫的概述而來。

注8　Wehler, *Nationalismus*, S. 7-8。

注9　Jansen/Borggräfe, *Nation, Nationalität, Nationalismus*, S. 18。

注10　同前揭：S. 19-20。

注11　同前揭：S. 20。

注12　Horaz, *Carmina* 3,2,13。

注13　一九六三年，仍是年輕學生的本尼迪克特・安德森（*Erfindung der Nation*, S. 9-10）描述到自己替大使同步口譯時任印度總統的蘇卡諾（Sukarno）演講的經驗。蘇卡諾的演說瀰漫其對民族主義的信仰，甚

至還有對希特勒的景仰之情，內容旨在建立印尼國族。但「在本世紀初，甚至連『印尼』這個詞都仍不為人知」。此經驗與歐洲觀眾的困惑反應，促使安德森開始研究「國族的發明」。在一九九〇年代南斯拉夫解體後所成立的國家，於本質上也是民族主義思想的結果。

注14 Jansen/Borggräfe, Nation, Nationalität, Nationalismus, S. 19-20。

注15 同前揭：S. 38。

注16 Herder, *Briefe zu Beförderung der Humanität* (1793-1797), Bd. 17, S. 287。

注17 為了保持中立，我們在這裡應避免使用文獻中常見的「下層階級」（Unterschicht）一詞。階級分層確實存在，但「上層」與「下層」等用語具有社會道德意味，我們應該使用更為精確而具體的描述。其中，「下層階級」成員的特徵主要在於他們比較貧窮、比較需要仰賴他人、比較沒有自由，但身而為人，他們並沒有比其他擁有較多優勢與潛能的人「低下」。

注18 「自然以語言、習俗與傳統，也常以山脈、海洋、河川與沙漠等，將民族加以『區隔』；自然可以說是盡其所能。各民族之間因此能夠長期維持分離狀態，並與自己人待在一起。與『寧錄』（Nimrod）世界大一統的偉業相反，（正如古老傳說所言）語言變得混亂、各民族被相互區隔。語言、習俗、偏好及生活方式等差異，應作為各民族之間過度『連結』的屏障、抵擋外來洪水的水壩：因為對於世界的掌管者而言，為了維持整體安定，所有民族及性別都應該具備『他們的』標記、『他們的』特徵。各民族應該並立而居，而不是相互重疊。」

注19 Jansen/Borggräfe, *Nation, Nationalität, Nationalismus*, S. 24-27。

注20 Wehler, *Nationalismus*, S. 7。

注21 Langewiesche, *Reich, Nation, Föderation*, S. 10。

注22 Wehler, *Nationalismus*, S. 8。

注23 Lee/McLelland, *Germania Remembered 1500-2009*, S. XXVIII; Frank, »Siegfried and Arminius«, S. 2-3 m. Anm. 2。

注24 除了塔西佗（*Annales*, 1. 59-65/2. 88），基本上只有帕特爾庫魯斯（Marcus Velleius Paterculus）曾於他的《羅馬史》（*Historia Romana*）中提到條頓堡森林戰役（30 n. Chr.）。

注25 Brechtken, »Leaving the forest«。

注26 Wehler, *Nationalismus*, S. 28。

注27 Körner, »Aufruf«, S. 37。

注28 穆勒提及柏林書商菲特列希・尼可萊（Friedrich Nicolai, 1733-1811）：尼可萊「估計，在一七七〇年時，只有約兩萬人積極參與這場民族討論」（同上）。

注29 Jansen/Borggräfe, *Nation, Nationalität, Nationalismus*, S. 45。

注30 如今，法國的六角形地理外型可見於該國歐元硬幣上，搭配一棵樹型設計圖案，外圍繞有法國革命口號「自由，平等，博愛」（Liberté, Égalité, Fraternité）的浮雕文字。

注31 Schiller, *Sämtliche Werke*, Bd. 1, S. 267。

注32 Müller, *Die Revolution von 1848/49*, S. 4。

注33 Langewiesche, »Kulturelle Nationsbildung«, S. 61。

注34 Müller, *Die Revolution von 1848/49*, S. 5-7。

注35 韋伯後來跟該演說的內容漸行漸遠，尤其是因為受到威廉二世及其應負起責任之「世界政策」（Weltpolitik）的影響。他於一九一三年表示，其論點「時常不夠成熟」；比較：Nau (Hg.), *Der Werturteilsstreit*, S. 540-541 m. Anm. 26。

注36 這是基於能夠衡量此成長的參數，以及那些參數在跨國比較中所代表的意涵；比較：Brechtken,

Scharnierzeit, S. 38-59。

注37 Bülow, *Reden*, S. 6-8。

注38 Meinecke, *Ausgewählter Briefwechsel*, S. 135 (Friedrich Meinecke an Ludwig Aschoff, 1.1.1933)。

注39 Beßlich, Wege in den »Kulturkrieg«。

注40 在許多這類文本當中，拉頌的語氣可謂典範；拉頌於一九一五年將這些德語演說以三卷總集的形式出版，這對艱困時代裡相互交戰的民族而言，可謂民族主義之慰藉。第三卷以「種族與民族」（Rassen und Völker）的演說結尾，是盧紹（Felix v. Luschau）於一九一五年十一月二日所發表的演說內容。Mommsen, Kultur und Krieg; dieser Sammelband enthält einschlägige Forschungsbeiträge zur »Rolle der Intellektuellen, Künstler und Schriftsteller im Ersten Weltkrieg«, hier besonders: Ungern-Sternberg, »Wie gibt man dem Sinnlosen einen Sinn?«。

注41 Gierke, »Krieg und Kultur«, S. 99-100。

注42 Brechtken, *Scharnierzeit*, passim, bes. S. 355-376。

注43 Meinecke, »Um welche Güter kämpfen wir?«, S. 2。

注44 Hildebrand, *Das Vergangene Reich*, S. 396-411; Winkler, *Der lange Weg nach Westen*, Bd. 1, S. 378-380; Leonhard, *Die Büchse der Pandora*, S. 952-954。

注45 《德國：萊茵邦聯？》（*Deutschland - Ein Rheinbund?*）一書是代表當前潮流的顯著例子，是魯道夫·奧格斯坦（Rudolf Augstein）於一九五三年以筆名延斯·丹尼爾（Jens Daniel）的名義所發表的著作。

注46 蘇維埃霸權在中歐與東歐的發展及失敗裡所呈現案例完全相反：其中，他們的凝聚力是以軍事霸權作為基礎，而其發展是建立在蘇維埃的物質資源之上，但這些資源在競爭的過程中不斷減少。

注47 基蘭·克勞斯·帕特爾（Kiran Klaus Patel，*Projekt Europa*, S. 24）引用自一位挪威專家於一九四九年

所說的話，其中，該專家抱怨道：「國際組織的數量……巨幅成長」，「而且還在持續成長中。如今（即一九四九年），全球大眾都認為，國際上所做的努力面臨組織過量增加、缺乏協調性、浪費及官僚主義等問題。」根據帕特爾，就一九五一年而言，全世界共計有八百三十二個組織，到了一九六〇年，數字攀升至一千二百五十五個（同前揭：S. 23-25）。

注48　底特爾・蘭傑維什（*Reich, Nation, Föderation*, S. 10）稍加謹慎地總結到：「歐盟可以被理解為一座實驗室，正在測試一種歷史上前所未見的國家形式。目前，民族分類的思維模式尚未被這種思維取代，但確實正面臨新歐洲意志意欲形成自身認同所帶來的挑戰。」

第七章

權力的秩序：戰爭與和平

「幾乎當今所有國家都是戰爭的產物。」

（底特爾．蘭傑維什〔Dieter Langewiesche〕，二〇〇八年）

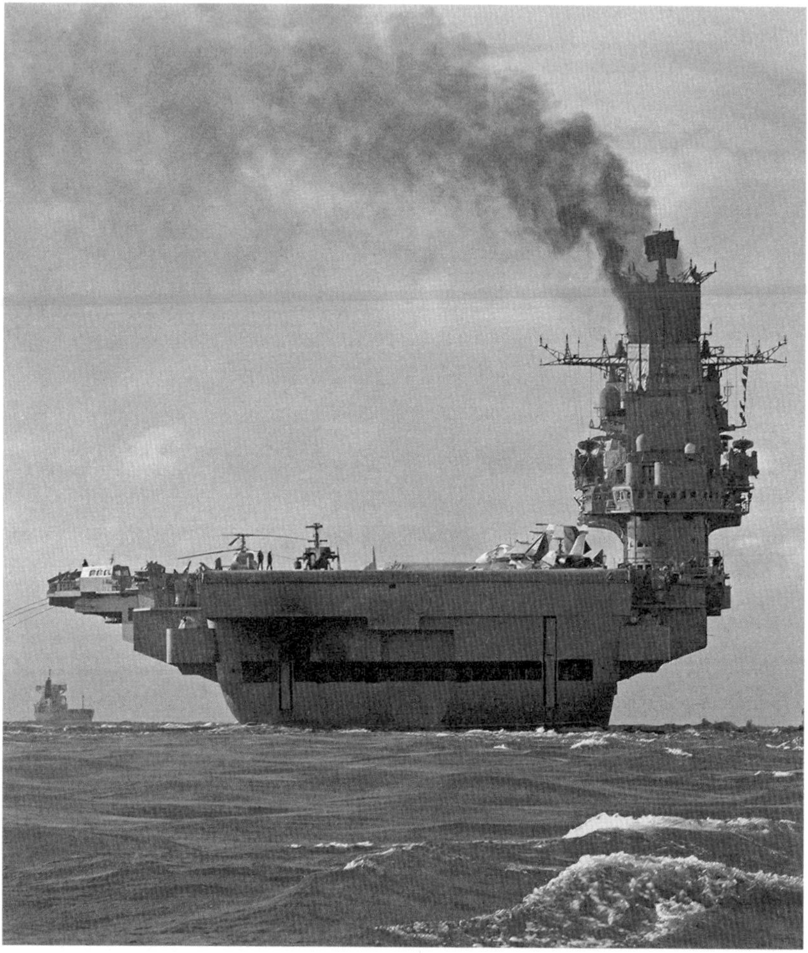

二〇一六年十月，俄羅斯「庫茲涅佐夫號」（Admiral Kusnezow）航空母艦前往敘利亞的途中。

二〇一六年十月，俄羅斯庫茲涅佐夫號航空母艦的照片傳遍全世界。它冒著厚達數十公尺的濃煙，從位於巴倫支海（Barentsee）上的母港北莫爾斯克（Seweromorsk），航經英吉利海峽，駛向地中海。這艘船是俄羅斯艦隊中最大的一艘，於蘇維埃時代打造完成、自一九九〇年代初期開始服役。現在，它已經被普丁總統派到敘利亞，並且從二〇一五年九月起，開始支援該國元首巴沙爾・阿塞德的內戰。

俄羅斯增援軍力的時機是經過精打細算的。由於美國當時正在進行總統大選，只要沒有美國人遭受威脅，他們就不會做出任何積極反應。普丁在幫助阿塞德之後，大量難民潮流入歐洲國家，而儘管他們為此大受影響，但是如果沒有美國的支援，他們既不願意也沒有能力執行任何軍事行動。

然而，這次派駐軍力的出發點十分可疑。俄羅斯早就在敘利亞搭建基地以派駐空軍支援阿塞德的軍隊了。庫茲涅佐夫號的任務看起來像是舊時代展現權力的手段，全世界可以視之為俄羅斯強權的象徵。全世界都定睛看著他們的舉動，其中更包括了北大西洋公約組織。

或者這一切都只是誤會一場？難道這場秀想展現的是完全不同的意圖嗎？許多媒體利用這個機會來報導這艘船的歷史：建造時遇到的困難、維修的需求、維護所需的高額成本等。當時它是俄羅斯唯一的航空母艦，然後呢？比起二十一世紀，它不是一艘看起來更適合出現在沙皇時期海軍軍備競賽中的砲艦嗎？

它在敘利亞能贏得什麼？為什麼俄羅斯要投資大量金錢、精力、資源，甚至是該國士兵的性命，在這個經濟和軍事上都不怎麼重要的蕞爾小國呢？敘利亞沒有石油，而俄羅斯本身也有足夠的石油了；其他原料也同樣貧乏。幫了這名平庸的獨裁者後，他所犯下的罪行可是會算在俄羅斯頭上的。那究竟為什麼要幫他呢？俄羅斯人民會從這場戰事中得到什麼好處？

這場部署至少證實了一種模式：他們是威權統治國家，到了今天依然會在不經議會同意的情況下，派遣士兵上戰場——因為他們可以這麼做。相較之下，任何需要自由的人民給予支援者，都必須謹慎提出他們的理由。把士兵送上戰場前，享有自由的公民和投票人會期待自己在議會和輿論當中擁有決定性的一票。

因此，自由民主國家的政治領袖，必須時時注意他們的決定可能會對於整體社會帶來的後果，或是他們的決策是否會危害到自身權力和歷史聲譽。[2]另一方面，那些不用透過與國民自由選派出來的代表進行協調、就能決定是否開戰或維持和平的領袖，經常為了搏取當下的關注和自身的權力算計而採取行動，很少以人民的福祉為出發點。這些領袖通常必須竭盡心力地運用宣傳式論述以及神話式渲染，來推動那些無法藉由信念和自身利益激發出來的情緒。他們或許能確實鞏固權力，但這種方式只是在浪費精力以及財富。

當今仍有這種威權力量存在。他們奠基於遺忘歷史教訓、不成熟，以及簡單的解答和權力對於人們的吸引力。然而，即便我們現在依然必須與他們對抗，但是他們其實不是今天才有的，而是很早就成形的歷史產物。所以，就讓我們一探各個社會與人們是如何學會把競爭文明化，並認知到放棄戰爭比投機在戰利品上面來得更划算。

數千年來，戰爭一向是生活中理所當然的、自然而然的一部分。古代希臘哲學家赫拉克利特（Heraklit, 544-483 BC）甚至把戰爭形容為「萬物之父、萬物之王」，因為「所有生命都是由衝突以及必然性而生」。[3]數個世紀來，訴諸戰爭權（*jus ad bellum*），都是人們習以為常的統治者特權。

底特爾．蘭傑維什在他的《暴力教師》（*Die gewaltsame Lehrer*）裡談到戰爭如何作為引擎而推動進步，並且指出，假使沒有戰爭，我們難以想像會有任何改變和革命。歷史上幾乎沒有任何革命不是伴隨戰爭而來，或在沒有開戰的情況下完成。當我們從這個角度來看戰爭，代表我們首先必須認真地把戰爭視為知識的來源。因為在核心本質上，戰爭就只是對於資源的競爭——問題在於，人們能夠如何規範自己，以在不導致兩敗俱傷的情況下安排這種競爭。

然而，戰爭作為人類生存的一項要素，並不是「在己」（an sich）存在的。它和人類思考、想像和世界觀，以及在科技、經濟、社會的權力參數息息相關，而其中最重要的則是數千年來不斷改變的政治權力參數。在這個過程中，進步和學習的歷程也變得越來越顯而易見；起初，人們甚至沒有太多機會意識到自身的歷史面向這件事，更沒有根據這個意識來支配行動的可能性和自由。

如果我們換個角度說：對生活在中歐的人們而言（我們把焦點放在他們身上是有意義的），戰爭在不同情境下，不論是在一六四五年、一七四五年、一八四五年或一九四五年經歷的，都具有不同的含義；而對於當今的我們來說，這種想法同樣也再度徹底翻轉。這聽起來或許很陳腔濫調，但是當我們考量到這些歷史面向，並且不再假裝戰爭不會受到時間影響，甚至基於（人類與生俱來的）侵略性而根本無可避免，那麼，我們就不會覺得以上論述很老套了。根據人類文明的發展顯示，侵略性是可以馴化、規範、疏導、昇華並且工具化的；人們有能力影響這種侵略性，並在某種程度上控制它。過去七十年來的歐洲歷史告訴我們，這些都是可能的。

觀點：一六四五、一七四五、一八四五、一九四五

不論是傭兵部隊或常備軍，戰隊的組織向來都需要後勤支援、大量資金及其他各式資源，好比軍糧、衣物和武器，以及有效的軍事及政治領導。基於這些需求，自近代早期起，國家力量就被視作最成功的組織形式。然而，大多數人並沒有參與戰鬥，卻受到戰爭之動員及其後續影響的波及。

在一六四五年之際，中歐經歷了長達二十七年的毀滅性軍事衝突，那場衝突的動機主要出自宗教政治因素。當時的人記錄了該暴力行徑，並且把那幾十年間無數城市、村莊和聚落的毀壞歸咎於此。四處征戰、摧毀作物、殘害百姓的劫掠部隊，形塑了屬於當時的畫面，許多人命喪黃泉、到處一片殘破不堪。

例如，以下這段關於西里西亞城市海瑙（Haynau）的敘述，便記錄了那幾年發生無數襲擊及橫徵暴斂的景況：「一六三三年時，市民人數為五百名；……一六四五年時，只剩下（七名）議會成員以及……五十六名市民。」這份資料報導了「普世苦難和到處蔓延的悲慘景況、戰爭下人民遭受的不當對待和殘害」。尤其當瘟疫開始在戰爭期間蔓延之後，許多房屋遭到燒毀、大量人民喪生。「戰前，該城市的城牆內擁有兩百三十棟使用中的住宅；一六四二年只剩不到一百二十棟房屋，其中，只有一部分有人居住。」「順帶一提，我們一定會感到驚訝，當時仍有許多房屋遺留下來，多到敵軍必須放火高達十次。原本佔據大片面積的郊區，遭到大規模燒毀，呈現荒蕪狀態。」[4]

對於這座「完全毀壞且遭到大肆掠劫」的城市，《紀事報》記載到「農耕的阻礙」，慣常的日常生活再也不可能了。「所有貿易全數停擺」、人們不再生兒養女：戰爭初期，「每年約有兩百名

孩童於當地教堂領洗，而一六四五年的教會只記錄了四十五個人領洗」，其中更有許多領洗的人是來自鄰近城鎮。「隨著景氣崩解、許多家庭分崩離析，人們逐漸習慣燒殺擄掠的場景，所有階級的人民的道德也都開始敗壞，為往後的數十年帶來負面後果，在這種情況下，」《紀事報》寫道：「我們沒辦法指望任何奇蹟。」[5]

假如這場戰爭的發起人和主戰者認為自己是為了更高貴的任務而戰，那麼，我們可以說，大多數受到戰爭影響的人，他們經歷的是充斥著暴力、死亡和毀滅的生活。於是，這場戰爭並不是因為任何高明見解而結束的，而是由於精疲力竭。

一百年後，海瑙在西里西亞戰爭當中從奧地利的手裡轉歸普魯士所有。一七四〇年十二月，剛登基的普魯士腓特烈二世派遣兩萬名士兵攻打鄰邦西里西亞。相較於其統治者哈布斯堡王朝，西里西亞是個富庶的邦國，但是這個事實卻沒有什麼幫助。腓特烈二世對於「地緣政治及戰略要地」感到興趣[6]，但更重要的是「與名聲約會」與「看到我的名字見諸報端以及載入史冊時的滿足感」[7]。一七四〇年，腓特烈二世的父親從七百萬塔勒（Thaler）的邦國預算中挪用了五百多萬塔勒資助軍隊，並另外積蓄了八百萬塔勒。[8]腓特烈二世則把一切都「投資」在一場征戰當中，而該戰役以三個階段形塑了接下來數十年間數百萬名歐洲人的生活樣貌。

一名來自皮爾格林斯罕（Pilgrimshain）的村民——該村落位於一七四五年六月初爆發的霍恩弗里德堡戰役（die Schlacht von Hohenfriedeberg）附近——描述了「大砲、迫擊砲、榴彈砲、霰彈的轟隆聲」、騎兵相互廝殺的情況，以及傷者絕望地自救，「其中，有些人成功了，但是其他人在逃亡過程中遭到屠殺」；同時，重傷者在戰場上「一片悲鳴和嗚咽聲中哀嚎，而其他人也在嘀咕與咒罵聲中可憐地折騰著」。[9]

隨著普魯士在一七四五年十二月贏得第二次西里西亞戰爭，腓特烈二世把西里西亞納入其版圖。但是根本的衝突依然存在，奧地利依舊想要收復失土。第三次西里西亞戰爭於十一年之後爆發，一直持續到一七六三年才結束（因此又名為七年戰爭），影響了全世界——英國和法國分別和普魯士、奧地利形成聯盟，並各自在其殖民地引發衝突，尤其是在北美洲與印度；當時約有一百萬名人口受害，而有些人把這起事件理解為第一場「世界大戰」及「現代實驗室」。[10]

加入普魯士軍隊的瑞士人柏瑞克（Ulrich Bräker）如此描述他在一七五六年十月一日羅布西茨戰役（die Schlacht von Lobositz）中的經驗：「鐵塊從我們頭上飛過，時而快速向前衝去，時而快速落在我們身後的土地上，時而墜於我們之間，我們就像稻草堆似地被啄食；我們必須跌跌撞撞地攀越由死傷者堆疊起來的山丘。普魯士人民和潘杜爾（Pandur）輕步兵隊錯落在各地；不論任何人逃到哪裡，要不是頭部遭受槍托重擊，就是身軀被刺刀射穿。」[11]

一七五九年四月十三日，來自霍爾茨明登（Holzminden）地區的古羅特亨（Johann Heinrich Ludewig Grotehenn）描述了貝爾根戰役（die Schlacht bei Bergen）的情況：「我們射斷了許許多多手臂和腿，有些人還活著。有些人站在他的同志的血泊當中，還有其他隨之四濺的東西和內臟，因為飛噴到空中的是頭顱和截肢的人體，而不是完整的身體。光是我們的同伴之中，就有六個人沒有身中要害卻當場死亡。有個人名叫史丹霍夫（Steinhoff），是家裡的獨生子……他的雙腿被一顆砲彈打到，當場就死了。誰看到或聽到這些事，應該都會覺得我們當中不會有任何人活下來。但是仁慈的神把我留了下來。」[12]

在霍恩弗里德堡戰役之後一百年，後人建了一棟紀念館，包括一座瞭望塔供遊客一窺這個昔日勝利的想像世界。[13] 到了一八四〇年時，人們已經度過了沒有任何軍事衝突的四分之一世紀，但是大多數人的日常擔憂幾乎沒有改變。許多人缺乏基本必需品——糧食、衣物和住所——對他們來說，一切都只關乎於存活。一八四四年六月，當西里西亞紡織工人因為他們的悲慘生活條件而起義時，軍方祭出了「補救措施」。

當時，有一篇報導描述士兵在朗根比勞（Langenbielau）掃射迪里希（Dierig）製造廠的情景：「經過三輪步槍掃射之後，十一個人當場死亡，血漿和腦漿噴濺到遠處。一名男性的腦漿從眼睛上方噴出；一名距離家門僅兩百步之遠的女性，應聲倒地；一名男性的頭部半側遭到射穿，血淋淋的頭顱落在遠處；一名育有六個孩子的母親在當晚死於多處槍傷；一名前往參加針織課程的女孩摔在地上，身中多發子彈；一名目擊丈夫喪命的女性在閣樓上吊自殺；一名八歲小男孩的膝蓋中彈。」[14]

即便沒有戰爭爆發，人口也沒有因而增加太多。此時確實沒有傭兵部隊或外國軍隊在村莊和城鎮之間四處劫掠，但「成群的乞丐、挨餓的老人、女人和小孩在國內到處遊蕩，哀求乞討廚餘中的一塊麵包、或甚至是生馬鈴薯皮，狼吞虎嚥地把乞討來的廚餘一口吞下。」[15]

又過了一百年之後，第二次世界大戰接近尾聲，這個區域再度陷入戰爭苦海。一九四五年初，納粹政權將海瑙的居民全數驅離，蘇聯紅軍於二月十日大舉進攻，摧毀了六成的建築。[16]蘇維埃軍隊從該年年初朝向柏林挺進，並在一月時解放了兩百七十公里外的奧許維茲（Auschwitz）。一月二十二日，布雷斯勞（Breslau）牧師保羅．派克特（Paul Peikert）描寫行經城內的成群難民說：「有孩童凍死，親人把他們棄置在路邊。……我的女執事今天回報說，她自己在路上……就在路邊溝渠看到八名孩童和一名老年男性的屍體。……自從三十年戰爭以來，西里西亞從未經歷過這般苦難，而就波及的層面來看，當時的苦難規模算小的了。」[17]

一九四五年三月十一日，布雷斯勞依然有軍隊鎮守，而堡壘指揮官尼霍夫（Niehoff）更承諾會解放布雷斯勞。派克特註記道：「迄今為止，每當軍隊陷入無法挽回而沒有希望的圍城時，總是會懷著這種希望——從史達林格勒（Stalingrad）到波森（Posen）、格勞丹斯（Graudans）到現在的布雷斯勞，都是如此。在這座城市飽受驚嚇之際，我們不再有信心和勇氣去相信這些及其可能會為我們帶來的好處。這種希望並不會讓這座城市躲過摧毀。俄軍越快抵達越好，因為我們的統治者造成的破壞就可以早一點了結。因為所有縱火事件、建築和屋內擺設受到的所有破壞，都是我們的統治者自己幹的。這是令人痛心疾首的事情，它犧牲了整座城市的美、藝術及偉大的傳統與繁榮，卻沒有為這場戰事帶來任何轉機。」[18]

在那幾個世紀之間，歐洲有無數地方都有類似案例。在上述例子裡，那場戰爭於一九四五年結束，並且形成不同佔領區以維持和平，而這同時也為戰爭的後果提供範例：如同其他許多地方，海瑙、霍恩弗里德堡及朗根比勞，都成為大量人口遷移的起點和目的地。自一九四八年以降，這三地分別改名為霍伊努夫（Chojnów）、多布羅梅日（Dobromierz）及別拉瓦（Bielawa），並在波蘭於第二次世界大戰後的「西向」過程中，成為被迫搬離家鄉的人的新家；其中，這些人正如同來自西里西亞的德國人，由於戰爭的緣故而必須離開故土。

戰爭作為政治工具

由以上概述可知，改變人性觀的啟蒙運動，並沒有讓「戰爭是人類組織的工具」這件事成為歷史。因為，關於人們為什麼會發動戰爭，以及許多人持續視之為自然事件的基本原則，並未隨著思想視野的拓展而結束。舉例來說，康德在他的《論永久和平》（*Zum ewigen Frieden*, 1795）裡寫道，「沒有任何國家」應該「以武力干預其他國家的憲法與政府」。[19]然而，這只是眾多理性取向思想中的一種，對於當時的國際關係的現實政策而言，那些都是烏托邦的想法。康德根據這種想法，以救贖的姿態將整本書描寫成一場「美夢」。他很清楚自己的考量看起來一定很過時，卻拒絕承認有理性天賦的人們的種種可能性。

任何回顧當時世局與歷史的人可能都會認為，發動戰爭一直都是人類活動的基本配備。正如克勞塞維茲（Carl von Clausewitz, 1780-1831）在他深具影響力的著作《戰爭論》（*Vom Kriege*）裡解釋的，戰爭是「真正的政治工具」或是「政治交流的延續、相同但方法不同的政治實踐」[20]，姑且不把它視為人類自由和生存本身的基礎的話。

自由民族主義者卡爾・馮・羅特克（Carl von Rotteck, 1775-1840）在一八四〇年出版的《國家辭典》（*Staats-Lexikon*）中這樣解釋「戰爭」詞條：「追求普遍且永久和平的願望……幾乎難以實現，而假如該願望確實成真，我們在過程中所做的犧牲程度可能會遠大於戰爭招致的損失。其代價或其產生方式即為『世界帝國』之成立……，人民及個體的『所有自由』將隨之崩壞……。戰爭得以防止這般極端災害，而這正是讓戰爭看似具有不可計量之利益的原因。它預設並維持個別國家的獨立性，並滋養它們的力量與勇氣，使得它們值得享有這種獨立。而且，即使戰爭帶來種種苦難與恐懼、即使戰爭意味著殘酷、蔑視法律、毀滅與野蠻，戰爭仍舊是許多好處及利益的來源。……戰爭驅動所有人類力量、激發所有熱情，並為所有美德與才華開啟最為寬廣的執行場域。若沒有戰爭，亦即安於和平太久，人們會變得麻痺，而且沉淪於懦弱、勞役及可鄙的感官歡愉之中，正如止水會腐壞一樣……。不論如何，『奮戰的勇氣』是對自由和正義最基本的捍衛，而『戰爭的藝術』是如同文明之堡壘一般的產物。」21

在戰爭的本質裡，民族主義、想像共同體的所有層面，顯然牴觸了啟蒙運動的人性觀和自然權利的認知。直到今天，不願（或沒有能力）去理解戰爭的種種來龍去脈、透徹思考戰爭的後果，一直是政治爭議的標誌。

發生於歐洲的戰爭被視作一種近代國際關係的現象，主要是國家或朝代之間的衝突，戰爭的原因終究是為了鞏固權力、並且奪取進一步權力基礎的資源，不論是土地、人民、金錢或聲譽皆然。從這個觀點來看，「和平」只是權力平衡的暫時穩定狀態，隨時可能轉變為下一波的軍事衝突。

在回顧十八世紀末的歐洲時，我們一定要把「強權」關心的事謹記於心，尤其是法國、英國和俄羅斯。每個國家的統治都會考量到地理條件，並計算到與領土位置及物產相關的資源。對於放眼全球的海洋強權英國而言，首要任務是防止任何歐陸國家取得優勢。俄羅斯一向意欲把其權力的影響力伸向歐洲，並進一步擴展到亞洲地區。法國則不斷嘗試把自己打造為歐洲霸權，其所在意的事和英國及德語區中較大的邦國相反。在德語區內，普魯士和奧地利從十八世紀中葉起，便開始爭奪霸權位置，而較小的邦國也不斷加入不同的聯盟，以重要盟邦的形式參與競爭。

十九世紀初，拿破崙發動征戰，短暫佔據歐洲霸權地位。在他的統治瓦解之後，各方權勢必須重新取得平衡。此後於一八一五年維也納會議訂定的條例帶來新的平衡，並且進一步維持了近百年的和平，其條例也因此受到歷史學界長期以來的推崇，直至第一次世界大戰於一九一四年爆發。這些只是以歐洲為中心的視角，因為光是十九世紀的戰事和衝突就已經族繁不及備載；若要把所有背景事件都簡述一遍，得花上好幾本書的篇幅。但是我們必須把歐洲放到範圍更廣的視野下來審視。

在這幾十年間，歐洲只有發生少數武裝衝突的原因是，這些歐洲國家在世界上其他地區裡把它們的衝突解決掉了，尤其以征服與被征服的方式解決。尤根・奧斯特哈默（Jürgen Osterhammel）說道，十九世紀的「歐洲中心性」把「權力、經濟效益以及文化創新精神」散播到全世界。22

俄羅斯與英國強權的注意力偏離了歐洲中心的舉動，在德意志的統一這件事上扮演了重要的角色。一八五三至一八五六年、克里米亞戰爭期間，英軍和法軍連同較小的盟國對抗俄軍，主要目的在於防止俄國取得博斯普魯斯海峽的掌控權而染指地中海及更遠的地區，總計有十六萬五千人死於那場慘烈的戰事中。

十九世紀戰事

1801 橘子戰爭
1801-1805 美國的黎波里塔尼亞戰爭（第一次巴巴利戰爭）
1803-1805 第二次馬拉塔戰爭
1804-1813 俄羅斯波斯戰爭
1806-1812 第六次俄土戰爭
1806-1807 第四次反法同盟
1808-1809 俄瑞戰爭
18508-1809 丹瑞戰爭
1808-1814 西班牙獨立戰爭
1810-1811 英荷爪哇戰爭
1810-1825 拉丁美洲獨立戰爭
1810-1816 上祕魯解放長征
1810-1818 阿根廷獨立戰爭
1810-1818 智利獨立戰爭
1810-1823 委內瑞拉獨立戰爭
1812-1821 祕魯獨立戰爭
1820-1822 祕魯解放長征
1822-1825 巴西獨立戰爭
1810-1821 墨西哥獨立戰爭
1812-1814 英美戰爭
1813-1815 抵抗拿破崙外來政權之解放戰爭
1813-1814 克里克戰爭
1814-1816 廓爾喀戰爭
1815 奧地利拿破崙戰爭
1815 第二次巴巴利戰爭
1817-1818 第一次塞米諾爾戰爭
1817-1818 第三次馬拉塔戰爭
1820-1847 義大利革命行動
1821-1832 希臘獨立戰爭
1823 法國入侵西班牙
1823-1826 第一次英緬戰爭
1825-1830 爪哇戰爭
1826-1828 阿根廷巴西戰爭
1826-1828 俄羅斯波斯戰爭
1826-1829 暹寮戰爭（永珍）
1828-1829 俄土戰爭
1829-1835 火槍戰爭
1830-1833 比利時獨立戰爭
1831-1834 暹羅柬埔寨戰爭
1832 黑鷹戰爭
1832-1834 葡萄牙自由戰爭
1834-1839 第一次卡洛斯戰爭
1835-1842 第二次塞米諾爾戰爭
1835-1845 巴西獨立衝突
1835-1836 德克薩斯獨立戰爭
1836-1839 祕魯玻利維亞維亞邦聯戰爭
1838-1839 法墨戰爭
1839-1841 東方危機
1839-1842 第一次英阿戰爭
1839-1842 第一次鴉片戰爭
1841 祕魯玻利維亞戰爭
1841-1845 暹越戰爭
1845-1872 紐西蘭土地戰爭
1843-1851 烏拉圭戰爭
1845-1846 第一次錫克戰爭
1846-1848 美墨戰爭
1847-1901 猶加敦馬雅階級戰爭
1847 瑞士分離同盟戰爭
1847-1849 第二次卡洛斯戰爭

1848-1849 薩奧戰爭
1848-1849 第二次錫克戰爭
1848-1851 什勒斯維希戰爭
1848-1849 奧地利帝國革命
1850-1864 太平天國起義
1852-1853 第二次英緬戰爭
1853 蒙特內哥羅戰爭
1853-1856 克里米亞戰爭
1853-1868 捻軍起義
1855-1856 海地聖多明哥戰爭
1855-1858 第三次塞米諾爾戰爭
1856-1860 第二次鴉片戰爭
1857 印度士兵起義
1857-1861 墨西哥內戰
1859 薩奧戰爭
1859-1860 西摩戰爭
1860-1912 葡屬帝汶抗爭
1861-1867 法國武裝干涉墨西哥
1861-1865 美國內戰
1863 中美洲戰爭
1863 厄瓜多哥倫比亞戰爭
1864 德丹戰爭
1864-1871 西班牙拉丁美洲戰爭
1865-1870 抵抗巴西、阿根廷與烏拉圭之巴拉圭三國同盟戰爭
1866 德意志之戰（普奧戰爭）
1866-1869 克里特島起義
1868 英國一八六八年阿比西尼亞長征
1868-1869 戊辰戰爭
1868-1878 十年戰爭
1870-1871 德法戰爭
1872-1876 第三次卡洛斯戰爭
1876-1878 塞爾維亞土耳其戰爭
1877 內茲珀斯戰爭
1877 日本西南事變
1877-1878 俄土戰爭
1878-1880 第二次英阿戰爭
1878-1888 諾魯部落戰爭
1879 祖魯戰爭
1879-1880 古巴小戰爭
1879-1884 硝石戰爭
1880-1881 第一次波耳戰爭
1882 埃及奧拉比運動
1883-1899 馬赫迪起義
1884-1885 中法戰爭
1885-1886 塞保戰爭
1885-1886 第三次英緬戰爭
1885 瓜地馬拉戰爭
1888-1890 德屬東非海岸起義
1893 法暹戰爭
1893 第一次里夫戰爭
1894-1895 第一次中日戰爭（甲午戰爭）
1895-1898 古巴獨立戰爭
1896 英桑戰爭
1896-1898 菲律賓革命
1897 希土戰爭
1898 美西戰爭
1899 薩摩亞衝突
1899-1900 義和團運動
1899-1902 美菲戰爭
1899-1902 第二次波耳戰爭或南非戰爭
1899-1920 索馬利蘭德爾維希國起義

戰爭結束後，強權各自舔舐自己的傷口、專注於擴張它們在殖民地的利益與權力範圍，並且盡量避免再次發生像克里米亞戰爭那樣直接的衝突。接下來的幾年間，俄羅斯把重心放在西伯利亞和中亞，而英國主要擴展至印度（一八七六年，迪斯雷利〔Disraeli〕為維多利亞女王冠上「印度女皇」頭銜）。這兩大強權的衝突尤其在阿富汗持續延燒，但是這類在亞洲的衝突卻依舊算是「邊緣事件」，因為它們對歐洲的權力平衡並不具備直接影響力。

或許有鑑於克里米亞戰爭所付出的代價和經驗，俄羅斯和英國在德意志統一戰爭裡的行動更加小心謹慎，不過人們仍然堅信，如果必要的話，他們所冀望的「權力平衡」必須透過戰爭重新部署。而這個平衡似乎受到德意志帝國的建立而遭受威脅；該帝國在經過三場戰役之後崛起，首先是普魯士和奧地利於一八六四年聯手對抗丹麥的行動，接著是一八六六年爆發於普魯士和奧地利之間的所謂德意志內戰，最後是一八七〇到七一年的德意志邦國及法國之間的戰爭。

隨著法國的沒落，在普魯士領導之下建立德意志民族國家，而從英國和俄國的角度來看，這個強勢的建國行為，肯定足以視為德國為了爭取歐洲霸權地位採取的漸進行動。一八七一年二月九日（巴黎被德軍圍城數個月後，才在前幾天投降），班傑明．迪斯雷利（Benjamin Disraeli）於英國下議院內談到「德意志革命，是比上個世紀的法國大革命更大規模的政治事件」；其中「沒有一個外交傳統沒被破壞」，而「一個帶有新興影響力的新世界」崛起，伴隨著「新興且未知的事物與危機等著被解決……權力平衡已經完全遭到破壞」。[23]

但是在一八七一年以前，俾斯麥那個好戰的外交政策就已經端出來了，隨後他也有計畫地專注於這個維持和平的方式[24]：他解釋道，德意志帝國現在已經「飽和」了，任何進一步擴張都可能刺激到其他強權，並讓統一的工作遭致危險；俾斯麥以這個理念為準則來建立他的外交政策和聯盟政策。其他強權認為這些政策具備可信度，因為俾斯麥的外交確實遵循其表明的內容。

在俾斯麥眼中，鞏固外部和平是必要的，而這件事在那幾年間與德意志帝國的內部動向相互衝撞，該帝國在經濟、科技與軍事方面，都儼然成為歐陸上「那座」成長中的強國。從德意志民族主義觀點來看，帝國可以說是被迫處於該「半霸權」位置[25]：當法國、英國或俄羅斯正在取得更多領地及其資源、拓展它們的權力潛能時，德意志帝國的任何進展都會威脅到歐洲的平衡，並且刺激鄰國的反應。根據當時人們的邏輯，假如帝國沒有成長的話，它遲早會失去其相對份量，同時因而失去其存在的保障與未來的機會。

邦國之間無政府狀態的治理準則是：如果任何人錯失可能利益的機會，那麼就算他的資源被人剝奪，也不會太意外。這種思維（包含所有國家都理所當然的「發動戰爭之權利」）是強權在爭奪領土與資源時的基礎，在爭取永續發展與聲望時亦然，而也正是引燃第一次世界大戰的主要原因。

與此同時，人們漸漸意識到，每個國家的經濟、工業、科技和人口潛能，是它們得以發揮權力影響力及實踐軍事力量的基礎。當時，人們熱烈討論這些基礎對於各國在世界上的政治地位（以及得以加入全球競爭的展望）之重要性；經濟效益被認定是強權政治之永續經營的核心之一。[26]

瑞典憲法學者魯道夫・契倫（Rudolf Kjellén）的著作在德國廣為流傳，人們把他視為「地緣政治」概念的「發明者」。他在〈一九一四年理念〉（Ideen von 1914）裡比較了第一次世界大戰前夕的「現代強權」，並稱它們是超越所有「經濟實體」的「現代強權地位之基本狀態」。[27]有鑑於此，德意志帝國的政治與軍事「菁英」得以逐漸刺激到英國、法國和俄羅斯的聯盟（加上遠方盟國日本），並以幾近輕浮的固執姿態，漠視它們的自我形象、動機及政治信號，可以說是相當了不起的「成就」。

帝國在兩次大戰前的數十年間透過「德意志廣播」加以宣傳的自信、以及對於可預見的策略結果的無知程度，在在令人咋舌。今天，如果有人想把這一切稱為夢遊來隨便打發掉，他們應該要研究一下一八九〇年代以降的當代德意志主流思潮。那意味著：如果有人試著將第一次世界大戰的主要引爆點理解為戰前幾個月的外交與軍事行動，那麼，他們實則忽略了自一八九五年起國際上國家局面的發展以及全球權力集團。

第一次世界大戰及其後續

在當時人的認知中，第一次世界大戰起初只是一場強權之間的普通衝突，是權力重新分配和平衡的必要行動。然而，人們很快就看出來，現代的戰況是全面性戰爭，不只牽涉到前線和戰場本身，更影響到全體人民與經濟。

人們於一九一四年八月加入戰局時的期望是，打了幾場快速而有效的決鬥，就可以在戰場上贏得勝利。德方依然記得統一戰爭，以及相關的幾場關鍵戰事：一八六四年迪伯爾戰役（Düppeler Schanzen）、一八六六年科尼希格雷茲（Königgrätz）戰役、一八七〇年色當（Sedan）戰役。既然眼前的不算是戰爭，而只是短暫的戰役，於是許多人在八月間都以為自己可以趕在聖誕節之前回家，而且是凱旋歸來。

戰爭的邏輯出自一道既簡單又譏諷的運算式：對敵軍造成傷害，使對方的損失高於自己的損失；我方軍人投入的生命，必須比敵方所投入的生命獲致更多的效益，如此一來，優勢就會隨著時間提升。經過多次進攻後，戰爭的歷時長度，以及雙方都認為對方總會有精疲力竭的時候，因而導致大量傷亡；到頭來，他們被迫做出決定。光是前兩個月，法軍就有大約三十一萬三千人喪命。在索母河（die Somme）畔的戰役中，約有十一萬四千名法國士兵於一九一六年七月一日至十月三十一日期間喪生，另有四萬七千名英國士兵於七月一日至八月三十一日期間戰死（二十萬三千人受傷）。[28]德軍於一九一八年三月二十一日開始夏日進攻行動（米夏耶爾作戰〔Operation Michael〕），並於四月五日暫時休兵；在這十六天期間，有十七萬七千七百三十九名英國士兵、七萬七千名法國士兵，以及二十三萬九千八百名德國士兵陣亡。[29]

從一九一四年八月四日到一九一八年十一月十一日，總計有一千五百六十個戰事日。每天平均有一千零二十五名德軍、八百八十八名法軍以及五百七十七名英軍喪生。[30]根據估算，死者總數約為一千萬人，其中約有兩百萬人來自德意志帝國、一百八十萬人來自俄羅斯、一百四十萬人來自法國、一百四十五萬人來自奧匈帝國、七十六萬人來自英國，以及另外九十五萬人來自大英帝國其他地區。[31]但是就在所有參戰方的人口和景氣都因而日漸枯竭的同時，這次如當頭棒喝一般、甚至怵目驚心的暴力經驗及其後果，幾乎沒有帶來任何根本的影響；戰前的原則和假定仍然是主流，大國之間的關係依舊按照零和遊戲的想法在操作。

至於地理上，一塊領地終究只能被一個國家佔有的事實，在某種程度上獲得證實：一方得到的土地必須是來自另一方的割讓。以這場戰爭的結果來看，這意味著：亞爾薩斯和洛林（Elsass-Lothringen）從德意志帝國落回法國手中、波蘭的民族國家於中歐東部建國，西普魯士地區、波森省（Provinz Posen）和波莫瑞（Pommern）地區，都被割讓給它。德意志帝國喪失了超過七萬平方公里的土地，以及大約六百五十萬名居民。此後，東普魯士與帝國的其他領土之間隔著史稱的「波蘭走廊」，再也完全沒有任何直接連結。

這場戰爭在理性和心理上給人們的教訓也很有限。所有戰敗方，尤其是德意志帝國，都不願承認戰爭的起因或它自己的責任，更沒有為民族自我形象得出重要結論，亦即：一九一四年之前數十年間的德意志外交政策，必須對後來的血腥衝突負起大部分的責任；直至一九一八年秋天以前，帝國和軍方的大戰期間領導策略，寧可散播口號、尋找代罪羔羊，而沒有坦承自己的機會和力量有多少並且透明化；德國學者擬出的「一九一四年理念」和「德意志自由理念」（更確切來說，是普魯士之下的德意志專制國家的理念），對其他國家來說，絲毫沒有吸引力可言，反而激起了抗拒和敵對的情緒；德國企業家對於爭取歐洲經濟霸權位置的野心，對小型邦國一點都不具誘惑力，反而使它們產生恐懼和抗拒；以上這些，他們都沒有加以理性分析，也沒有質疑其可能結果。

德意志民族主義的代表依然深信他們可能必須再度參戰，以湔雪戰敗之恥；而那些必須負起政治和軍事責任的人，對於公開戰爭成因感到興趣缺缺。興登堡和魯登道夫這兩個應負起主要責任的人，清楚知道自己在利用「刀刺在背傳說」（die Dolchstoßlegende）散布謊言。他們不但沒有承認自己應負的責任，反而把戰敗怪罪到他們以前反對的那些民主主義政治人物頭上。這麼做的同時，他們延續了不願也沒有能力檢討自我的行為；此作風向來是威廉政權的商標。

這種作風也可見於德國對於十四點和平原則的反應。一九一八年一月八日，美國總統威爾遜（Woodrow Wilson）向美國參眾兩會提出這項計畫。威爾遜的想法被視為「理想且普世的正義承諾」，卻「不是在和盟國達到更確切的共識下擬定的」。[32] 對此，法國、英國與義大利政府還沒準備好放棄自身利益。至於德國，他們素來低估了美國得以影響國際公共領域的資源，不只是士兵和武器，還有其民主自我形象的道德渲染力。[33]

相較於先前的和平協議，戰敗方尤其清楚體認到，國際舞台現在已經徹底翻轉了。拿破崙於一八一五年落敗之後，維也納會議自然而然地在法國的參與之下進行；當時，主導國家都同意，會議動機的理念和權力平衡是要促進戰後秩序的重建，所以應該考慮到包含戰敗方在內的所有利益。

到了一九一九年，協議過程中不但沒有理念相仿的政治人物，甚至在相當的補償形式上都無法取得共識。相較於追求各方都能接受的和平，他們對於近代形成的安定形式更有興趣，以對抗德國、布爾什維克主義以及戰後的民生及經濟代價。因此，最終伴隨著和平的，還有各種痛苦的妥協。他們沒有把戰敗方視為尋求新的共同安定結構或是調整平衡的夥伴；相反的，戰敗方遭受痲瘋病患一般的對待，必須接受嚴加控制和懲處。

身為「現狀強權」，法國尋求的是免於受到來自德國又一波的威脅的安全保障。英國想要防止法國或德國取得霸權位置，並避免布爾什維克主義擴展到蘇聯以外的地區。由於人們害怕布爾什維克革命擴散，可想而知，德國並沒有被分割成一八七一年以前的個別國家；它繼續維持統一國家的形式，但是在經濟、領土上遭到削弱，更受到戰敗、究責以及媾和條件的衝擊。身為一個被截肢的國家，德國幾乎注定得抵抗新建立的現狀，而這似乎正是許多德國人（不論左翼或右翼）的中心任務。另一方面，原本應該能夠穩定現狀的威爾遜，在參與國際聯盟這件事上並未獲得議會長期支持。因為美國當時（還）能夠自給自足。

繁榮不只要有犧牲作為代價，同時也需要和其他經濟體合作，而民族主義的界線遲早會導致節節升高的衝突動態模式，但是人們還要過很久才會明白它。一九二〇年代的世界政治，以及歐洲強權間的政治，依然由一九一四年以前流行的國際關係工具箱形塑著，其中包含：公理——國際關係在本質上，應該被理解成各國之間無政府狀態一般的競爭；尋求安定——透過軍事和外交競爭才得以獲致；信念——聯盟必須以相當投機的方式以實踐民族利己主義的原則。

對所有重要的執政者來說，這些關於權力競爭的基本參數，應該都是國際政治間永恆的真諦。此外，現在出現了兩個在一九一四年之前尚未存在的全球政治挑戰，使各國間的競爭變得更加詭譎多變：除了蘇維埃共產主義及其主張（它主張依據歷史定律推動世界革命以結束一切戰爭），現在還多了認為「種族鬥爭」是所有歷史的基本特徵的國家社會主義。

根據希特勒的《我的奮鬥》（*Mein Kampf*），「民族世界觀」認定「人類的意義在於其最初始的種族本質。原則上，它只是把國家當作達到目的的手段，並且把維持民族的生存視為目的」。相對應的，政治是「強制性的，與支配這個宇宙的永恆意志相符，以促進優秀者及強壯者的勝利，以要求敗劣者及弱勢者的服從」。[34]這種民族世界觀呼應到「自然的最深層的旨意，因為它重新確立了那個自由發揮力量的遊戲，而這個遊戲必將導向永久的相互馴化，直到最優秀的人類藉由取得這塊大地的資產而找到自由的道路。」[35]

國家社會主義是第一個把戰爭視為個人存續的要素的政治意識形態。其中，宗教信仰努力尋求救贖、天堂，或至少一塊最終和平的境界；戰爭是成就目的的手段，以達成烏托邦的夢想。相較之下，儘管共產主義的教義也預言說無階級社會是歷史和平的完成狀態，而戰爭或許是階級鬥爭不可避免的手段，但是總有一天會成為過去式。可是在國家社會主義的種族教義裡，戰爭卻是必要的。

對那些在一九四五年以前蒙受鬥爭和張狂暴力的上百萬名受難者而言，不管戰爭「只是」為了達成未來的救贖和無階級社會的暫時之惡，亦或確立所謂的種族優越，兩者並無任何差異。磨難、痛苦、死亡仍一直存在於當下。我們只能依據其他更有人性的原則，把這些歷史經驗的教訓拿來塑造當前的時刻。

「過度殺傷」與平衡：核武僵局

相較於一九一八年戰後，一九四五年第二次世界大戰結束之後的轉變更加劇烈。從人口統計來看，這次的受害者總數比過去多了數倍；從地理分布來看，這場爆發於歐洲的戰爭不再像一九一八年以前那樣只集中在幾千平方公里的範圍，而是遍及整個歐洲大陸，以及世界其他地區的廣大範圍；從技術層面來看，坦克和空軍是這場戰爭裡最重要的工具。直到一九四五年以後，科技才躍升到原子彈的層級；而從軍事角度來看，原本的爭端突變為毀滅性戰爭，而且主導戰事的是意識形態的動機而不是政治目標。

就心理層面而言，一九四五年五月的戰敗結果成為所有德國人日常的一部分，這和二十七年前的經驗有霄壤之別。其中，同盟國基於一九一八年之後的經驗，要求德國無條件投降；整個國家完全被戰勝國佔領，原先自視為強權的德國，每天都目睹著權力分配的翻轉；由於多數城市全部被摧毀，廢墟殘垣也不斷在歐洲許多地區裡提醒人們這場由德國引起的戰局；而戰時罪行和種族滅絕的道德責任也深深影響著戰後時期。

至於經濟層面，因為戰敗的事實再清楚不過了，再也無法用任何假象來掩飾國家破產的局面。在意識形態上，國家社會主義和法西斯主義不再被視為未來藍圖的依據。最後，這場戰爭對於全球的影響在於，它加速了一個早在一九一八年就開始的轉變：歐洲逐漸遠離世界的中心位置。

總之，這次的休止符帶來至關重要的教訓。軍事力量和發動戰爭的能力，持續在國際關係上扮演核心角色，但是第二次世界大戰已經確立一種全球的二分法。確切來說，直到一九四五年八月戰爭結束以前，這場衝突就分為兩方：一邊是同盟國、另一邊是德國及其盟軍。然而，當同盟國解決掉它們的共同敵人之後，其內部意識形態的分歧就開始浮現，因為由西方同盟國代表的自由代議民主制、選舉自由和新聞自由，完全牴觸了蘇維埃承諾的未來無階級社會的救贖。

大戰之後，明確的陣營劃分以這個斷層為基礎迅速成形：地理上，德國和歐洲都被「鐵幕」分割成兩半；政治上，則是透過基本的體制問題，而雙方都自覺更加優越；軍事上，美國的核武壟斷以及蘇維埃的軍隊優勢，起初在歐陸上相互抗衡，直到雙方都成為核武強權，冷戰的真正戰場終於轉到經濟上，因為如果要發起「熱」戰，自我毀滅終究是不可避免的。

蘇聯的期許很明確：歷史過程將依照規律前進，西方資本主義會在可預見的未來當中瓦解，隨後，在東歐國家建立的社會主義體系也會擴張到歐陸其他地區。因此，從「西方」觀點來看，歐洲自由地區的穩定是首要之務，如此一來，居住在西德的六千萬人口才不會陷於混亂；而代議民主制、法治國家以及市場經濟的優越性和正當性，則可以長期支撐這一方的期待。

冷戰期間的陣營對立意味著，在戰後幾年間，西德的聯邦共和國會必須討論到可能的「國防稅」（Wehrbeitrag）。德國的佔領時期、以前的剝削和掠奪，以及侵略歐洲時的大規模滅絕，對於大部分歐洲人而言，都還記憶猶新。以法國的角度來看，其國土分別於一八七〇年、一九一四年及一九四〇年被德軍以戰爭的方式佔據；對比利時而言，一九一四年的襲擊與一九四〇年的征服，在在都驗證了德國想要採取暴力的危險念頭。因此，如果再次給他們軍備和軍事力量，似乎是太天真、太鋌而走險了。其實，就連許多親身目睹戰爭經驗、死亡和道德災難的德國人來說，重整軍備也幾乎是個難以想像的選項。

然而，「東」與「西」之間的真正權力衝突，其實有它自己的規則。由雙方陣營的軍事和經濟能力衍生出來的力量和反制力量呈現前所未見的局面。關於這點，我們不能忽視西德在人民、原料與知識上的潛能。另一起發生於「邊緣」的軍事衝突——韓戰，由北韓軍隊於一九五〇年六月二十五日發動、歷時三年後於一九五三年七月二十七日達成停戰協議而結束——也使西德人民加速認知到，如果沒有做好預防舉措，陣營間的衝突隨時可能會演變為軍事暴力。

重整軍備的問題牽涉到許多面向，包括密切相關的外交政策、軍事、歷史、經濟與心理等因素。西德總理艾德諾主導了一九四九年至一九六三年之間的德國政治，他的策略是把這些面向都結合在一起。其中，外交政策的目標在於重拾德國主權，假如西德在冷戰的攻防戰中有所貢獻的話，那麼，同盟國就必須逐步交出它們的佔領權以作為回應。

軍事上，允許西德加入北大西洋公約組織具有雙重效果：許多曾服役於德意志國防軍（Wehrmacht）的士兵，也獲准加入聯邦國防軍（Bundeswehr）。但新的軍備同時也緊緊扣住西方民主國家的跨大西洋結構。就思想層面和軍事層面的影響而言，這意味著：不論個人是否懷著一九四五年以前的思考，現在任何人想要一展長才並獲得新的認同，都必須在新價值體系的架構裡力爭上游。

最後，經濟也和政治、軍事以及心理等目標息息相關：以煤、鋼為首的重工業依然是軍事力量中至關重要的資源。隨著德國有意加入法國提議的工業相關的歐洲共同體及其他歐洲聯合計畫，艾德諾表示，西德願意放棄控制這些原料的權利，以取得全面性的政治主權以及重整軍備，以及北大西洋公約組織的會員資格。

對艾德諾而言，擁有自身軍事力量是國家主權的表現，而融入西方國家則是把民族主義的中立強權的夢想加以文明化的核心要素。他堅信，介於「東西之間」的中立德國是不可能存在的：要不就投誠西方，為防禦做出貢獻；要不就加入蘇聯，成為像東德一樣的附庸國。

從歷史來看，艾德諾的前提和目標確實是維持長期穩定的務實作法。就外交政策而論，西德的聯邦共和國在這幾十年間，證明自己是北大西洋公約組織在防禦上的可靠盟友。至於其國內政治，聯邦國防軍扮演著和國際密切交流的新角色，讓德軍的形象有了新的歷史理解。簡單來說，原先必須為了民族主義或王朝的目標而隨時成為砲灰的下屬和士兵，現在變成穿著制服的公民。軍官團不再形成自己的國中國，而是融入社會的整體民主和公民發展。於是，西德基於西方接受的道路，發展成相對自由的國度。[36]

這條融入西方自由的道路不但不希望盡快達成統一，反而接受分裂，而這當然不是毫無爭議的。以庫爾特・舒馬赫為首的社民黨就堅決反對往西方靠攏的策略，部分自由主義和保守主義支持者也是，因為他們認為那種作法是對於德國統一想像的「背叛」。[37]另一方面，艾德諾會走向親西方的道路，是基於一些和權力有關的務實理由：首先，西方佔領國決心不再重蹈一九一八、一九年的覆轍，而且所有德國人都應該時時警惕自己戰敗的事實；有鑑於人們不久前才親身體驗到那場歷時六年的戰爭的生活影響，要達到這件事並不會太困難。第二，同盟國想要徹底斬斷他們認知中的一九四五年以前造成德國這些行為的關鍵原因，尤其是普魯士政府的軍事傳統。

德國政府宣布取消普魯士建制，象徵性地表達了這項意願。此外，在普魯士政治上呼風喚雨的東易北（Ostelbien）的容克（Junker）*，由於在一九四五年以前支持德國政治中的反民主浪潮而聲名狼藉，他們現在更失去了財產，也因此失去權力的物質基礎。第三，西方民主國家應該（而且也有辦法）被當作效仿對象，好讓德國人習慣於個體性和個人自由的取向、對於不同意見的寬容，以及各種利益平衡的開放社會。這些自由、競爭和妥協，可以防範危害於未然，也就是數百萬人盲從於傳教士一般的領導以及他的意識形態教條和救贖承諾。

艾德諾往西方靠攏的政策，源自於他自己的重度懷疑，不知道什麼樣的形象才能精確地詮釋他對於「德國特色」的理解。簡單來說，他擔心為了達成民族統一而保持中立的德國，會再度成為介於冷戰雙方陣營之間的中歐麻煩點，而且遲早會被威脅要成為蘇維埃的附庸。另一方面，同盟國樂於接應艾德諾，而且並不只是出自於佔領強權的身分，更是為了自身利益，因為他們急需德國投入其經濟與軍事資源到東西衝突之中。

* 譯按：指以普魯士為主的德意志東部的貴族地主。

蔓延全球的陣營衝突形成一種奇特的國家自由形式。人們再也無法把戰爭視為一種政治工具或外交延續的手段。現在，戰爭只有在捍衛自身自由與存在時才有其正當性。本質上，西德及西歐國家的安危，要仰賴於美國核武力量的可靠性以及投入的意願。只要美國自認為是自由世界的全球霸權，並且願意為此使用它的軍事力量，西歐國家，尤其是西德，就能夠付出相對划算的財產以資助它們的防禦力量。

當然，英國和法國也是擁有核武的強權，但是就潛在威脅性而言，它們的武器根本不足以和蘇聯的核武相抗衡。對於自己國家有信心的巴黎人和倫敦人可能會覺得，他們的核子武器多少還有點用處；但是從經濟角度切入，沒有跟著發展且維持自己的核子武器的話，對西德而言才是絕對有利的。

針對德國擁有獨立核武一事，相較於同盟國之間及德國社會內部普遍的保留看法，美國相當依賴它在西德的軍事布署。另一方面，鐵幕的邊界同時也畫下了潛在的第三次世界大戰戰場。

這件事具有雙重效果：第一，對西德而言，這無疑是他們可以想像到的對於存在和安全的最佳保障。因為，有了豐富的武器資源，假如真的要開戰的話，擴展為雙向核武毀滅幾乎是不可避免的局面。由於雙方都深知此理，他們盡可能地避免這個可能性發生。處於蘇聯和美國威脅陰影下的西德，必須支付傳統的國防稅，而這個花費其實遠低於完整而獨立的核子武力。

第二個效果是政治上的明確性。兩方超級強權都能接受彼此的利益所在，並在軍事上對另一陣營內部的局勢發展形成約束力量。這個由雙方默認的協議，在一九五三年的東德起義、一九五六年的匈牙利等事件中顯而易見，在一九六八年蘇聯出兵干預捷克斯洛伐克、以壓制史稱「布拉格之春」（Prager Frühling）事件時亦然。[38]

雙方在歐洲的影響範圍一事上達到共識，可以進一步從兩個面向來看。一方面，這場體制衝突再度轉移到「邊緣」地帶。如同十九世紀歐洲強權之間的衝突是在殖民地戰役裡解決，而不是在歐陸本土發生的，這次，這些超級強權以類似的方式，在柬埔寨或安哥拉境內相互衝撞。不論是透過直接干預，好比美國之於越南，抑或是在原處提供間接的政治、軍事支援，在冷戰當中，火熱的衝突區都確實存在。然而，奇怪的是，歐洲大陸卻因為這些核武的死亡威脅而取得穩定狀態以及各自的選擇。因為在這裡，戰爭意味著雙方都得進行自殺行為，而外交則可以從中斡旋，找到轉圜的空間。

一九六六年，自從基民盟出身的總理基辛格（Kiesinger）和社民黨的外交部長威利・布蘭特（Willy Brandt）聯手以來，德國的外交政策便試圖設法降低東西德之間的緊張關係。自一九六九年社民黨和自由民主黨聯合執政，由布蘭特擔任總理、瓦爾特・謝爾（Walter Scheel）擔任外交部長，政府開始以「以和解達成改變」（Wandel durch Annäherung）的口號規畫這種漸進開放的策略。

從民族主義觀點來看，向所謂的東邊陣營妥協看起來像是軟性投降。根據這項指控，不可移動的位置將會遭到放棄——例如，要求歸還超過奧得河（Oder）和尼斯河（Neiße）分界的前德意志地區。*就現實政治看來，這個批評是基於一種假象，因為領土無法在沒有發動另一場戰爭的情況

* 譯註：奧得河和尼斯河界線為現今德國與波蘭的國界，於第二次世界大戰結束後所訂定；德國由於這次德波邊界西移事件而喪失大量國土，包含西里西亞大部分地區。

下收復。而且，如果要為了這種衝突拚命，不只是一種自殺行為，透過暴力來修正東部邊界甚至會是政治與道德的禁忌：現在已經和一九二〇年代的情況大不相同了。

接受這個事實意味著，一九四五年以前形成的德意志民族國家，在某種程度來說，既沒有戰爭也不是真的沒有戰爭；在這個討論裡，通常會提到一九三七年，也就是朝向奧地利、蘇台德地區以及波蘭的國家社會主義擴張政策的前一年。

儘管冷戰在邊緣地帶爆發如火如荼的戰事，也就是那些在亞洲和非洲的激烈地區衝突和代理戰役，然而若在歐洲中心掀起真正的戰爭，那可以說是難以想像的局面，甚至連最小型的軍事行動都無法預見。這不單只是因為潛在核戰的情境存在日常生活中，舉凡演習如何在核彈爆炸事件中反應，在學校和公共建築內建設地堡，或是像《浩劫後》（*The Day After*, 1983）等好萊塢電影，都在傳播這種難以想像的訊息。

「西方國家」的政治領袖以及絕大多數的人都假定，和蘇聯及其盟國相互抗衡的軍事平衡是必要的，才能在外交上平等對話。這代表說，即使某國本身的核武已經足以摧毀敵人三次、四次或甚至二十次了（過度殺傷力〔overkill capacity〕），但一旦它持續擴軍，終究還是會遇到實力相當的對手。這正是外交心理的邏輯：雙方彼此互視，看看敵人是否還有意願或能力做出反應。任何無法給出反應者，不論是因為缺錢、內部政治阻力，或是道德理想主義（「不要再有武器」），都可能被詮釋為政治軟弱及策略無能。

按照這個觀點，繼續為具備二十倍過度殺傷力的核子戰爭做準備，並在必要的情況下持續以此為目標，是必要且合乎邏輯的預防核子戰爭的方式。這個邏輯正是軍備政治衝突的核心基礎，決定了跨大西洋關係、歐洲內部的權力關係，以及一九七〇年代下半葉以降至冷戰結束期間的所有西方國家，所謂的「北約雙軌政策」（NATO Double-Track Decision）。

對於美國總統吉米．卡特（Jimmy Carter）的顧慮，德國總理施密特（Helmut Schmidt）擬定了一個決議，並且由北大西洋公約組織依據以下綱領實行：由於蘇聯部署了新型武器系統，名為「SS-20」的中型導彈，北大西洋公約組織想要回應以相當等級的武器。[39]為了這個目標，潘興二型飛彈（Typ Pershing 2）以及所謂的巡弋飛彈（Cruise Missiles）應該駐紮在歐洲，以重建共同威脅之間的平衡。這項決議成為後來的「雙軌政策」，因為為了進一步移除「SS-20」，他們有了談判籌碼以作為軍備改裝的替代方案。

關於北約雙軌政策的辯論，使歐洲許多地區的社會都在談論政治，尤其是在西德境內。所謂的和平運動號召成千上萬人上街遊行。新興政黨，即綠黨，把自己打造為政治和議會裡的反對黨。在這些政治運動中，很明顯的，德國人口中有極少數人，對於外交及外交政策的軍事工具懷著根本的不信任。

部分西德社會從軍國主義的傳統中汲取教訓，其中，這個傳統在許多方面形塑了一九四五年以前的德國社會；現在，人們徹底拒絕其策略思維，不再把戰爭的本質視為國際關係的政治元素。雖然這證實了高貴的理想主義，但是就現實政治而論，卻經常過於天真，因為發動戰爭的可能性不但仍然真實存在，為發動戰爭這個選項做準備更是至關重要。

開放的民主議會國家依舊依賴於這個行為：以軍事手段把自身的力量投射在任何可能威脅到其自由的事物上。不管是當時或現在，這都意味著，意識形態的反對者以理想主義的方式無視於真實的威脅而主張的和平，搖撼著外交政策的確定性以及內部的自由。

從現實政治的角度來看，當時的情況頗為明確：敵對方認為質疑和抗議的訊號是資本主義和資產階級社會的歷史崩解過程的訊號，其中，這種崩解是需要等待的。而當然，他們自己必須持續整軍經武，以因應西方社會的垂死反抗。

大家都知道，事情的發展完全不一樣。冷戰向來是財富系統之間的競爭。雙方都聲稱要表現出更有生產力、在技術層面更新穎、在社會層面更進步的模式。現實必須證明誰有能力同時提供軍事安全、政治自由、社會創造力、社會關懷和個人消費，並至少提供「它」的人民一個充滿開放選項以追求和平美滿的生活的世界。

一九八〇年代期間，經過整整四十年的密集競爭之後，在軍事科技與軍備方面，相較於資本主義市場經濟的國家，蘇聯及其相關的計畫經濟地區，顯然發展出不分軒輊的生產力和創新實力。

至於其他所有領域，舉凡政治參與、個人發展自由、社會流動和商品的供給消費，以及（整體而言）個人的選擇自由，西方開放社會的組織形式對於絕大多數的人而言都更具吸引力。歷史過了七十年後、對馬克思和布爾什維克主義社會的批判十分明確：世界歷史並沒有遵循任何既定的規則，未來也不會有世界革命，而且計畫經濟更是違反了所有歷史和現實的人性觀，並因此比其他體制更不具吸引力。

關於這點，德國歷史也能提供鮮明的例證：自一九四九年起，西德和東德在許多日常事件中都不甚相同，包括經濟、社會、政治等組織形式，還有各自的法律規則，以讓人民過著更滿意而自決的生活。而傾向西方的渴望一直是壓倒性的勝利。相較之下，四十年過去，東德的民主共和國已經把它的經濟實體消耗殆盡，再也沒有能力滿足一般消費者的願望，更遑論個人自由和政治自由。這並不是什麼陳腔濫調的說法，而是現實歷史比較的結果。東德得以存活下來，那是因為蘇聯想要它；當蘇聯失去這個意願時，東德也就告終了。

然而，一個霸權國家在沒有戰爭的情況下放棄帝國，可說是世界歷史裡前所未見的，但是由戈巴契夫（Michail Gorbatschow）和謝瓦納茲（Eduard Schewardnadse）領導的蘇聯，卻在一九八九年到一九九〇年直接棄士兵於營房、棄坦克於倉庫而不顧，完全沒有任何其他作為。

蘇聯軍隊原本可以隨時全面控制東德的領土，並再多佔據個幾十年。不論經濟代價的話，蘇聯大可以全力灌注在鞏固軍事力量這件事上，也不會有人干預；這類事件發生的次數少之又少，包括一九五三年東德的起義、一九五六年於匈牙利、一九六八年於捷克斯洛伐克，還有一九八〇年代初期的波蘭由賈魯塞斯基將軍（General Jaruzelski）在莫斯科授意之下實施軍事戒嚴的事件。

對東、西德而言，不用掀起軍事衝突就能夠成就統一，這簡直是天上掉下來的禮物，但英國和法國卻不甚樂見這個意外發展。總統老布希（George Bush）和國務卿詹姆斯・貝克（James Baker）任職期間的美國支持柯爾（Kohl）和根舍（Genscher）的兩德統一計畫，但法國總統密特朗（François Mitterrand）和英國首相柴契爾（Margaret Thatcher）對兩德統一則是心存疑慮。

一九九〇年三月二十四日，柴契爾夫人邀請六位德國專家到她的鄉間別墅契喀爾（Chequers），就可預期的東西德合併進行分析。[40]她的祕書查爾斯・鮑威爾（Charles Powell）把那場論辯作成紀錄，該協定書尤其側重柴契爾夫人的個人評斷和期待：柴契爾夫人認為，即便距離一九四五年已經過了幾十年，德國的現況依然沒有走出自身的戰爭經驗。她質疑說，不知道德國人是否已經有所改變。依據該協定，受邀專家的建議（絕無諷刺意味）「十分明確：我們應該友善對待德國人」。可是「就連樂觀主義者都感到些許不自在，但並不是因為當下或不遠的將來，而是考量到在仍然不可預見的未來道路上，可能會有什麼潛在發展。」[41]

然而，英國沒有什麼機會阻止上述的發展，尤其因為柴契爾夫人幾乎無法反對英國國內幾十年來對於克服分裂的訴求。在兩德和四個戰勝國間的協商當中，蘇聯也同意兩德統一，甚至接受原先看似無法想像的發展，即統一德國得以取得北大西洋公約的會員資格[42]。英國的反對加上蘇聯的贊成，使整個情況看起來更為怪誕。

一九九〇年的統一在克服重重難關之後得以促成，基本上是由於以戈巴契夫為首的蘇維埃政權放棄其霸權地位以及武力；從歷史來看，這個舉動可說是意外的發展。關於這類對世界政治具有關鍵性意義的時刻，當我們要評價國家領袖的個人特質和人格道德在其中的重要性時，我們只要想像，假如當時當權的是普丁而不是戈巴契夫、是川普而不是老布希總統，那麼德國政治可能會變成什麼模樣。

冷戰結束之後

數十年來，冷戰創造出明確而不尋常的統治區域，大規模地促進了西歐的內部發展。而在西方國家之間的文明競爭之上，始終籠罩著蘇聯的威脅。其威脅促成內部妥協的意願，以及共同體抵禦外侮的意志。

在各陣營衝突的陰影下，這些國家的國際關係可以說是歷史裡的新興形式：遇到衝突時，它們在一個共同接受的權力平衡規則架構裡進行國際較勁和經濟競賽，而不是像過去幾個世紀以來人們習以為常的、以戰爭作為最終手段。從一九九〇年以前數十年的歐洲政治可以看出，這種新形式不但可行，甚至在競爭式的繁榮發展方面孕育出新的潛能，而遠勝於戰爭的獲利，更別提戰爭必須付出的代價和後果了。在歐洲蔓延的冷戰，無意間成為學習國際規則的實驗室。在該期間出現的流行用語「歷史之終結」，持續用一種當時看起來不切實際的方式來延續這種經驗，就算現在回頭審視，看起來仍舊十分天真。

但是就其核心上，以下分析確實有其道理：如果國家體制和社會知道如何在人們接受的法律、經濟和政治規則下維持國家能量以及對於權力之需求，知道如何把競爭野心文明化，並且知道如何把軍事力量限縮到捍衛自身生活方式的限度，它們便可以在全球體制競爭當中獲利。甚至到了冷戰之後亦是如此。即便如蘇聯這樣影響全球的主要意識形態強權已經下台了，世界上有許多政權依然代表著某些意識形態或宗教的秩序體系以及政治的真理主張。事實上，被放棄的只有世界革命，其他衝突仍舊存在。

儘管如此，冷戰的結束首先意味著在軍事、財務以及心理上偌大的解脫。現在，各國可以把軍隊縮編，減少軍備支出，而在歐洲中心爆發核武衝突的可能性也大幅降低。西德便把聯邦國防軍縮減至三十七萬名士兵，蘇聯則以一百二十億馬克的捐助為條件，撤除駐紮於德國境內的部隊。

我們必須理解冷戰參與方的態度在根本上的轉變，才能完全體會冷戰結束的轉捩點的好處。一九九〇年以前，蘇聯是現狀強權國家，而德國則是修正型強權（Revisionsmacht）。蘇聯統治著它的霸權帝國，堅信歷史唯物主義的「法則」。其遵循的動機是：鞏固既有的成就，並且等待資本主義世界的崩解。另一方面，西德追求的是轉變：兩德分裂應該要結束，被蘇聯統治的國家的自決權應該被實現。這意味著，國家疆界和政治體制都需要修正。隨著統一的實現，德國（有史以來第一次！）取得所有鄰國都承認的邊界的地位。在它的九個鄰國當中，沒有人主張自己佔有德國的任何土地，而德國國內本身也沒有任何重大的政治聲浪、對他們與鄰國的國界提出質疑；直到今天也是如此。

俄羅斯，身為蘇維埃聯盟的主要繼承國，在普丁的治理下採取與西德相反的道路，發展成一個修正型強權。不同於一九九〇年以前一向仰賴外交與條約的西德，如今的俄羅斯仍然透過軍事手段，尋求邊界改變；最近的兩個例子是佔領克里米亞，以及武裝干預東烏克蘭。

早在一九九〇年秋天，再度開戰的選項確實在外交政策中挑戰著統一後的德國。當年八月，由於伊拉克獨裁者薩達姆・海珊（Saddam Hussein）入侵科威特，迫使其他國家採取軍事手段介入，科威特因此得以於一九九二年二月奪回土地，收復主權。當時，德國不管在政治和軍事上都不想要出兵，而只是以一百七十億馬克資助該起軍事干預行動。43

然而，在這次軍事行動結束後，以美國為首的軍隊並沒有妄自在伊拉克建立新政權。相反的，海珊持續掌權。這個結局在道德上看似有待商榷，但是就政治層面而言卻符合邏輯。當時出兵的聯軍看起來有辦法控制海珊的擴張意圖。同時，從中立分析的角度來說，海珊政權確實是個穩定的因素；這個論述對於格達費（Muammar al-Gaddafi）統治的利比亞以及哈菲茲・阿塞德（Hafiz al-

Assad）統治的敘利亞（還有其他許多獨裁政權，不僅限於阿拉伯世界）也同樣成立。

如果不想要以軍事干預和佔領的殖民方式去支配其他國家（除非國家本身受到威脅，否則這個方式不會列入選項），那麼就只能在兩害相權取其輕的情況下做出選擇了：其一，接受可以穩定國內情勢的獨裁者，並讓他建立一個完全不符合整體人民利益的專制政權；或者是推翻這種統治者，但是根據該地區以前的社會和文化衝突，這種作法往往導致流血衝突，二〇〇三年的伊拉克經驗便是個歷史例證。

當前南斯拉夫爆發民族主義的政權衝突時，德國對於軍事參與的疑問再度浮上檯面。許多人趕在戰爭前夕逃亡到德國；塞爾維亞政府的戰事引起各方的道德譴責。一九九八年九月二十七日發生了一場離奇的歷史轉折。在柯爾執政十六年之後，施若德（Gerhard Schröder）和菲舍爾（Joschka Fischer）的社民黨和綠黨聯合執政，而這是德國自第二次世界大戰以來的軍事行動，尤有甚者，這次的對象是他們一九四五年以前曾經對戰的塞爾維亞。

此時，德國戰機大概已經出過五百趟任務了，目的並不是直接國防，而在於執行包含德國自身利益在內的國際聯盟政治目標。這次的參與表現出他們在外交政策上達到了新的成熟度和主權，而這對當時的德國社會來說仍舊是十分陌生的東西。對於戰爭部署的自我檢視過程——尤其在執政黨，例如一九九九年五月十三日的特別政黨會議（Sonderparteitag）——透露了德國在那幾十年間原本認為「軍事行動即外交政策手段」的態度已經有所轉變；當外交部長菲舍爾在會議上提出出兵請求時，反而遭人擲油漆彈。

二〇〇三年，施若德和菲舍爾的政府經過同樣成熟理性的考量，最後拒絕參與另一場對於伊拉克的戰爭，而美國的小布希政府則以傳教士一般的熱情表達出兵意願。當時，美國國內、外的大多數外交分析學者都注意到，這場反海珊之戰在構築其正當性時有多麼縝密而嚴謹。

到了最後，歐洲人，尤其是德國人，希望美國只是口頭威脅，並不會真的發動戰爭，因為包括全世界各地和美國的智囊團在內，大家都知道，海珊的獨裁統治並沒有得以永續的結構，好讓伊拉克內部的分歧民族與宗教團體團結在一起。然而，經歷九一一攻擊事件之後，對於民族主義的象徵政治（Symbolpolitik）的需求*，對美國來說，似乎比權衡戰略結果更加重要。

這是個令人不安的新體驗，因為人們看不出來海珊政權和九一一襲擊事件首腦有什麼直接關聯。有鑑於伊拉克接受長達十年的嚴密國際監控，尤其是美國的衛星偵察，認為海珊握有大規模毀滅性武器的主張也不甚可信，隨後也證明並非事實。許多歐洲政治領袖的想法，跟這次代表美國無條件參戰意願的象徵政治有所落差，因而成為歷史的另一個轉折，它破壞了人們對於美國外交政策的理性傳統的信任。

一直到歐巴馬（Obama）總統執政，依然延續象徵政治的發展。雖然他沒有像前一任總統那樣發動戰爭，不過美國的戰略興趣卻轉往太平洋地區，所以歐洲在以美國為中心的結構當中也失去其重要性了。基於這個背景，北大西洋公約組織從二〇〇二年起，便開始論辯是否需要增加國防配額。此後，他們就一直在討論「國防支出佔國內生產毛額百分之二」。這道標語首度於二〇〇六年

* 譯註：象徵政治指的是人民在政治議題上採取立場的感性面向，如情緒、認同等非理性的選擇過程（陳陸輝、耿曙、涂萍蘭、黃冠博，二〇〇九）。

出現在北約組織的文件中，而歐巴馬的國防部長勞勃・蓋茲（Robert Gates）於二〇一一年六月在布魯塞爾舉辦的一場北約會議上提出警告。自二〇一四年在威爾斯舉辦的北約組織高峰會起，這道標語也被正式註記為最高層級目標。44

如果說這些承諾只是因為川普政府那種粗魯而毫無外交禮節的調性而被德國大眾謹慎討論的話，那其實是反應了冷戰過後三十年歐洲的普遍現象。顯然的，對於北約組織的合作防衛關係的存在功能，加上歐洲統合化的過程，這可以說是一個警訊。

其中，大量歷史教訓以及對於景氣的影響，在一九九〇年尤其顯著，包含所有對於歐洲官僚或是比全球競爭對象高出許多的支出之類的抱怨。如今，這個認知已經消失無蹤，取而代之的，是因為對於歷史的陌生、對歷史經驗的無知而產生的任意性。歷史的遺忘會對於歐洲國家的未來和平招致真正的危害。要是那些經過驗證的規則，例如法治國家的狀態、市場經濟以及妥協的意願，不再被所有關係者接受，反而被民族主義的自私自利破壞，那麼，國家之間的衝突擴大會難以避免，因為每個民族主義政策都有把自己正當化的強大動力。

在眾所皆知的歐洲歷史裡，不同國家和統治團體之間的戰爭及暴力，一直是日常生活的一部分。不論衝突的動機為何，可能是宗教狂熱、權力爭奪、貪婪或名聲的誘惑，所有參與者總是以為他們必須這麼做，才可以確保自己的安危及其團體、王朝或國家的未來。如果要改進自身處境，似乎只能犧牲他人、擴展自己的資源。這種假設主宰了整個二十世紀，也正是導致兩次世界大戰的動機。

不只是遭受世界大戰及其破壞影響的數百萬名受害者本身，人們更體會到，長期來看，和平的國際關係比武力消耗的資源來得更少，他們都促成了一九四五年以後的實驗，而不再相信國家之間無政府狀態的鐵律。請注意：零和遊戲的公理被證實是錯誤的，各方其實都有機會更加繁榮。然而，競爭依然存在，它同時是歷史進行式，也是維持進步及技術、科學和社會政治發展的萬靈藥。人們漸漸體認到，當他們以可靠的法律形式、依據和平規則進行競爭時，競爭才會產生最大的效益。

對國家而言，軍事依然至關重要，但是軍事強度現在改而依據另一種新的計算方式：在以前，為了取得資源或奪取潛在對手的資源以確保自己的優勢，軍備擴張似乎是必要的；但是如今，競爭在於盡量把更多精力和創意投注在促進繁榮的文明進程裡，並且盡可能降低不必要的軍事投資。兩者之間的平衡仍是現在進行式。其成敗取決於國家的成熟度以及其鄰國的和平狀態。於是，威權國家從國內生產毛額當中挪用給軍事支出的比例，便顯著地比他人高出許多。

在這麼做的同時，他們的邏輯反而造成自我閹割的效果。比較有效的方式是，盡可能自由地推廣經濟發展，並且從這個創意和繁榮的過程推論出維護國家安全以及人民安定感所需要的軍事生產程度。如今，「國家利益」的定義是「理性利益」。歐洲正是這個認知過程的歷史案例：其競爭場域是由科技、商業及社會形成的，而如果不同國家及其社會體制之間的政治衝突有可能演變為暴力的話（我們永遠不能排除這個可能），那麼，我們就能清楚知道有哪些聰明的智能高科技可以更有效地應戰。

順帶一提，這也是為什麼歐洲國家沒有派遣航空母艦以展現國力的原因。歐洲人比較喜歡把資源留在自家裡改善人的生活。

注釋

注1 Langewiesche, *Reich, Nation, Föderation*, S. 9。

注2 尼克森（Richard Nixon）的總統任期因為他企圖欺騙大眾而終結；布萊爾（Tony Blair）由於合理化伊拉克戰爭的謊言而喪譽，其聲譽不曾恢復過，小布希或倫斯斐（Donald Rumsfeld）也沒有重振名聲。

注3 Heraklit, *Fragmente*, S. 19 und 27 (Fragmente 53 und 80)。

注4 Scholz, »Hainau's Schicksale«, S. 80-84。

注5 同前揭。

注6 Kunisch, *Friedrich der Große*, S. 166。

注7 引自：Kunisch, *Friedrich der Große*, S. 167。

注8 同前揭：S. 175。

注9 引自：Rohdich, *Hohenfriedeberg*, S. 79。

注10 Langewiesche, *Der gewaltsame Lehrer*, S. 53。

注11 Bräker, *Lebensgeschichte und natürliche Abenteuer des armen Mannes im Tockenburg*, S. 462。

注12 Möbius, »Von Jast und Hitze wie vertaumelt«, S. 5; vgl. Petersen, »Auf der frantzosen Jagd«, bes. S. 162-163。

注13 建於「勝利丘」（Siegeshöhe）上的塔如今依然存在。

注14 Wolff, »Das Elend und der Aufruhr in Schlesien«, S. 192。

注15 Ring, *Erinnerungen*, Bd. 1, S. 187, über den Herbst 1847。

注16 高達六成的摧毀規模可以說是非常嚴重，但是跟帝國西部的許多城市相比，其比率依舊低得多；由於西部在戰爭最後階段與同盟國對抗，它們所受到的摧毀程度更為嚴重。比較：Brechtken, *Speer*, S. 275-282。

注17 一九四五年一月十九日，大區長官卡爾·漢克（Gauleiter Karl Hanke）針對平民人口下達驅逐令，但人民無法尋得足夠的交通方式，因此隔天，婦女與孩童必須步行離開該城。在零下二十度以下的氣溫中，他們在移動過程中成群喪生。有一篇報導描述到「利格尼茨（Liegnitz）的邊溝裡……有大量凍死的嬰兒屍體被倉皇逃命的人們拋棄」；「光在諾伊馬克特（Neumarkt）內，就有超過四十具幼童屍體被整齊陳放在市集廣場的稻草堆上」。

注18 Peikert, »Festung Breslau«, S. 126-127; Aufzeichnung vom 11. März 1945。

注19 Kant, Zum Ewigen Frieden, S. 199。

注20 Clausewitz, Vom Kriege, S. 210 m. Anm. 375, S. 1234-1235。

注21 《國家辭典》是「德國早期自由主義的戶籍冊」（Langewiesche, *Lehrer*, S. 16）。

注22 Osterhammel, *Verwandlung*, S. 20。

注23 英文原文為：German Revolution, a greater political event than the French Revolution of last century; not a diplomatic tradition which has not been swept away. You have a new world, new influences at work, new and unknown objects and dangers with which to cope …… The balance of power has been entirely destroyed.。迪斯雷利於一八七一年二月九日發表：Parliamentary Debates, 3rd Series, Vol. 204, col. 81-82；網站：22；另見：Hildbrand, Das vergangene Reich, S. 13。

注24 目前與俾斯麥相關的三筆參考書目在本質上都與此相符：Gall, Bismarck (1980); Engelberg, *Bismarck* (1985/90); Pflanze, *Bismarck* (1997/8)。

注25 Dehio, »Deutschland und die Epoche der Weltkriege«, S. 15。

注26 Brechtken, Scharnierzeit, S. 38-87。

注27 「一九一四年理念」被形容為「抵制『一七八九年理念』的德國起義」；Hildebrand, *Das vergangene Reich*, S. 337。「一九一四年理念」的支持者想像出一個和諧的「民族共同體」（Volksgemeinschaft），並宣揚「有機民族意志」（organischer Volkswillen）的概念，抵制爭議、妥協及選票以尋求多數。相較之下，威權領袖扮演集體意志的表述角色，有必要的話，也透過全民公投來鞏固其正當性，至少應作為一種與代議制相互競爭的決策模式。在「德意志的自由概念」裡，個體一向被整合、並附從於一個所謂更高層的整體之中。比較：Lübbe, »Die philosophischen Ideen von 1914«; Retterath, »Was ist das Volk?«, bes. S. 67-131；另見：S. 137-140。

注28 McRandle/Quirk, »The Blood Test Revisited«, S. 677 f。

注29 隨後，格爾奧格蒂作戰（Operation Georgette）於四月九日發動，並被迫於九月二十九日終止。自一九一八年三月二十一日至四月二十九日之間耗損的兵力總計為：德軍三十二萬六千人、英軍二十六萬人、法軍十萬七千人；另見：Mick »Endgame«, S. 149-150；Leonhard, *Die Büchse der Pandora*, S. 839（記載的數據幾乎相同）。

注30 Leonhard, *Die Büchse der Pandora*, S. 852。

注31 文獻中所記載的總數各異，相關概述出自於：Prost, »The Dead«, S. 587-591 mit Tab. 22.1., S. 587-588; Overmans, »Kriegsverluste«, S. 663-666。

注32 Leonhard, Die Büchse der Pandora, S. 884。

注33 摘述自：Müünkler, *Der große Krieg*, S. 653-661。

注34 Hartmann/Vordermayer/Plöckinger/Töppel (Hg.), Hitler, Mein Kampf, Bd. 2, S. 981。

注35 同前揭：S. 983。

注36 另見：Schwarz, *Geschichte der Bundesrepublik Deutschland*, Bd. 2; Morsey, *Die Bundesrepublik Deutschland*; Kielmannsegg, *Nach der Katastrophe*。

注37 另見：Wengst, *Thomas Dehler*。

注38 於一九五六年蘇伊士運河危機（Suez-Krise）期間，美國同樣將蘇聯的利益納入考量，而未支持英國；後者在自己惹出來的冒險中亟需幫助，而蘇聯的權益也因為該事件而受到影響。

注39 就不同武器系統所定義的簡化分類來說，「長程」洲際策略系統（洲際彈道飛彈〔Intercontinental Ballistic Missiles，ICB〕）的最小範圍為五千五百公里。在尺規的另一端是所謂的戰術性核武或戰地兵器，其「短程」範圍最多只到五百公里。任何介於中間的武器為所謂的中程系統。這些也可以被分類成幾個較短範圍及較長範圍的類別。在這個領域裡，較為關鍵且在心理上較為重大的衝突自一九七〇年代末期開始爆發。截至一九八七年為止，蘇聯共裝置了超過四百支新型 SS-20 導彈；其用意至今仍具爭議。施密特於一九八一年十二月向何內克（Erich Honecker）表達自己「畏懼新的蘇聯導彈」；Schmidt, Dezember 1981，引自：Schöllgen, *Deutsche Außenpolitik*, S. 193；完整內容詳見：AAPD 1981, Nummer 363。

注40 受邀的專家包括提摩西・賈頓・艾許（Timothy Garton Ash）、戈登・克雷格（Gordon Craig）、達克里勳爵（Lord Dacre，休・特雷弗－羅珀〔Hugh Trevor-Roper〕）、弗里茨・斯特恩（Fritz Stern）、諾曼・斯通（Norman Stone）與喬治・厄本（George Urban）；除了總理之外，外交部長道格拉斯・赫德（Douglas Hurd）及柴契爾的祕書查爾斯・鮑威爾也在場；另見：Salmon/Hamilton/ Twigge (Hg.), Documents on Bristish Policy Overseas, S. 162-167, 502-509。

注41 英文原文為：The overall message was unmistakeable: we should be nice to the Germans. But even the optimists had some unease, not for the present and the immediate future, but for what might lie further down the road than we can yet see.」（S. 508）。當鮑威爾的概述廣為人知後，許多研討會參與者針對其負面旨意展開抗議（*Parliamentary Debates*, 17. Juli 1990, Column 857）。諾曼・史東後來解釋道：「事實上，德國大使大可以取代我們所有人，因為我們極度敬重當今德國。」

注42　一九九〇年五月五日，六位外交部長於波昂（Bonn）展開所謂的二加四會談（2+4-Verhandlungen），並在一九九〇年九月十二日於莫斯科結束會議，簽署「最終解決德國問題條約」。柴契爾夫人希望能夠防止大德國誕生；一九九三年，她在自己的回憶錄裡強調（*The Downing Street Years*, S. 813）：「在我所追求的外交政策當中，若要說哪一件事遇到很明確的失敗，那就是我針對德國重新統一的政策。」

注43　Bierling, *Die Außenpolitik*, S. 279。開支細目見：Hubel, *Der zweite Golfkrieg*, S. 59 m. Anm. 135。

注44　Kamp, »Mythen der Zwei-Prozent-Debatte«。

第八章

爭取公平市場：經濟和社會

「世界上有階級戰爭，好吧，我接受，但是引起戰爭的可是我的階級，富裕階級，而且打贏的也是我們。」

（華倫．巴菲特〔Warren Buffett〕）

繁榮必須透過努力爭取才能達成，但是同時，每個人都必須享有這種爭取發展的權利和機會。經濟分享及公平的財富分配，是在自由社會與威權社會之間的全球體制競爭中，一項決定性因素。通膨收益並非成就，反而破壞了社會流動性、創造力與進步動力。自由社會必須不斷確保所有人在財富收益與資產方面都可以公平參與——如此一來，他們才能夠投身競爭。

二〇一九年四月二十四日，亞比該．迪士尼（Abigail Disney），米老鼠創造者華特．迪士尼（Walt Disney）的孫姪女，為《華盛頓郵報》撰寫一篇關於其家族冠名企業的所得現況。[2]其中，執行長巴布．艾格（Bob Iger）於二〇一八年的所得為六千五百萬美元，大約是一般職員的平均薪水的一千四百二十四倍。在那篇評論中，亞比該稱之為「赤裸的下流行為」。[3]即便該公司規定的基本時薪是七．二五美元，但是如果管理高層賺取的薪水是以百萬為單位計算，並握有價值數十億的回購股票，那麼再高的時薪都不值一提。亞比該表示，所有對於公司成就有貢獻的人，尤其是迪士尼公司裡約二十萬名的職員，都應該享有公平合理的利潤。

亞比該引人注目的反對立場，觸及開放民主社會中的一個關鍵挑戰：在二十一世紀，經濟分享已經成為政治秩序的正當性以及延續性的重要元素，正如全民普選在過去兩世紀中的地位。

所有社會都是有待驗證的秩序模式，旨在盡其所能地為人民服務：其目的一直都要在政治組織、社會自由和經濟繁榮之間取得最佳平衡。而關鍵的問題是，哪種經濟秩序形式可以確保最多的公民分享富裕，並在一定程度上享有同等的機會，得以兼顧個人自由、社會安全，以及對於所得、財產和財富的追求。

不同的社會秩序模式總是有系統性地相互競爭，但是相較於冷戰那種在根本上的衝突，如今的競爭不再以軍事毀滅來威脅對手了，重點在於哪一種經濟、社會的組織更加符合人們的需求。

有鑑於此，我們不只可以回溯歷史經驗裡的多樣經濟模式，也可以探究不同經濟秩序的結果，以及世界上不同族群的生活現況，並進一步評估各種經濟秩序的優劣。[4]

冷戰結束後的三十年間，全球的系統競爭以不同形式粉墨登場。首先，一九九〇年前，民主主義的市場經濟和社會主義的計畫經濟模式相互對立，而在蘇聯解體之後，市場經濟開始普及，被視為經濟活動的準則；從一九九〇年以前高呼「東方對西方」口號、形塑「短暫的二十世紀」的意識形態對抗，衍生出一場生活模式及政治秩序之間的新興競爭，並進一步激起新的衝突。

絕大多數由宗教和威權統治的國家，已經張開雙臂歡迎競爭和市場經濟原則，也因而進一步接受國際的經濟生活。然而，在政治方面，這些國家幾乎都把對應的自由拒於門外。中華人民共和國尤其如此，該國在過去三十年間發展成全球性經濟強權，卻仍然追求著自身在意識形態上的野心，並且推行一黨專政的威權政治系統。綜觀全球（我們會用數據來闡明），從千禧年前後開始，民主國家和中國模式的市場經濟之間的競爭，就已經取代一九八九年以前數十年間的體制競爭了。

在經濟競爭當中存活的能力，也取決於一個社會是否鼓勵人民的創意和創新力。這類力量的發展程度，又和個人擁有的機會及人生願景交織在一起。政治自由、社會安全和經濟分享也十分關鍵，而以分享作為競爭元素的財富分配現象亦然。舉凡財富分配、所得階層、賦稅正義、政治共同審議以及社會參與之間的交互作用，這一切在在影響著開放社會在全球競爭當中的生存力和未來角色。

幾千年來，絕大多數人都只擁有勉強維生的基本必需條件。人們透過生計取向的農耕自給自足；大部分以農業為生的人依此填飽自己和至親的肚子，他們通常不是為了市場買賣而種田，也不是為了要賺取在未來進行投資的利潤，而是為了生存而辛勤耕作。有些人甚至沒有自主權；根據過去時代的理解，身為奴隸的他們是屬於其他人的財產。

如同我們在書中探討的其他許多歷史領域，「人類是自由行為的經濟個體」這種現在被視為理所當然的想法，其實是相當晚近的概念，而這個體認同時也是啟蒙運動的產物。在亞當·斯密一七七六年的《國富論》（*The Wealth of Nations*）裡，他描述到「人類為了他人而採取行動及交易物品等自然傾向」[5]，同時也指出人類天生可辨的「天賦多樣性」（diversity of talents）。假如現在所有人都可以盡情發揮其天賦，並且把其成果拿到市場上進行交換，就可以推廣普遍的利益，因為「如此一來，所有天賦的所得都會被結合成一筆共同資金」。[6]正如康德的「什麼是啟蒙？」一文成為哲學政治上的轉折點，詹姆斯·瓦特（James Watt）的蒸汽引擎發明象徵「全新世」（Holocene）到「人類世」（Anthropocene）的過渡[7]*，亞當·斯密則代表了經濟自決的認知。

由此可知，具有獨立的經濟活動、自由和財產等權利，也是人性觀歷經數世紀的漸進轉變和辛苦掙得的結果。市場與競爭、貿易與定價，這些都是經過歷史驗證的人際關係機制。

但是人們並不是純然的經濟生物，也會受到直覺、感受及知識限制影響的社會和政治生物。他們無法一直完美地產出，也沒辦法長期在市場裡完全理性地行動。這就是在經濟和社會等組織當中真正的挑戰：創造出可以讓各個世代盡情發展天賦的那個結構，並持續鞏固它。

隨之而來的第二個挑戰是：假如所有人都確實發揮天賦，那麼，人類產物的共同資產又該如何劃分，俾使所有人都能從他們的工作中獲得合理公平的收入呢？在天賦長期自由發展的基礎原則下，它也包含了累積財富的機會，以及獲得經濟力量的機會。

---

* 譯按：全新世是最年輕的地質年代，始自一萬一千七百年前，人類世則是還沒有被認可的地質年代，或謂是自工業革命開始。

理想上來說，如果機會均等的狀態可以得到保障，就會為競爭的發展創造開放性，衍生出共同福祉，以作為確立個人自由權的總和成就。

關於這件事，當我們討論到社會對於「公正」和「合宜」的定義問題時，歷史差異和文化差異便會浮現。國家或社會應該要規畫健康保險嗎？該由誰來付費？健保當事人？納稅人？稅務負擔該如何分配？每人均分？根據個人表現？或者是依據財富？退休基金計畫該由誰負責？大家應該自己處理，甚至基本上應該自己去規畫嗎？人們對於社會的理解是團結的社群，或其實是由互不相關的個人、家庭或家族組成的聯合企業？政府法規應該約束人民到什麼程度？應該把多少稅收應用於社會支出？

依照現代社會的需求，這類問題的清單可以不斷延伸。如今，世界各地採取非常不同的方式來回答這些問題；另一方面，這些答案有其歷史模式作為參考，並反映出其文化態度和心態。單是一個自由市場，並無法自己創造出健康照護、社會系統或退休基金系統。因此，不同社會都透過不斷的協商，尋找它們想像中的正義形式。舉例來說，儘管德國和美國的經濟體系非常類似，相互比較之下，我們還是可以看到它們對這些問題的不同解答。[8]這些答案都是在過往的歷史裡成形的，我們可以回顧它，也可以從中獲取對當前有益的知識。

國家與人民：歷史回顧

一直到十九世紀，政府當局對於人民的救濟（如果真的有的話）大多僅限於志願性的救濟措施。第一個由國家資助的社會保險是由德意志帝國宰相俾斯麥於一八八三年提出的法定健康保險

（die gesetzliche Krankenversicherung），接著於隔年推出一項意外保險，另有一項年金保險隨後於一八八九年問世。

雖然如果用今天的標準來看，上述成就仍舊非常有限，但是這些舉措在當時可以說是相當具有開創性。其中一個主要動機，是意圖削弱年輕社會民主主義者的受歡迎程度。當時，「由上而下」的結構呈現出一種德語區的「臣民」習以為常（且時常期盼）的父權主義。前述十六、七世紀的宗教衝突的結果，也就是人民的宗教信仰由君主決定，而君主必須擔保其後的教派戰爭不會招來致命後果。這意味著，國家和當權者會照顧人民的安全，但是反過來，人民也必得服從當權者的規定。發展個人需求的渴望和追求政治參與權的渴望一樣不受歡迎。政府的威權和保護照顧成為「德意志的自由思考」裡的重要元素，而德意志帝國的社會安全也屬於這種思考傳統。

一八八五年時，法定健康保險約有四百七十萬名成員，相當於人口數的百分之十。第一次世界大戰前夕，被保險人數成長為超過三分之一的人口數，達到二千三百萬人，到了一九二五年時就已經把德意志帝國一半的人民納入了。自一九九〇年起，被保險人的比例約佔總人口的八十五％。年金與意外保險的發展曲線也很類似，後來於一九二七年推出的失業保險亦然。

上述發展反映出一種國家和社會的特殊觀念，也就是說：社會似乎是借助於國家才形成的團結共同體，而（幾乎）全體人口都必須對國家有所貢獻。我們在前面也提過隱藏在這背後的人民觀點，即：人民在受到保護的同時，也被賦予了責任。

在英美國家當中，尤其是美國，人們的理解和前述想法大相徑庭。其中，個體的觀念高於一切；基本上，個人必須為自己的命運負責，並且和他人競爭以取得收入，籌措未來可能需要的醫療費用以及老年安排。這種個人主義的文化的信念是，沒有人有義務要負擔會吸菸的同事的醫藥費，或是住在隔壁那個鹵莽的年輕小伙子的手術費。就讓他們承擔自己的風險！換句話說，個人責任的原則優先於團結的理念。

這種認為個人具有更高價值的信念，幾乎可以說是一種宗教信仰。鼓吹該信念的人，尤其以經濟上有一番成就、足以獨立自我保護的人為主。他們否認社會是人類的團結共同體，甚至誇大成一種意識形態，以下的人性觀是時常被引用的基本概念：所謂「社會」這種東西並不存在。我們稍後會回頭來討論這件事。

社會安全系統的團結原則尤其是植根於具有貧富差距傳統的國家。舉例來說，對大多數的德意志帝國人民而言，一八八〇年代的社會保險大大減輕他們的生活壓力。另一方面，對於領土廣袤而且還在發展當中的美國來說，如果國家結構要把大量外來移民納入其社會，那幾乎可以說是前所未聞的想法。在那數百萬名移居美國的人們眼中，藉由工作力爭上游、透過自由而功成名就，這樣的承諾是真實可信的，因為該國坐擁的龐大資源在經濟方面本來就處於開發中狀態，還有數十年的時間等著人們開拓。

對歐陸國家而言，則還有另一個動機。首先，這些強權國家由於前述原因，相當依賴於若干程度的可預測性，才能在戰時動員有作戰能力的士兵。所有採取徵兵制的國家都期望男性國民多少有作戰能力，而國家提供的社會服務應該可以鞏固人民和國家之間的這種凝聚力。但是這在美國卻發揮不了作用，而英國也沒有常備軍。在英國，他們為了在歐陸執行大規模長征所做的準備，是在第一次世界大戰爆發的前幾年才開始進行的，那是體制競爭的直接後果，尤其是在和德意志帝國交手之後，德國具備了身經百戰的軍事傳統、新型戰艦，以及經濟和科學組織等等主要威脅。

關於國家主權和人民間的關係，在戰爭的財務籌措問題方面也十分重要，因為如果有越多的人民參與政治，國家就更能夠在財政上求助於他們。但是如果當權者越是威權、越是在意自身利益，那麼他們就沒辦法直接把負擔加諸人民身上。威權的執政者最害怕的就是失去正當性，畢竟他們的威權主張完全奠基於他們宣稱強大的領導不會對社會造成負擔，而可以解決所有事情。強制人民負擔財務反而會使人民想要共同參與決策。

一八六〇年代美國內戰下的南方各州及第一次世界大戰中的德意志帝國，兩者具有驚人的相似之處。其中，兩者都竭盡所能地阻止民主參與權，相信自己可以拖延戰爭的支出，等到戰勝時，就可以轉嫁到戰敗者身上。[9]美國南方的寡頭政府主張蓄奴，而德意志帝國的政治領袖則堅持君主專制權。他們的社會必須賺錢，但不是以賦稅的形式（因為會導致危險的政治參與權），而是安全且有利可圖的投資。戰勝後，這些投資就會連本帶利地回流，而這些領導者想盡辦法撙節開支，並且在戰勝時達成對於己方有利的協議。這種不是由稅務支持、而是以債務支撐的戰爭，就是德意志的作戰準則，而這個作風在接下來的戰敗結局中，因為通貨膨脹而漸漸打垮投資者。

美國內戰的情況比較不一樣：北方各州自己以賦稅來籌措軍費，所以全體參與者都清楚知道這場戰事的花費。所得稅率於一八六四年《所得稅法》（Revenue Act of 1864）加以確立：收入為六百美元（相當於現今十八萬美元）以上者，必須繳納五%的收入作為所得稅。（收入相當於現在收入一百五十萬美元以上者，必須繳納七．五%；收入相當於現今三百萬美元以上者，則必須繳納十%。）[10]軍事衝突的財務籌措需要並且鼓勵人民參與，多多益善，而且人民也可以從中贏得更多好處。如此一來，他們的賦稅投資就不會白白浪費，而且可能得用來支付其他戰勝方。財務的參與鞏固並且確立了政權的正當性。

第一次世界大戰以前及期間的英國也有類似情形：二十世紀之交的軍備競賽——尤其是受到德意志帝國建造艦隊的刺激——需要高出以往許多的國家預算。英國為了捍衛其自十九世紀以來便建立的世界強權地位，象徵整個政府的自我形象的艦隊，就必須呈現現代化的樣貌以抗衡所有競爭者。這項花費比以前的稅收比例要高出許多。一九〇九年，財政大臣大衛．喬治（David Lloyd George）提出所謂的「人民預算」（People's Budget），試圖把這些軍備支出以及備用的社會開銷等負擔轉移到更多社會族群身上，尤其希望把富有的貴族階層納入其中。[11]在接下來的兩年間，政府把重心放在大多數人口的利益上，一反以往側重的貴族少數特權。該國主張有權掌控不合理的通膨的部分收益，這個現象在不動產買賣、遺產及所得過高等情形尤其顯著。地主階級代表則強烈反對分擔這個壓力；他們在這場權力鬥爭當中戰敗，並因此喪失了原先在經濟和社會上的影響力，不管是在政治或金融方面皆然。

於是，對許多地主階級的家庭而言，第一次世界大戰成為他們的財務實力和權力的分水嶺[12]，但是這場戰爭終究保住了英國整體的統治模式和社會模式。

英國貴族這個社會階級喪失了特權，在大戰後也幾乎無法恢復原貌，而美國的「金錢貴族」在十九世紀末卻有了重大突破，成為影響政治的重要因素。一八七〇年代，美國廢除所得稅制度。另一方面，國家財富由於移民、工業化及經濟成長等因素而巨幅成長。市場結構傾向於「同業聯盟」之類的壟斷集團，鼓勵不平等的運作形式。根據統計學家喬治．霍姆斯（George K. Holmes）的分析，一八九〇年時，「十%最富有的家庭擁有總財富的七十一%以上」。[13]

如果要把上述例子和德意志帝國做比較，可能會稍嫌複雜，因為德意志帝國直到一八七一年之後才有劃定明確的疆域。原本的邦國在不同時期推出所得稅制度：普魯士於一八五一年對於鄉下人推行所得稅制度（自一八七四年起，向特定收入以上的全體居民徵收所得稅），而不萊梅於一八六四年開始徵收、黑森大公國（Großherzogtum Hessen）於一八六九年、薩克森於一八七四年、漢堡於一八八一年、巴登於一八八四年、符騰堡（Württemberg）於一九〇五年、巴伐利亞於一九一二年。[14]直到「第三帝國」期間，則只有「最高所得者」（Spitzenverdiener）才有義務繳納所得稅，因此我們只能取得他們的資料；第二次世界大戰結束之後的資料才有記錄到「所得最低之百分之五十人口」。[15]

一九二三年的惡性通貨膨脹摧毀了大量資本資產；這些資本資產在此之前帶來利息收益，獲利者尤以高收入者為主。[16]公司企業的利潤也比戰前時期來得更少。根據近期統計，「前百分之一高收入者佔有的所得比例從一九一八年的二十%降到一九二五年的十一%，並一直維持到一九三三年。」[17]國家社會主義德國工人黨執政時期，前百分之一最富裕的人口掌握的財富呈現驚人成長，這些最高收入者佔有的所得比例於一九三三年到一八三八年期間從十一%增加到十七%。[18]

由此可見，希特勒的納粹獨裁政權為那些有錢人帶來多大的好處。這不只是因為軍備的關係，自一九三三年以降，國防支出在國民生產毛額的佔比就不斷成長。直到一九三九年開戰時，國家社會主義德國工人黨的軍備支出大約是六百至六百五十億帝國馬克（Reichsmark）；相較之下，一九三四年四月一日至一九三九年三月三十一日期間的稅收總額為六百二十四億帝國馬克。那些投入備戰的生產者或是原先就和執政階層過從甚密的人，賺得不成比例的鉅額財富。儘管「一般國民同胞」都得以充分就業，但是為了想盡辦法把資金投注在軍備上，他們也被迫放棄消費活動。

眾所周知，希特勒政權犧牲了經濟理性以達成意識形態目標，並特別厚愛那些能夠助他們一臂之力的公司。錢不是重點，而利潤卻可能（與官方宣傳相反）非常高。[19]其中的算計是以意識形態上的動機為基礎的：戰敗者應該付錢，除了戰時開銷，戰後賠款更是重要。因此，德國政策旨在「最大化搜括外國經濟」[20]以滿足自身利益。所以說，德國於一九三九年九月至一九四五年春天期間在整個歐陸採取的剝削以及殲滅等機制，它本身就是意識形態的戰爭目標，也就是為了「最終勝利」之後的霸權地位做準備。因此，德國崛起以及其後在全歐洲的收復和解放等等，都造成了極大規模的破壞。

即使德意志領土的每個村莊都飽受摧殘，對許多德國人而言，戰爭的物質影響依然是不值一哂，其中一個原因便是那些相信戰爭終局的狂熱者。戰後，儘管德意志的領土遭受毀壞和佔領，但是西方的同盟國也覺得自己有責任要確保人民的生活。德國人遭到的金融和經濟影響大相徑庭。一九四八年貨幣改革之後，來自投資的資本收益在短短一個世代中再度泡湯；但是在另一方面，企業資產和不動產則「幾乎不動如山」。[21]即便有所謂的「負載平衡」（Lastenausgleich），對於握有資產的人來說，顯然仍然擁有算是起步優勢。直到一九八〇年代以前，前面百分之一的最高收入者的資產穩定維持在「十一%至十三%」。[22]

乍看之下，第二次世界大戰的結局看似嘲諷，卻也無可否認。首先，住宅、工廠和基礎建設上等各種破壞都必須重建或整新，因而創造出大量需求。德國在一九五〇年代的經濟奇蹟也是由這些成長的結果。自一九五〇年至一九五六年，西德的國內生產毛額成長了兩倍，到了一九六〇年更是成長超過三倍。截至一九六九年政權輪替時，回推的第一個二十年總共成長了六倍以上！[23] 這樣的經濟成就讓許多德國人更容易認同新的政治體系。不像過去在威瑪共和時期，人們把民主與議會政治和戰敗以及危機畫上等號，現在則是把它等同於經濟成長、個人自由（東德每天都示範著完全相反的樣貌）以及民主實驗。

第二個重要因素在於德國喪失了上百萬的人口，他們喪命於戰爭中，卻促使年輕一輩的人隨著戰後經濟擴張而快速崛起。出生於一九三〇年至一九四五年之間的世代，就算沒有受過太多正式教育，都能在一九七〇年代初以前的經濟成長浪潮中躍起。不論是在商業、行政或科學領域裡，都出現許多新興職位，為當代人提供空前絕後的攀升機會，甚至連往後的世代都再也不曾體會過那樣的榮景。

人們把一九四八年至一九七四年期間的經濟發展稱作「黃金時代」[24]。儘管這個形容稍嫌過度美化，但是對當時全世界數以百萬的人來說，這股來勢洶洶、幾近不可阻擋的躍升確實存在，不只是在西德，幾乎所有歐洲社會亦然，而在美國更是如此。一九四四年七月，時值戰爭最後一年，以羅斯福（Franklin D. Roosevelt）總統為首的美國政府，於布列敦森林（Bretton Woods）會議上「針對世界經濟推行一項組織框架」[25]*，並持續實施至一九七三年三月。

儘管西德的經濟微幅下滑，但是整體來說，在第一個二十五年當中可以說是經歷了一場夢幻般

---

* 譯注：即「布列敦森林體系」，為一貨幣體系，以美元作為國際貨幣中心。

的成長，社會上所有族群都有所獲益。充分就業的那幾年保障了年輕人薪資得以穩定成長，並且為他們提供就業前景；年金保險總額以選民友好的方式增加，退休者便成為慷慨保險收益的獲利族群。

整體而言，福利國家在公共財庫充實的情況下成長。人們有自信地認為這個榮景會永久延續下去，直到一九七三年才夢碎。布列敦森林貨幣體系的崩解，當年十月爆發的「贖罪日戰爭」（Jom-Kippur-Krieg），以及其後的石油危機和經濟影響，讓人們意識到他們在過去十幾年間經歷的「繁榮」已經進入尾聲。在迅速變遷的工業社會裡，工人薪資仍維持可觀成長數年，但是失業、結構改變，以及進行中的全球化浪潮，已經在福利國家裡形成新的分配鬥爭並且無止盡地延續下去。

上述事件引起的後續效應達到前所未見的新高度。理解福利國家表現的一項重要標準，是所謂的社會安全生活補助比率（Sozialleistungsquote），即社會安全生活補助金和國內生產毛額的比率，也就是位於一處國家疆域內的經濟體在一年內創造的所有貨品以及服務的總價值。舉例來說，西德在一九六〇年的社會安全生活補助金換算成現在是二百八十四億歐元[26]，相當於十八．三%的社會安全生活補助比率。[27]到了一九七〇年，社會安全生活補助金成長至七百三十億歐元，比率為二十．二%。而一九八〇年的社會安全生活補助金為二千零二十七億歐元，已經超過國內生產毛額的四分之一，達到二十五．七%。[28]

不斷提高的社會支出及節節攀升的失業率、經濟成長停滯以及同時並行的通貨膨脹、榮景終結的觀感，以及要求國家成為全能的景氣操盤手和繁榮的擔保人，這些都是自一九七〇年代以降的經濟環境和社會裡的普遍危機感的跡象，也為激進改變的需求鋪路，包括：減少國家干預、增加個人責任，總的來說，就是更自由、甚至可以說是更不受控的市場搏鬥。回頭看，一九七〇年代下半葉的轉折點看似以下口號的烽煙：「為新自由主義開路」（Bahn frei für den Neoliberalismus）。但我們必須照著順序、一個一個來說。

新自由主義轉折及其後果

近幾年來，「新自由主義」已經成為政治鬥爭中的一個口號。但是在這裡，我們把這個詞彙拿來統稱一九八〇年代以降的世界觀與人性觀。以海耶克（Friedrich August von Hayek）、傅利曼（Milton Friedman）為首的芝加哥經濟學派，以及朝聖山學社（Mont Pèlerin Society）等經濟學家，他們被稱為「新自由主義」的「思想領袖」和政治先驅。自第二次世界大戰結束至一九八〇年代期間，這群志同道合的經濟學家不斷提出新觀點，算是為國家轉變之後的角色提供一個指引。他們不只反對所有和共產主義計畫經濟相關的觀念——在冷戰期間也是理所當然的——也反對在戰後歐洲和北美的社會及經濟政策裡不斷增生的國家干預機制。「新」（neo）一詞是在形容相對於自由主義的變革以及畫清界線；在他們眼裡，自由主義在戰間時期的經濟危機裡可以說是一敗塗地。

儘管我們不能把新自由主義者理解為一個同質性的團體，但是這個用語確實相當貼切地描述了人類天性裡的經濟思維模式以及意識形態的信念。新自由主義者的論述主要在於修正凱因斯（John Maynard Keynes）的影響。凱因斯的名字已經成為「國家」的同義詞，他主張干預策略，並相信這麼做可以平衡甚至控制市場景氣。

基於全球經濟危機的影響，許多政治人物往往會採取凱因斯的觀點，甚至到了一九四五年之後經濟活動趨緩的時期亦然，而這都是為了證成政府仰賴新債務進行投資的行徑。常見的論點是要讓經濟以這種方式振興並且全面掌控經濟景氣，而不是像新自由主義者所宣揚的放寬規定以及盡可能減稅，讓人們決定自己的命運。[29]自一九七〇年代初起，上述對於干預主義以及全能經濟控制的妄想的批評，和群眾巨大的危機感不謀而和。針對一九七三年油價衝擊之後的經濟停擺以及連帶的通貨膨脹現象，凱因斯主義似乎幫不上忙而且日薄西山。國家債台高築——雖然跟今天比起來規模仍然小得多。

當時的危機感加速激起人們對於改變的渴望，新自由主義的擁護者找到新一代政治人物以及議會中多數議員來執行他們的理念。

一九七九年，這個世界觀的忠實支持者柴契爾夫人在英國取得執政權。當時，世界才剛見證了這座島國的內部分裂和改革失敗。英國原本就已經由於過時的生產設備而負擔沉重，苦於低生產力、高失業率以及飛漲的通貨膨脹，而在「不滿的冬天」（Winter of Discontent）裡發生的一連串衝擊，更導致英國癱瘓。[30]在上百萬名英國國民的眼裡，情況已經到了谷底，亟需採取強硬的改革手段。

柴契爾夫人並不是因為打著新自由主義的旗幟而在一九七九年勝選的，而是因為人們指望她為經濟和社會注入新的活力。隔年，和柴契爾夫人擁護相同意識形態的雷根（Ronald Reagan）成為美國總統。兩人片刻也不浪費地隨即推行他們的想法。一九八一年一月二十日，雷根在就職演說上表示：「政府不能解決問題，政府本身就是問題。」[31]柴契爾夫人則在一篇刊登於一九八六年《女性自身》（*Woman's Own*）雜誌的知名訪談當中總結自己對於無條件個人主義的看法，即：「所謂社會這種東西並不存在。」（There is no such thing as society）[32]這句話只是一種意識形態，和一九八六年的實際情況沒有太多關聯，畢竟英國國內當然也有「社會」。然而，如果要嘲笑柴契爾夫人的人性觀太天真，那就大錯特錯了，尤其多虧成千上萬名工人的存在，這位政府首長其實很清楚那些型塑著英國社會的思想模式與制度。[33]

即便如此，柴契爾夫人卻對實際情況沒有太大興趣。如同她常在演說和訪談中表示的，其目標在於解決根本問題，而她的處理方式絲毫不容置疑，因為她直接從自身生命經驗推論出意識形態的辯證。她深信，如果她提到社會的話，會使人們堂而皇之地迴避個人責任，並且威脅到其他不想逃避的有志者，剝奪他們的能力。根據柴契爾夫人的想法，國家應該要退場，而個人及其家庭必須為自己的命運負責，正如她從父親身上學到的一樣：她的父親是雜貨商，也是地方政治人物，完全符合她理想中認真負責者的形象。[34]

歷史上有許多事件可以證實柴契爾夫人的觀點：私人財產會促進個人責任。[35]擁有財產的人不只於外在享有財富，就內在層面而言，也會持續被要求負起維持財富的責任，並承擔他生活其中的社會遇到的種種情況。

因此，柴契爾夫人積極推廣國民住宅私有化；這個議題已經討論了數十年之久，成為社會建設計畫的一部分。[36]在一九七九年的競選宣言中，她詳盡地宣傳「購買的權利」（The right to buy），公開說會採取降價優惠的計畫。私有化吸引了許多租戶；擁有自家住屋的家庭比例在她任內提高到七十%以上。[37]這不只是柴契爾夫人的個人成就，對努力掙得財產的人而言，也以促進個人認同的方式激起他們的責任感。

同時，這件事也改變了許多人對於私人財產的價值以及國家的角色、任務和限制的看法。然而，柴契爾夫人的意識形態主張觸及了更多層面，最終導致自己下台。

每個社會裡都有無法為自己的行為負責的人。不論他們是罹患慢性疾病或資格不足[38]、從事低收入行業或失業，這些情況都使得他們無法貸款。對這些人來說，「購買的權利」仍是個虛幻的承諾。真正的挑戰在於為自己和孩子找到參與社會的方法，因為他們無法依靠自己的力量達成這個目標。

基本上，柴契爾夫人的世界觀和人性觀忽視了這一點。她認為，問題的原因在於缺乏決心、不夠努力、缺少紀律、家庭不團結；這也是她為什麼會覺得責任不該落在國家或「社會」身上，而必須由個人自己承擔。因此國家沒有責任去干預，只需要平等對待所有人，不然就不要插手。

這種意識形態上的跳躍把柴契爾夫人推上政府首長的位置。對她而言，「平等對待」的意思是指地方稅的徵收不須考量所得和財富，只要「照人頭」即可。假如公車司機必須和身價百萬的企業家繳納相同的稅額也沒問題，因為公車司機本身也有成為百萬富翁的自由！

這就是一九八〇年代以降新自由主義思想獲勝的問題所在，其影響一直延續到現在。改變的動力及其為個人生命機會帶來的結果往往被忽略了，可是這些變動又會把個人推到他無法應付的偏離正軌；因此，國家、社會和團結共同體的秩序結構就變得不可或缺了。

不勞而獲的贏家，什麼都沒做錯的輸家

我們可以舉英國為例。該國的發展和過去四十年間其他主要經濟體的歷程很相似，可以被視為

真正的象徵，而且我們也可以明確地辨認出它的模式。因此在這裡，英國值得我們仔細一瞧。

一九九〇年十一月，在柴契爾夫人卸任的時候，一百位英國人當中有七十人住在自己名下的住處裡，其中有十五人是多虧了柴契爾夫人的政策才擁有自己的住所。他們在購屋時，就已經因為大幅減價（平均優惠達六折以下）而獲得合理利潤，也不用支付任何款項。所以如果有人買了一棟價值兩萬英鎊的房子（於一九八〇年代初算是高價），他必須支付約一萬兩千英鎊的錢。假設他必須貸款以支付全額（雖然當時可能會被要求全額支付，但其實很少見），那麼房價的六十%便是由貸款來的錢支付，而買家只要簽下買賣合約，他的財產總值就會增加八千英鎊。他的社會地位也隨之提升，算是有殼族的一份子了；有殼族佔了超過三分之二的人口總數。在下一次選舉中，他很可能會投給也能賦予他這種地位的政黨。那些可以進行購買行為的人顯然屬於贏家之列。

接著，自一九九〇年代中葉起，房價迅速通膨；由於英國從十九世紀開始就習慣把所有不動產買賣的價格登錄在地籍（land registry）裡，供大眾查閱，所以我們現在得以知道那些數據：一九九七年至二〇〇七年期間，平均房價總共成長了三倍。

回到我們剛才所舉的例子；假設那位在柴契爾夫人任期買屋的人是在一九八五年購入的，而且在一九九七年之前都沒有漲價的話，那麼房價到了二〇〇七年會從兩萬英鎊漲到六萬英鎊（記得，他付了一萬兩千英鎊）。他所下的注在短短二十年內就成長了五倍。他是這個事件中的贏家，並且堅信自己能有這筆獲利，完全是因為自己的表現和聰明才智。

綜觀全英國，如果你在一九九七年時屬於那三分之二的人，即有殼族的一員，並繼續持有房屋所有權十年，你最後的財產會是原先的三倍。另外三分之一的族群於一九九七年時擁有「零」不動產，到了二〇〇七年時價值要乘以三倍，所以依然是零。[39] 對於那些被柴契爾夫人高度推崇的人而言，事情其實很簡單明瞭：有些人不是因為自己的成就而變成贏家，其他人也不是因為自己的作為而變成輸家。這對於他們各自的生活條件，以及其家庭和孩子的未來發展，都會有重大影響，但是他們對於這樣的結果實際上沒有直接責任。

我們必須討論到兩個和「新自由主義」這個關鍵字直接相關的層面：漲價是怎麼來的？這個發展對社會來說意味著什麼？

用以大量採購的金錢有不同來源，這些來源則又相互挹注。一方面，越來越多人試圖透過購入更大更貴的房子以爬上「房產階梯」（the property ladder）。許多人發現私有化制度讓他們可以不用付出任何努力就獲取大量利益。那些有能力貸款的人就這樣爬上了第一階；那些已經擁有房產的人（在柴契爾夫人任職期間約為總人口數的一半）也一樣具備優勢。

讓我們再回去看一下那位一九八五年的買家。即使他沒有支付貸款的任何一毛錢本金，只有付利息（當然是不太可能），到了二〇〇七年時，他的財產為四萬八千英鎊（六萬英鎊的房價扣除原本貸款的金額）。比較可能的情況是他付了第一筆貸款大部分的金額了。為了方便討論，就當作他只付了兩千英鎊，房貸還有一萬英鎊，那麼，他可以利用當下的房價再借一筆貸款來買一間更大的房子。八成到九成的貸款都算常見。此時，假如這位屋主把房子賣掉，他就會有五萬英鎊，可以依此再借一筆高達二十五萬英鎊的貸款來買下一棟房子。

身為這個經驗中的贏家，他已經在能力可及的範圍內到了極限。因為他希望的是：買一棟價值二十五萬英鎊的房子，幾年後會再升值，那麼他就可以把它賣掉，以賺取利潤或再借一筆更高額度的貸款。這種希望房價上漲的現象，以及過去四十年的通貨膨脹的現實，都不斷在通貨膨脹這件事本身上火上加油。

但是「上漲助長上漲」的這個事實，仍然不足以作為解釋。在英國，尤其是倫敦，還有另外兩個因素扮演著重要的角色。一方面是自一九八〇年代中期以來金融經濟的大鬆綁，或是如業者所說的「紳士資本主義之死」（the death of gentlemanly capitalism）。由於那場「大爆炸」和金融市場的大鬆綁，倫敦成為歐洲金融市場的中心，吸引了成千上萬名銀行家前往。

在二〇〇八年金融危機以前的二十年間，每年春天的紅利季節都像是起跑訊號一樣，預示著該年即將有上百萬英鎊的投資金額流入倫敦。人們也認為把紅利投入「石頭與水泥」是個安全的投資，因為大家都能感受到年年增值的走向。通貨膨脹現象進一步促進信貸和投資，也反過來助長房價通膨。

最後，在英國和倫敦扮演的特殊角色當中，也產生了第三個因素：人們認為英國的民主和法治國家制度處於穩定狀態，而且倫敦社會也是個國際化大都會。對世界上所有想要安全投資的有錢人而言，這樣的背景極具吸引力。當你想要在喜歡的社區裡買房時，倫敦的房地產經紀人不會過問那些錢是怎麼來的；市政府也沒興趣知道你買的公寓房到底有沒有人住，或只是閒置等著房價上漲。

關於這點，過去四十年間還有另一個顯而易見的趨勢：舉凡非洲強人的孩子、俄羅斯寡頭政治人物、阿拉伯酋長到亞洲企業大亨，都願意投注數以百萬的資金到倫敦不動產（如今亦然）。他們的目的可能是偶爾來訪英國時可以住這些房子，又或者只是把錢暫存在這裡，因為這個國家即使在危機時刻，都會確保那些投入足夠資金的人的安全。然後，他們買的那些不動產（關鍵字是通貨膨脹）可能也會是有利可圖的投資。

這一切對於我們現在有哪些影響呢？

貧富差距更加雪上加霜，社會流動也會趨緩。不動產的通貨膨脹讓社會上的特定族群毫不費力地增加財富，這個現象違背了成就原則，其實應該也牴觸了功績社會（Meritokratie）的理想。其他的影響則更嚴重：學校體系和大專院校的原則也轉為企業獲利取向，以賺取最大化利益為目的，而社會也會面臨分化增加、衝突加劇的後果。

以上對英國的描述也適用於其他大型經濟體，其模式相當，即使人們有類似的工作表現，受益於通膨者在沒有個人社會所得的情況下，卻不成比例地拉大和他人的財富差距，並且把他獲得的利潤以金錢、不動產等形式轉移到下一代身上，其中更以國際教育之類的資源為首，使得這個對他們有利的歷程不斷加速前進。

幾世紀以來，英國昂貴私立學校的市場一直有名。伊頓公學（Eton）、拉格比公學（Rugby）或溫徹斯特公學（Winchester）等都是英國境內知名的學校，吸引那些希望給孩子最佳起跑點的有錢父母。這些教育不只有費用傾向菁英論（學費高達一年五萬英鎊），這些「公學」（public school）也為學生的一生開拓人脈，以及未來可能會派上用場的、涵蓋父母及學生的國際網路。若這些事件是建立在個人表現的基礎上，那麼前述現象就沒什麼可議的了。然而，這正是我們能夠合理懷疑的地方。這些花費令人望之卻步，也就是說，只有少數人負擔得起這樣的教育費用。一般來說，該族群並不包括才華出眾卻一貧如洗的人，他們的管道極為有限。奇怪的是，私立學校也被視為非營利組織，使他們享有巨大的稅賦優惠，就讀這些特權教育機構的人，可以得到來自所有納稅人的補貼。

讓我們繼續留在英國的情境裡。一個提供類似福利的大型市場，隨著聞名國際的私立學校應運而生，正如私立學校保證為學生提供優於公立學校的教育，讓他們更有機會進入夢寐以求的大學就讀。其中，這也牽涉到存在了數個世紀的階級差別：位於金字塔頂端的是牛津和劍橋，接著有二十幾所之多的知名大學，有些位於倫敦，其餘則遍布英國本島各地；這些學校每年都會登上國際大學排名之列。隨著它們在國際市場裡的權威性越來越高，這些名校的學位相當於一張謀得夢寐以求的職位的門票。[40]

以上顯示出不動產的通膨現象、學校課程的金錢化、大學學位的機會以及工作所得的前景之間的關聯性，在這一連串的事件中，社會階級則越來越鞏固或加強。

這些大學獨立決定要錄取哪些學生，因為它們是以企業的形式建校的，主要由學費和捐獻支撐校務，並且把不少利益結合在一起：它們希望招收最聰明的學生，因為這些學生以後可能會在管理階層功成名就，成為企業家、經理、政治人物（某些學生也可能會成為學者）。如此一來，大學的聲譽就能水漲船高，更重要的是，它們的營收也會增加。眾所周知，成功校友經常會捐獻鉅款給他們的母校，尤其是在牛津、劍橋等學校，他們可以透過捐獻為自己建立聲望。至於成功的科學家，則能透過專利、大眾贊助以及企業補助等管道，確保大學的所得。如果申請學生的財力背景雄厚，對學校而言也毫無損害。富裕背景不但對學生本身有利，因為他們可以輕鬆繳付全額學費，而不必打工維生；除此之外，有錢的家長也會為孩子的進步而慷慨解囊。

但是，如果像牛津和劍橋這兩所目前最多人爭相擠進的大學公開地依據父母的財力來招生，想必會引起抗議，所以錄取與否應該要根據申請者本身的成績而定。然而，幾十年來，大學就學機會的相關數據顯示——以牛津與劍橋為例——畢業於私立學校的學生佔了絕大多數。而且湊巧的是，在最令人嚮往的大學裡，有相當高比例的學生是來自英國及世界各地富可敵國的家族。

我們就先天真地假設申請者優異的學業成績是招生的唯一標準吧。那麼，優秀的成績是從哪裡來的？答案很簡單：當學校的資源越多，獲取好成績的機會就越高。公立學校必須想盡辦法爭取稅收補助，而那取決於政治的意志。假如政治意識形態認為，個人及家庭構成國內所有社群的真正生殖細胞，那麼顯然就該由父母及家人自己選擇教育管道，並且為符合期待的教學服務支付學費。根據這個意識形態，私立學校便是「所謂社會這種東西並不存在」這種概念的自然結果。而其影響大家都有目共睹。

這場競賽打從人們出生的那一刻起就展開了。為了盡可能讓孩子有個最密集的學齡前教育資源，負擔得起學費的父母把孩子送到私立幼兒園。對這些孩子而言，進入私立中小學是第一選擇，如此一來才能繼續取得最好的教育資源；而私立學校也反過來保證說，它們的學生會比天賦相當的公立學校學生有更好的成績。私立學校的師生比高於公立學校許多，它們也提供大量資源，幫助學生取得更加優異的成績。此外，在特權環境中成長還有其他效果：他們會意識到自己屬於特殊且富裕的菁英階層。這些孩子有了更優秀的成績、更多密集的個人資源，也享有更多機會就讀知名大學。另一方面，身為這種學校的畢業生，他們也更有機會找到高於平均薪資的職位。

這時候正是不動產通貨膨脹導致的循環效應的最後一步。所有家庭都想要讓孩子獲得最優質的成長環境，這是很自然的需求。在英國的階級社會裡，富裕者向來都有更多機會為孩子提供昂貴的教育。大衛．卡麥隆和鮑里斯．強森（Boris Johnson）就是很好的例子。但是直到一九八〇年代以前，許多西方國家的主流觀點認為，國家必須發掘來自所有階級者的才華，不論父母所得多寡。在這個脈絡下，新的大學成立、技術學院擴建並修正方向、學生人數自一九六〇年代起倍數成長，而藉由大學學位提升社會地位的方式也成為一種跨階級的機會。[41]

隨著新自由主義的興起，社會分化以一種不同的新方式展開：從大專院校過渡到企業模式，企業的任務不在於提供教育或獎掖科學人才，而是為畢業生提供一個全球市場。大學被貼上價格標籤，被重組為以獲利為導向的公司，為全球顧客圈提供學位。對成長中的中產階級而言（尤以中國與印尼為首），把孩子送到英國就讀大學代表其名望地位。他們能因此獲得國際經驗，歸國後，也會在國內市場具備優勢。

國際學生必須支付高額學費，所以對許多大學而言，保守來說，他們最起碼也具備和當地學生同等的吸引力。但是另一方面，當地學生同時也面臨逐漸提高的學費。千禧年之際，學費為每年一千英鎊，隨後提高至三千英鎊，現在則超過九千英鎊。就人的一生來看，這意味著：除了私立幼兒園以及私立中小學的費用之外，大學學費也越來越高。在爭取最佳位置時，「機會是給準備好的人」這句話的意思通常是：一直握有經濟資源的人，就有辦法擁有最好的教育資源。

相較於財力和社會處境，個人社會地位提升的機會和個人表現沒有那麼相關，這個現象相當關鍵；此外，房價攀升直接催化了贏家和輸家之間的分裂。那些自一九八〇年代起便開始於通膨中獲利的人，得以在過去數十年內持續投注鉅額資金，為進一步成長進行投資。他們把這個成功視作自己的功績。

這其中隱藏的正是柴契爾夫人的新自由主義的真正缺點：人們越來越無法照著自由市場開放競爭的概念，憑藉才能和努力向上攀升。在現實中，他們從小就必須克服不斷提高的財務門檻，才能抓緊進入市場的管道，但是同時，那些偶然搭上通膨收益的人卻不必自立謀生，地位就能被動提升。

關於那些意外受益於通貨膨脹的贏家，以及那些不是因為自己的作為而落於人後者，兩個族群之間日益擴大的差距，並不是英國特有的現象。這個情形在美國和許多亞洲國家中都能看到；「中產階級」在這些地方都從不動產通膨當中獲取暴利。相關區域差距也為德國造成影響：如果有人在一九七〇年以相同價格在基爾（Kiel）、埃森（Essen）、薩爾布呂肯（Saarbrücken）或慕尼黑各自蓋了一棟房子，並且在五十年後賣掉，那麼他在各地的收益會有非常顯著的差異：在大部分地區，他可能只會賺到一小筆六位數的金額，但是在慕尼黑卻可以賺到數百萬歐元。這幾十萬元的差距並不是因為個人畢生成就的關係。當我們綜觀全局，便能更清楚看出這個現象的關鍵因素：所有在這個過程中獲益的人——大概佔了英國社會三分之二人口——基本上把這個榮景歸因於他們的自身成就，並且要求減少國家福利，因為他們認為自己的人生道路足以證實「人人都做得到」的道理。

社會中剩下的三分之一無法從這次景氣中得利，那是因為他們無法在通貨膨脹中產生無須工作便能取得的利潤。在那幾十年間，他們就這樣距離社會地位提升的機會越來越遠。沒有財力支付私立幼兒園，沒有辦法就讀私立中小學，因此只有差強人意的畢業成績，接著，他的社會名望也比較低，就讀知名大學錄取的機會也更加渺茫，所以也比較沒有機會找到薪資豐厚的工作。

新自由主義式的鬆綁的結果，完全沒有為同等才能、同等勤奮的人帶來同等機會，反而鼓勵了永久的不平等。對所有希望維持政治穩定性及經濟創造力的社會而言，這正是最大的挑戰。

新的體制競爭

一九九〇年的轉折不只代表蘇維埃計畫模式失敗，隨之而來的是自由化的全球市場被大規模標準化，獨裁政權也被迫在該市場中運作，以在競爭中鞏固自己的地位。[42]這場全球競爭是如何在一九九〇年以降的數十年間發展的呢？其發展對於現在又有什麼意義呢？

冷戰結束之後，基於不同的財力來源，三種類型的國家以及經濟模式相繼興起。首先是典型民主生產國家，以市場經濟的形式建構，具備高度創新動能，包括大部分的歐洲國家、北美洲以及日本。第二種是傳統的原物料國家，其創新動能低落，以俄羅斯和石油生產國家為主。第三類則是那些保有半威權（semi-autoritarian）傳統的生產國家，有時也會發展出高度創新動能，包含南韓、臺灣、新加坡及印度（這些是具有半威權傳統的國家），以及世界上最重要的威權領導的經濟體，中華人民共和國。

在冷戰期間被塑造為「西方」的國家中，市場經濟模式保持穩定，而且具有越來越高的動能。受到新自由主義時代精神的影響（在當時看來算是脫穎而出的意識形態），一九九〇年代在許多地方都成為資本主義大鬆綁的十年。當時，私有化盛行、政府機構「瘦身」，金融市場擴張；其中，金融市場持續發明新興的證券交易工具，往往和實際經濟脫節的股票價值和資本價值便被創造出來。

我們可以舉德國新市場（Neuer Markt）在千禧年的投資泡沫為例。*當時，有些僅有數十名僱員的公司的市值在一夕之間飆到數億元之高。這波飆漲讓許多德國人開始投資股票，卻面臨社會上對金融普遍無知且無感的文化。43 當英美國家（尤其是沒有國家年金保險的美國）為高齡者打造的證券帳戶行之數十年，大多數德國人的思考依然活在官僚國家的傳統，包括政府匯入人民存簿裡的照護承諾和信任。

許多股市新手從快速獲利的狂喜當中驚醒，只留下駭人的損失——隨即對整個體制產生質疑。他們非但沒有探究背後原因（投資有賺有賠），反而失望地捨棄持股和參與企業的投資形式。從此以後，證券持有人的人口比例就一直維持在剛剛好超過兩位數的水平。44

另一個與新自由主義大鬆綁直接相關的現象就是循環速度大幅增加。一九八〇年的股份持有期約為十年，一九九九年只剩一年，到了二〇〇〇年縮短至八個月以下。如此倉促的行為反映出人們對於可以快速賺錢的誤解（與貪念）。這種時代精神是個新現象，把新自由主義的後續發展及以後冷戰時期全球市場鬆綁等現象結合在一起。

整個來看，典型民主生產國家在一九九〇年之後，受惠於全球市場的鬆綁。但是同時，人們分享利潤的程度不同，也加劇了國家內部的緊張。

原物料國家的情況就不一樣了。蘇聯直到瓦解以前，都是個天然資源豐富的國家，但是基於其

* 譯注：即千禧蟲危機的網際網路泡沫事件。

經濟模式，他們只在一個至關重要的領域中發展先進科技，也就是軍事技術（也就是德國總理施密特所說的「擁有火箭的上伏塔」〔Obervolta mit Raketen〕）。* 在蘇聯解體之後，由於有缺陷的傳統，法律保障不足以及舊有的幹部職務名稱表制度（Nomenklatura）等因素，在在阻撓著計畫經濟體成為現代生產經濟體。相反的，在幾乎所有繼承國裡，聰明的技術官僚和政府官員都會從原物料與工業資產當中獲利，但是大部分人民卻被排除在外。

少數和政治掌權者密切來往的人或政治人物本身，都會獲得前國有公司的主導權，因而握有其原物料及相關資源的取得管道。他們衍生出一種新的國際企業家現象：寡佔。他們快速獲取不可思議的財富，其數目在民主憲政國家裡是絕對不可能出現的，連「驚人」一詞都不足以形容，而他們展現財力的方式也令人印象深刻，自俄羅斯礦山、鋼鐵石油聯合公司或煉油廠等處挖取的國內資源賺得的利潤，都以數百萬為單位流入歐洲主要城市的不動產市場中，尤其是倫敦。[45]

這類國家也包含阿拉伯石油國家，其酋長代表的是比較古老的寡頭政治。但是傳統上屬於上述第一類的英國，也因為北海的儲油而成為新興原物料獲利者。自一九七五年十一月起，蘇格蘭沿岸開始冒出石油，以及隨之而來的國家收益。石油每年為英國創造數十億的收入，有時甚至高達國內生產毛額的五％以上。[46] 雖然石油產量的巔峰落在一九九九年，但是後來石油一直為英國的預算年年增加數十億英鎊。礦業也透過工資、物流和機械工程等方面帶來景氣效益[47]，而這一切都是源於大自然的饋贈，而不是任何人的個人成就。[48]

* 譯注：上伏塔為布吉納法索於一九五八年至一九八四年間的舊國名。

至於第三類國家，我們就把焦點放在中國身上，如此聚焦是基於兩個理由。首先，半威權傳統的國家，例如臺灣、南韓或印度，已經發展為民主市場經濟體、加入民主議會國家以及經濟體制的競爭之列，而回到其中常見的法治國家和貿易政策的規範。

反之，中國選擇了一種混合體：與市場經濟的自由化特色並肩而行的，是由共產黨及其一黨專政主張堅守的政治統治權。新自由主義市場的正統理論在典型民主生產國家中獲得鬆綁，而中華人民共和國的經濟實力也不斷提升，並且成為世界第二大經濟體。如今，該國宣稱自己已經透過其威權領導而發展出未來世界中最優越的體制。[49]不可諱言的，這次的體制競爭取代了冷戰期間的體制競爭。我們必須具備清楚的歷史認知，來面對這次的角力。

乍看之下，既開放市場卻又堅持共產黨一黨專政，宛如政治上的精神分裂。但是，他們對於全球市場鬆綁的用意，看起來是要以廉價勞力來面對國際競爭，同時擺出擁有數十億名消費者的姿態。許多歐洲公司認為，直接和中國交涉不但是必要的經濟行為，也具有極大的誘惑力。其中，許多公司被迫接受重要知識的移轉，以作為取得其市場的代價。這不僅發生在科技和工程領域，在科學研究方面也是如此。

顯然，中國的領導階層正用他們的「模式」有意識地推動體制競爭，而影響最大的是第一類國家。相較之下，第一類國家的基礎在於科學研究、技術先進的生產，再加上開放社會、代議政治、自由媒體，以及對於個體人權的保護。我們不能忽略這些原則面臨的挑戰。

在體制之間的競爭中，這些國家可以如何存活？為了維持它們的創新力、捍衛它們的自由，它們又必須採取哪些革新呢？

為了回答這些問題，我們得從歷史觀點思考兩項因素：其一是全球經濟強國的發展，其二則是一九八〇年代以降的所得和資產變動。因為在這裡，我們正亟需革新，以固守民主生產國家的創意潛能，並且激勵它們重現歷史上成功的動能，以因應新的體制競爭。長期來看，革新也可以造福全體人類，畢竟至今我們還沒有做到個別人權的完全自由。

冷戰的結束也是新時代的開端，包含全球科技、服務業、消費性產品以及醫療照護等產出的增加[50]，幾乎全世界所有國家都在這波擴張中獲利。而近三十年內最重要的經濟現象，就是前述的中國在市場經濟當中的崛起，另外還有民主生產國家的龐大生產力及創新力。

以國內生產總值範例，可以解讀出這個發展。[51]一九七〇年的世界生產總值（Gross world product）大約為十二兆美元，該數值在二十年後成長為兩倍。其中，一九九〇年代初，中國與俄羅斯的佔比大略相同；歐盟國家的佔比約為三十%、美國略低於四分之一，而世界其他地方共佔了整整四十三%。

在接下的四分之一世紀裡，中國的佔比成長到十三%左右、美國的佔比仍然超出二十一%、歐盟裡的二十八個國家共達到二十三%；至於世界其他地方的加總，自一九九〇年代初以來則幾乎沒有變動，大約落於四十二%。

其中驚人之處在於，所有國家及人民可以從這種整體擴張當中獲得多少潛在利益。到了二〇一七年，世界生產總值增加到八十兆美元以上。首先，中國的成長幅度最大，而另一方面，全球發展也確立了傳統民主市場經濟體的適應性以及效率：當時，歐洲和北美洲「僅」約代表了世界總人口的八分之一，但是這兩個地區持續產出大約世界生產總值一半的量。

當我們進一步探究最大的十五個經濟體時，會恍然大悟發現另一個影響。除了考量民族國家之外，我們先假設美國的每一州都是個獨立單位，那麼，我們會看到驚人的景象：二〇一八年，美國依然是全世界最大的經濟體，其後是中國，大約為美國規模的三分之二（後者的人口總數為前者的四倍以上）；日本和德國依序名列第三、第四；加州接著登上第五名的位置，其經濟實力領先英國[52]；德州排名第十一，超越加拿大，而紐約州則位居第十三名，排名比南韓與俄羅斯更前面。[53]

超乎尋常的不只是美國各州的經濟實力，整體局勢也是。世界上最大的前五名經濟體，即美國、中國、日本、德國與印度，它們總共產出世界生產總值的一半以上！[54]這些民主生產國家持續位居全球經濟及生產強國的地位。

就經濟方面而言，俄羅斯最多只能被放在中段班，一直以來都落在中國後面，但是在軍事上，俄羅斯依然是世界強權。不過，正因為該國試圖扮演強權的角色，其外交政策的野心所需的稅收遠超過支持國內民生的能力，人民的生活水準不但落後他國，甚至有不斷惡化的傾向。我們可以藉由移出狀況及資金外逃這兩個指標來評估這些政策導致的結果。即使在理論上，該國的原物料產量和獨裁政權應該還能在可預見的未來裡維持國家安定，但是在全球競爭中，持續沒落的威脅卻也確實存在。

有鑑於中國的成功故事，民主國家一如在一九九〇年以前那樣，被迫要確保其經濟、金融和社會的韌性，並且說服人民相信其政經模式以及民主參與的動力。

此時，由中華人民共和國引發的、越演越烈的全球體制競爭，和市場導向的民主國家裡的所得分配、財富分配等問題息息相關。以經濟分享證明政治的正當性，到了二十一世紀，則變成了一個生存的問題。

來自中國的挑戰

在景氣不斷成長的三十年之間，中華人民共和國的國家機器和共產黨推論出不少主張：他們認為，他們的威權領導不只是成功的保證，他們在幾十年來的發展也展現了這種經濟秩序的優越性。以上兩點證明了一種適用於該國全體人民以及生活結構的特殊文化。他們認為，過去幾十年來的成功證明了普世人權對於這種體制並不適用，反而是對於中國政治和文化的國內事務的一種干擾。這個模式之所以能勝出，是因為它證明了自己的優越性，而為了鞏固這種「成功模式」，個人自由、民主參與、言論自由以及權力分立等想法都必須加以打壓。

這種自我認知和權力主張的結合，到底意味著什麼呢？其中所呈現的意識形態，解釋了單一政黨以全球市場競爭之需求來維持權力的手段。這類競爭在歷史上並不是新鮮事，相反地，歐洲王朝之間持續到十九世紀的競爭便能算是一個先例，而一九一四年以前的民族主義競爭，抑或是結束於一九九〇年的全球冷戰，也都是歷史上的例子。然而，新出現的現象在於中國的主張——市場經濟能夠以獨裁的方式加以組織，而且這種結合模式甚至優於西方風格的市場經濟。

就這一點而言，開放社會面臨到迎面襲來的挑戰；而二〇一九、二〇二〇年新型冠狀病毒危機期間的經驗，充分說明這場競爭有多麼根深柢固。根據所有資料來源，病毒是在二〇一九年秋天時，首度於湖北傳染給人類，接著擴散開來，引發了影響所有國家的全球疫情。歐洲和北美政府採取的應變策略，嚴重限制了公眾生活及經濟活動長達數個月。在民主國家裡，政府在不斷學習的歷程當中應付疫情的發展。代議聯邦國家的人民理解並且接受政府有時候必須對大眾實行更加嚴格的管制措施。（我們稍後會進一步討論美國或巴西等特例。）

中華人民共和國試圖利用歐洲的危機（尤其是義大利及其他受到重挫的國家）來強調自己是可以提供支援的「優越」強權國家（俄羅斯有一小段時間也是如此）。中國運送到歐洲的醫療支援具有濃厚的展示意味，它傳達的訊息是：你們看，多虧了我們的黨，我們不只控制住國內情況，要幫助世界各國也是沒有任何問題的，尤其是那些自由開放的社會及其民主代議政府；它們看起來似乎比較沒有效率！[55]

中國領導階層採用的是務實的強權政治以及人道宣傳的策略，刻意和它所對抗的代議民主模式唱反調。他們把焦點放在鞏固自身權力以及全球體制衝突的威權原則上。他們毫不掩飾自己的立場。他們一五一十地傳達自己的意識形態背景，例如，於二〇一三年四月二十二日印發給各地黨部的「九號文件」，以作為執行方針和指示依據（〈關於當前意識形態領域情況的通報〉）。這份文件明確否決了民主和人權的普世性，並援引共產黨及其國內政治領導階層對於西方社會形式在意識形態上的反對立場。[56]

認為威權模式的「效率」比較高的論述層出不窮，在危機之際甚至引起民主國家的共鳴。歷史上最駭人的兩個案例，就是戰爭時期的歐洲及其建立法西斯政權的傾向，以及國家社會主義德國工人黨在德國的成功。

不過，即便到了現在，威權和民粹的救贖主張仍然有其擁護者，甚至在堅守傳統的民主國家裡也是如此（川普絕對是第一個被提到的人）。他們的共鳴是基於渴望在複雜的現代化過程當中尋得簡單的解答。全球化經濟及其超越國界的競爭，現在已經創造出鉅額經濟收益。然而，全球化經濟也使得全世界一般體力勞動的工資遭到下修，削弱了過去西方經濟體承諾人們的生活品質。這個過程自冷戰結束之後便持續進行，在危機之際尤其顯著。而最近在新型冠狀病毒疫情期間受到經濟停擺影響最深的族群，則是薪資不穩定、欠缺社會福利而且不習慣儲蓄的工人；如今，他們一再地面臨存在危機。這些受僱形式或許是源於新自由主義經濟變革當中最重要的結果：服務業、自僱者、自由業，以及其他沒有固定合約或是只簽了所謂的「零工時合約」（zero hour contract）的人[57]，總計多達數百萬人——他們都是過去四十年來市場彈性不斷增加底下的產物。

它的影響顯而易見：意識形態的對立。一方面是具有顯著經濟和市場實力的威權政府，另一方面則是由於無法充分處理危機的影響、其承受困境的內部韌性因而開始敗壞的民主和社會市場經濟體；由此衍生的必要性，便是所有民主社會都應該更新其固有的韌性。這意味著，我們必須正面迎戰體制的競爭，並且以民主、市場經濟等方式，再以科技進步及下一步的經濟榮景為目標，來捍衛我們的成就。[58]這其中決定性的關鍵為：在市場經濟的框架和方法之下加強經濟分配。

所得分配方式

我們一開始的切入點討論到許多企業領袖和一般受薪階級之間的所得差距的持續擴大，以及這個現象助長的所得及財富不平等。美國在過去四十年間呈現了翻轉現象。最低收入階層的工資原先的確有成長，但是隨後最高收入階層的薪資成長幅度格外顯著。此發展破壞了想像中的機會均等，而它可以說是美國經濟歷史動能的重要基礎。

而在全球分工的過程中，這些機會不斷惡化。全球市場經濟把國內市場的勞力競爭轉變成一場全球競爭。魯爾區（Ruhrgebiet）煉鋼工人的競爭對手不再只是來自薩爾蘭（Saarland）或洛林（Lothringen）的同業，更包含中國、俄羅斯和印度的工人；圖林根（Thüringen）的紡織工人不再只和西發利亞（Westfalen）的成衣生產業競爭，還有那些住在越南、中國或孟加拉的女裁縫。這個現象帶來雙重影響：一來，產品種類有如爆炸般地增加而且價格同時下降；此外，這些「舊」的工業化國家中的工作機會也日益減少。

在這些事件當中，我們看到各種改變的組合產生的結果；這些改變一方面為全球景氣帶來巨幅成長，另一方面卻破壞了一般工人世世代代以來慣有的典型生活方式。這一切往往伴隨著頌揚民粹主義救贖的人而來，但是他們也在所有以市場經濟為基礎的民主國家中獲得選舉的成就。[59]

在美國，大學畢業代表著一個分界線，他可能落入不斷失業的困境，或者是擁有崛起的機會。數據顯示，只有那些擁有機會的人才找得到出路。[60]我們前面談過英國的例子，說明財務上的天擇過程，類似的模式也適用於其他國家。因為從學步年齡一直到大學入學等教育過程中的每個階段，都意味著龐大的開銷，因此，社會的排除可以說是由所得以及財富結構助長的痛苦後果。高收入者以及低收入者之間的差距擴大，損害了機會的均等，長期以降，也會摧毀使得市場上每個有才能者都有機會力爭上游的那種社會。

在德國則推行著另一種學校和教育的傳統。而學費制度的引進慘遭失敗。不過，私人教育產業也在國內逐漸發展中，它們仰賴父母的財務實力，從孩子童年期就開始提供他們更優良的教育資源。同樣的，這種現象也和所得與財富發展直接相關。

如果把所有所得階層分為兩組，那麼我們會發現，低收入者的所得佔比從一九六〇年代時國民總所得的三十%降低到只有十七%。[61]

這個長期趨勢顯而易見：直到一九六〇年代末，低收入者的所得大約佔國民所得的三分之一；東西德統一過後不久，這個所得佔一直維持在略低於四分之一。然而，千禧年過後，低收入者的所得佔比持續下降，而前百分之十最高收入者的佔比則不斷提高：自一九九〇年代中期，高收入者的所得佔比便已經提升到四十%。[62]

在這裡，我們會看到有如精神分裂一般的發現。德國的景氣（以及其他所謂「西方世界」的大多數國家）自從第二次世界大戰結束之後，就一路穩定成長。自冷戰結束以後，德國作為一個福利國家，每年都要支付數以億計的金額，而且年年增加。一九九〇年，德國的社會總支出為三千一百四十三億歐元，相當於經濟輸出的二十四．一%。此後，不論是開銷或比例都持續成長——自千禧年過後，已經成長到接近三十%。[63]

二〇一八年，社會福利支出高達九千九百六十億歐元。目前，我們正在「重新分配」將近一兆歐元的金額，相當於德國國內生產總值的三十%。但是我們仍舊沒有讓低收入人口分享到國民所得的實際成長，即便只是讓他們不要落後太多的目標，都沒有達成。[64]這個結果看起來頗為怪異。過去可用商品的數量、生活空間的大小、社會安全的補助從來都沒有像今天那麼可觀，但是，所得以及財富階層卻偏離中間值越來越遠。低收入階層落後許多，而高收入以及財富也距離中間值越來越遠。

然而，就整體狀況的心理接受度而言，分配的程度是一項關鍵。從歷史來看，這個現象在一九五〇年代以後的西德便顯而易見：雖然人們能以平均薪資購入房產並且準備退休金的情況已經維持數十年了，但是不動產市場的通貨膨脹、日益擴大的所得差距，以及中等收入的賦稅負擔等，在在加強了持續不公的感受。這正是我們今日的處境。

德國基金

關於社會貧困以及階級社會的死灰復燃等討論其來有自。針對這些討論，目前為止的答案一直是福利國家，作為重新分配的機器，其舉措包含徵稅、社會福利支出等。然而，從新自由主義的影響以及過去三十年的經驗來看，這種作法並無法在有效能的整體社會裡達到補償作用。

在這個脈絡下，我們不妨回顧一下政治參與的歷史。因為全民在社會成果方面的工平分享，顯然需要不同答案，而不是透過龐大國家機器來徵收、管理及重新分配三分之一的國內生產總值就能解決的——到頭來，這種方式幾乎毫無效果。我們所需的因應措施必須能夠保有自由經濟體制的活力，又要盡可能讓越多人受益越好。

顯然，假如一個公司內的最高收入階層和平均薪資之間的差距持續擴大，這會對社會凝聚力以及對於公平支薪的「感受」造成實質影響。我們在本章開頭看到迪士尼的案例：他們並不是獲利不足，而是欠缺分配利潤的結構。

假設迪士尼的老闆巴布·艾格的薪資是一般職員的五十倍，那他的年薪依然超過二百三十萬美元；如果我們把係數調成一百，就會超過四百六十萬美元。但是別忘了，艾格每年賺到的錢可是六

各收入階層之所得成長（自一九八〇年至二〇一四年；跨度：三十四年）

（資料來源：《紐約時報》網站動態圖表）

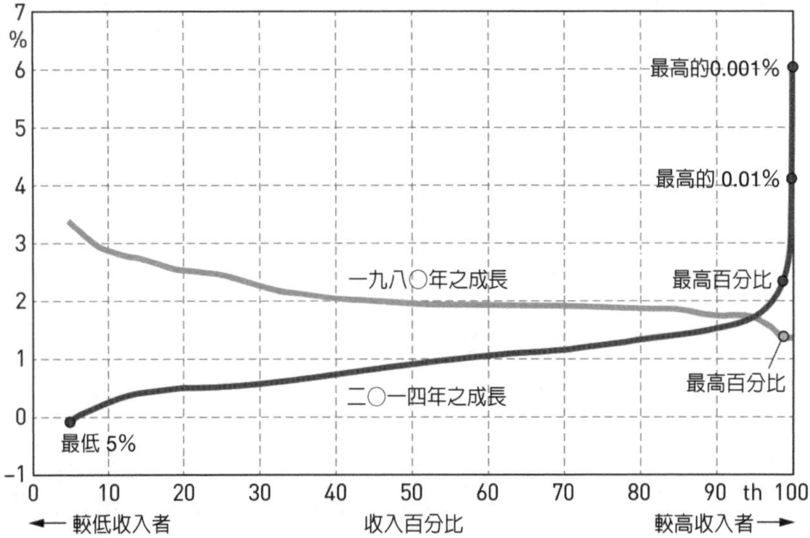

如何讓所有社會階層公平分享景氣脈動，向來是一項挑戰。過去四十年來的全球化與自由化創造出大筆新興財富，但是受惠的只有少數特定族群，其他人則依此失利：儘管在一九八〇年時，較低收入與中等收入階層的所得成長幅度最大，但是從一九九〇年代開始，所得成長最多的族群逐漸轉向較高收入階層。目前為止，最富有的前 0.001% 享獲最大幅的所得成長，而最貧困的 5% 人口的所得成長狀態則持續停滯或甚至呈現負成長。

千五百萬美元。即使係數維持在一百的水平好了，迪士尼公司還是可以把多出來的六千萬美元分配給其他員工。假如他們真的訂定這種規則作為基準，也沒有任何一位執行長會因此變得窮困潦倒[65]。如果你還記得，在美國，收入較低的那一半在職勞工人口的平均年薪為一萬八千五百美元的話，那前面提到的影響應該不難理解。

然而，這種新的所得分配形式會一直牴觸強力擁護所謂自由競爭的立場，支持該立場的遊說者認為，自由競爭應能保障總體繁榮。當然，過去四十年內的真實情況完全無法驗證這種涓滴效應（Trickle-Down-Effekt）*，但從我們所舉的例子裡可以看出，要組織「涓滴」事實上並不困難。[66]人們大可以在避免整個經濟模式的正當性因過度行為而聲名狼藉的情況下，保有由良好管理以及市場成功得到的報酬。

以市場經濟原則為基礎的經濟分享是可能的解答。舉例來說，最簡單的第一個選項是基金，公司把股份轉成基金，相當於稅款，用於整個社會。我們就稱之為「德國基金」（Deutschland-fonds）吧。若要組織德國基金，可以參照挪威國家基金的例子。他們把國內石油收益投資到世界各地未來世代的身上。其他模式也包括全球資產管理公司，好比現在在德國家喻戶曉的貝萊德（Black-Rock）。基本上，以上兩者就只是一大筆企業投資，目的在於維持數十年穩定收入。它們很少介入執行中的企業管理，重點反而偏向穩定性、長期企業領導及固定收益。[67]

* 譯注：根據涓滴效應或「下滲經濟學」，若政府減免高收入階層的稅收或給予企業優惠，總體經濟將隨之改善，並進一步提升較低收入階層的處境。

德國基金必須獨立於政黨政治影響及預算議題之外。為了解釋這項原則，我們需要在這裡舉個具體例子，並且著眼於高所得以及資產：資產以及所得超過一億歐元者，每年必須繳納〇．五％作為德國基金[68]。超過十億者為一％；超過一百億者則是二％。這其中必須謹守的原則，在於它總是合理適用於特定人士而已。不可能且不准要求大多數財產所有人把資產充公。

相反的，所有社會都熱中於確保企業家可以創造巨大財富並且終身持有。現在，我們就將德國基金套入BMW的情境為例；某個社民黨重要人物，於二〇一九年夏天要求徵收其家族財產充公。以二〇一九年來看，寶馬總共大約有六．五八億股在流通[69]，而其中四十六．八％由蘇珊娜．克拉滕和史蒂凡．匡特（Stefan Quandt）這對姊弟所有；為了方便計算，那相當於三億股。二〇一五年的股利總額約為二十一億歐元，二〇一六年為二十三億，二〇一七年則超過二十六億，到了二〇一八年又再度回到二十三億上下。這段期間，這對姊弟，亦即股份主要持有人，每年皆佔有四十六．八％，也就是十億歐元左右或高一點。

簡單起見，我們假設稅率為五十％，所以五億歸為國有，五億屬於這對姊弟。假如基金稅為一個百分比的話，那麼，二〇一五年時就會有三百萬股成為德國基金。接著，假設德國共有八千三百萬名公民，那每個人便擁有八千三百萬分之一的基金。回到剛才所說，二〇一五年有三百萬股流入基金；在相同條件下，二〇一六年會又另外二百九十七萬股流入（以作為剩餘的二百九十七萬的基金稅），加上去年的三百萬股（已課稅）的股利；到了二〇一七年，另外會有九百二十四股會流入，外加五百九十七萬股（已課稅）的股利。

如果繼續把這個算法套用到二〇一八年和二〇一九年，其原則應該就很清楚了。在這幾年內，國家基金從上述部分所有權中獲得公司股份和股利。這時有一點很重要，那就是國家本身不應該以操股的姿態干預。因此，對於國家的股份出售，必須設定上限。在我們的例子裡，到了二〇三〇年時，國家就可以持有該公司六．五％的股票。至於那對繼承公司的姊弟，則依然持有四十％以上的財富。若依照我們的模式，他們屆時的收益會超過一百二十億歐元[70]，而國家基金也將獲得大約八．八億歐元的股利。

國家基金中的六．五％的股權，大約相當於世界最大資產管理公司貝萊德在許多德國公司裡所握有的總股數。假如我們現在要為此設下彈性限制，好比說，國家一般而言不應該持有單一公司一成以上的股份，而且必須把股份賣回市場，那麼，任何形式的企業都會持續受到保障。此外，我們應該考量是否必須賦予人民或家庭優先認股的權利，好讓所有人民都能得到公司股份。同樣的，那對姊弟也可以使用其股利在市場上購入公司股份，因為在國家基金之外仍有超過九十％的股份在流通。

如此一來，企業家身分及大眾利益便能維持長遠平衡。股利會被用在政府收入，而且要特別提撥出來作為商業發展以及研究之專款。重要的是必須保持企業自我驅動力，並向全民提倡資產分配的一般文化。領取育兒津貼（Kindergeld）及國家年金補助的人，也不必擔心他們在德國基金當中的配股及其股息。

這個模式有意識地牴觸了「類似充工的最高稅率」。[71]首先，沒有人或任何社會應該要求別人拿出其所得一半以上的金額。不論再怎麼有錢，若稅務負擔的總值超過總收入的一半，那幾乎就和最有錢的人逃稅一樣的不道德。就收入而言，每個人都應有權握有他們所賺得之總量的至少一半。

這個原則應該公平地適用於終身收入及遺產稅。

當獲利一歐元時，沒有人應該被要求繳出超過〇．五歐元，也沒有人必須把他們繼承而致富的財產的一半以上交給社會及國家。第二，每個努力追求且創造財富的人固然都必須分享，卻不會感到被人剝奪。第三，「國家」不應獨佔共有資源，社會裡的所有成員都必須得到他們應得的配額；針對這點，基金同樣是個可行的解法。

由上述舉例可見，適當分配所得以及財富等問題，只能以政治方式回答，而且所有人都必須依照其能力和野心得到應有的財產。社會和政治歷程主要旨在維持開放性及公平性，而這也意味著，為了恢復市場效率，必須先進行市場干預。

歷史上，資本主義被證明是爭取最佳表現的有組織的競爭機制，但是競爭務必保持公平，而公平是資本主義創造生產力的先決條件。市場經濟這種經濟「秩序」並不是大家都可以取得的；相反的，它是經過不斷驗證才得出的促進景氣的工具。不過，關鍵在於使大眾皆能「透過市場」分享景氣的那股內部平衡，而人們必須一再借助政治手段來達到並發揮其效果。[72]

我們回到亞比該．迪士尼的開場宣言：問題不在於資本主義，而是對於其影響的無知，它會從內部摧毀資本主義。這種威脅來自兩種面向：一方面，我們可能會把那扼殺自由競爭力的半壟斷市場誤解為自由市場經濟，而不是讓市場恢復功能；另一方面，薪資和財富機會的差距以駭人的方式加劇，不公平地使得收入和人生展望和功績社會的基本競爭理念脫鉤（新自由主義的世界觀其實也支持這種理念）。

我們人類會有道德期待，認為我們的生存權利會受到他人尊重，而且我們的生存會透過團結共同體得到保障，這都是合情合理的，因為我們全都受惠於這種秩序。在民主國家裡，這是政治參與的自然結果，是啟蒙運動的長期影響，也是普世人權的認知。我們必須體會它、塑造它，並捍衛它。如此一來，我們就可以體認到我們自身的自由的歷史，並且同時具備改革的能力，俾使所有參與建立繁榮景氣的人都能以公平和協調的方式獲利。這不是透過社會計畫或慈善事業在運作的，換句話說，並不是藉由國家、行政及公務人員把人們轉變為被動接收者或客體，而是通過企業參與，讓每個人在各個領域裡都能意識到其責任。

注釋

注1　引自：Stein, »Everybody's Business«。

注2　Disney, »A Better Way of Doing Business«。

注3　»Naked indecency« im Original：另見：Lindner, »Der Disney-Retter«。

注4　近幾十年來，身為職業醫師兼醫務官的瑞典醫生漢斯・羅斯林（Hans Rosling, 1948-2017）透過著書與TED演講，讓人們注意到，多數歐洲人及北美人在看待世界其他地方——尤其是早期所說的發展中國家——的社會、醫療、經濟及社會環境等條件時，具有嚴重偏差認知。讀者可以利用羅斯林的書《真確》（*Factfulness*）裡提供的問卷自行檢測，結果應該會很令人感到驚訝。安娜・羅斯林・羅朗德（Anna Rosling Rönnlund）與奧拉・羅斯林（Ola Rosling）持續推動這項工作，包含「美元街」

（Dollar Street）計畫，其中，她們也向世人說明，來自其他文化背景的人事實上並沒有像他們看起來的那麼陌生、那麼有距離感。該網站列出來自五十個國家的二百六十四個家庭為例，並根據這些家庭的收入將之進行分類，共約有三萬張照片記錄他們的生活；從這些資料可以看出，不論這些人住在哪裡，在世界上各大洲裡，各個收入相當的階級所擁有的資源非常相似、生活方式也非常相似。（網站：24。）

注5　Smith, *Wohlstand der Nationen*。斯密和休姆（David Hume）、富蘭克林（Benjamin Franklin）以及柏克（Edmund Burke）立場相近。

注6　Smith, *Wohlstand der Nationen*, Erstes Buch, Zweites Kapitel, S. 16-19, Zit. S. 19。

注7　Crutzen, »The ›Anthropocene‹«, S. 13。

注8　健康保險領域中的差異最為顯著，舉例來說，諾貝爾獎得主安格斯・迪頓（Angus Deaton）最近也反省到新型冠狀病毒全球疫情的影響，他總結道：「自由市場並不保障健康照護。這是大家早就知道的事，但美國是唯一一個對這個事實視而不見的繁榮國家。」以上是刊登於二〇二〇年四月七日《時代週報》上的訪談。

注9　這當然也是國家社會主義德國工人黨於一九三三年後執行的擴張政策當中的算計，但該政策在根本上的動機屬於更為廣泛的意識形態，不同於帝國獨裁應有的直覺反應，所以我們在這裡就不一併討論了。

注10　關於南部及北部各州的比較及其稅率與換算之概述可見：Saez/Zucman, *Triumph*, S. 54-56。繳納所得稅的狀況必須被公開，如此一來，所有美國人才可以查閱哪些人繳了多少稅。《紐約時報》出版過一篇概論：Huret, *American Tax Resisters*, S. 25。

注11　這本書討論到貴族於這段時期裡在政治、經濟與社會上的歷史轉變；直到今天，這本書依然是一本令

人印象深刻的典範之作。

注12 Cannadine, *Decline and Fall of British Aristocracy*。

注13 Saez/Zucman, *Triumph*, S. 57-58。包含一八九三年至一八九六年期間的當代著作等相關參考文獻。

注14 Bartels, »Einkommensverteilung«, S. 51, Anm. 2。

注15 Bartels, »Einkommensverteilung«, S. 53。

注16 亨利希與湯瑪斯・曼兄弟便是經典案例，他們在第一次世界大戰結束後從父親的遺產中獲利。亨利希・曼曾在他的回憶錄中簡要提及此事：「在錢的方面，我們的父親經常只留給我們最低限度的量。我收到的遺產正好等同於德國的通貨膨脹率。我再也不需要它了。」Mann, *Zeitalter*, S. 196。

注17 Bartels, »Einkommensverteilung«, S. 54。

注18 一九三九年以降戰爭年間的資料無從取得。Bartels, »Einkommensverteilung«, S. 54。

注19 Bartels, »Einkommensverteilung«, S. 54；Ferguson/Voth, »Betting on Hitler: the value of political connections in Nazi Germany«, S. 101-137。

注20 Kilian, *Krieg auf Kosten anderer*, S. 443。

注21 Bartels, »Einkommensverteilung«, S. 57。

注22 所以「當時在美國、英國與法國」，這個比例超出該階層在總人口中所佔的比例：Bartels, »Einkommensverteilung«, S. 55。另見：Eichengreen/Ritschl, »Understanding West-German eco- nomic growth in the 1950s«, S. 191-219。

注23 以下數值單位為十億歐元：四九・六九（一九五〇年）、一〇一・五八（一九五六年）、一五四・七七（一九六〇年）、三〇五・二二（一九六九年）。（網站：25）一九五九年以前的資料來自薩爾蘭及西柏林以外的前聯邦領土，一九六〇年至一九六九年的資料來自前聯邦領土。

注24 關於艾瑞克・霍布斯邦（Eric Hobsbawm）的「黃金年代」概念之簡述可見：Angster, *Die Bundesrepublik Deutschland*, S. 13-18, hier S. 13-14。

注25 Angster, *Die Bundesrepublik Deutschland*, S. 14。

注26 德國聯邦勞動及社會事務部每年都會發表一份國內社會支出概況，即所謂的社會預算；資料便出自此處。最新版本為二〇一八年概況，於二〇一九年六月發行。（網站：26）

注27 國內生產總值大約為一千五百四十八億歐元。網站：26，S. 8。

注28 另見：網站：26，S. 8。

注29 在這裡，我們必須跳過「赤字開支」、「全球管理」或貨幣主義原則等內部經濟問題的複雜討論，以及凱因斯究竟是否該被視為國家財政控制角色、尤其還有國家債務成長等問題的代罪羔羊。

注30 我們在這裡只能快速列出英國內部衝突傳統的各式原因：階級社會、激進的公會、承載過多殖民野心遺毒的外交政策、以「非此即彼」解法與絕對多數為基礎的議會及政府作風等。

注31 「在當前的危機之中，政府不能解決問題，政府本身就是問題。我們不時會忍不住去相信社會已經變得過於複雜、無法以自治方式管理，還有相信由菁英群體所組成的政府比『民有、民治、民享』的政府更為優越。是說，假如我們當中沒有任何人有能力治理自己，那麼我們當中還有誰有能力去治理別人呢？不論是政府裡或外，我們所有人都必須承受這項負擔。我們尋求的解法必須是公平公正的，沒有任何群體該被單獨挑出來支付較高的代價。」（網站：27）

注32 經編輯的形式發布於一九八七年十月三十一日。柴契爾夫人於一九八八年七月十日在《星期日泰晤士報》（*The Sunday Times*）上發表一篇補充解釋。

注33 如果要解釋的話，讀者可以參考英國政治的典型衝突情境：執政黨經常握有大量的絕對多數（支持柴契爾夫人的國會議員超過一百位）。她在一九七〇年代踏上對抗國有化的道路，並面臨到其所帶來的

災難性後果。

注34 在該訪談中，她引用了許多生動案例，希望針對負責任的個人行為多做說明，並解釋建立個人責任的正當性。但至少她不敢質疑國民保健署（National Health Service）；國民保健署的存在至少代表，社會並沒有把生病一事視為大家應該自行負責的純粹私人風險。（相較之下，大多數美國人至今仍認為——至少這是他們自己所做的選擇——每個人在生病時必須自行負擔相關開銷。）順帶一提，柴契爾夫人對德國的印象主要仍來自她在戰爭結束以前的經驗，由她對於一九八九、一九九〇年兩德統一這個選項的反應便可看出一二。

注35 「我們希望私人財產的散布能夠變得更加廣泛，這並不只是因為我們想要把物質利益散布給更多人，也是因為我們相信，當你擁有私人財產時，你會有更多責任感，因為你必須為之負責。」

注36 強生（Alan Johnson）的許多著作都生動描繪到英國工人階級在一九四五年後遇到的悲慘情形，以及一九五〇年代至一九七〇年代期間社會住宅所帶來的庇蔭：*This Boy* (2013)；*Please, Mr Postman* (2014)

注37 自一九六七年便開始進行的英國住宅調查（English Housing Survey; EHS），根據二〇一六／一七年的報告，總計有六十三%的家庭擁有房產。

注38 被問及理由時，我們必須認知到，資格較低者會有這樣的處境幾乎不可能是因為單一理由，通常混有許多內部和外部因素：這些人本身可能比較沒有天賦或動機，或者可能沒有找到適合其能力的栽培背景，或甚至完全沒有機會受到任何培養；他可能個人沒有野心，或是沒有發展、維生的機會。我們應該避免以偏概全。

注39 這個例子很真實，即便與此同時也有人確實爬上不動產的「階梯」，不過，由於許多人退出這座階梯，二〇〇七年的屋主人數大致上跟十年前相同。

注40 這類排名主要是一種行銷，旨在提供概況給國際客戶看，讓他們知道自己的孩子將來拿到的學位——

必須付錢才能取得的學位——可以獲得哪種程度的認可，那也將為他們在全球求職市場裡的境遇帶來進一步的認可效果。那些可以在履歷寫上「牛津」、「劍橋」或「哈佛」的人，不論在這些地方裡接觸過哪些科學內容，幾乎都會被自動賦予經過認證、全球認可的價值。

注41 直到一九六〇年代以前，大學是個有明確階級分界的場所。根據政治人物強生的概述——（生於一九五〇年、後來加入工黨），他的「工人階級」背景是一種「常態」，也是階級結構日常的例子：Johnson, *This Boy*。強生在倫敦一棟遭拆毀的建築裡長大、十五歲離開學校、十八歲結婚、二十歲成為三個孩子的父親。他的母親四十出頭歲便過勞死；十五歲的他與大他三歲的姊姊相依為命，他總結道（強生於二〇一九年八月三日接受《衛報》訪談）：「每年只有一小部分的人去讀大學；我出生時只有百分之二，我離開學校時是百分之六。對上百萬名工人階級的孩童來說，去讀大學的想法就跟去冥王星待三年一樣真實。」

注42 誇張一點來說，我們可以把法蘭西斯·福山的術語「歷史之終結」套用到這個觀點裡，變成「計畫經濟全球模式之終結」。

注43 在一九六一年四月的私有化發展中，福斯汽車所得到的效果與之相反。福斯汽車的公司職員都被分配到一股，發行價為三百五十德國馬克，而且能夠以優惠價格另外購買九股。其股價在幾天內就雙倍成長。如果以優惠利率購入，待股價翻倍時賣出，可能獲利大概會等同於福斯金龜車的價格，大約為三千八百德國馬克。

注44 自一九九〇年至二〇二〇年間的確切數字，見：Deutsches Aktieninstitut (Hg.), *Aktionärszahlen*。

注45 這種「驚人消費」的鉅額也流入足球俱樂部、遊艇和滑雪度假村中。最有名的例子可能是羅曼·阿布拉莫維奇（Roman Abramowitsch），他於二〇〇三年以大約一·六五億歐元的價格收購切爾西足球俱樂部（FC Chelsea），而且根據可靠估計，他額外又花了二十億歐元在俱樂部上。這些錢是從前蘇聯的

石油、鎳及鋼材公司賺來的。

注46 一九八四年，石油生產直接為英國國內生產毛額帶來一百六十五億英鎊，佔比超過五%。

注47 一九八二年，投入北海的投資佔了英國產業總投資量的四分之一！二〇一二年，石油收益的比例增加到國內生產毛額的二十七%！

注48 我們只能在這邊點出其他歐洲國家使用這份饋禮的方式：相較於英國，挪威盡量避免馬上把石油收益用掉，而是建立投資基金來收集、投資這些收益，並確保未來世代能持續獲利。

注49 如果讀者覺得他們跟一八七一年以後——尤其是一八九〇年以後——德意志帝國興起和自我認知等歷史能夠互相比擬，那絕對正確無誤。即使是在不同時空背景下，兩者的出現、抱負、認知，以及兩邊的討論，都高度相似。

注50 這主要是在醫療照護與預期壽命等方面的巨幅進步，除此之外也跟所有生命相關領域的普遍正向發展有關；詳見羅斯林的《真確》。

注51 幾乎所有資料都供大眾免費查詢，其中很多資料都已整理在相關出版裡。在世界銀行（其內容與資料提供絕佳的整體概況及國別比較）（網站：28）、國際貨幣基金組織（可以在這裡找到所有想得到的資訊及精確詳情）（網站：29）、歐盟委員會（網站：30）、經濟合作暨發展組織（網站：31）、美國商業部經濟分析局（網站：32）以及德國聯邦統計局的網站上（網站：33），都有完整的經濟（及其他）參數可量測性及測試等來源資訊。（網站：34，35）

注52 見：網站：36。

注53 見：網站：36。

注54 自一九六〇年代至今仍不斷更新的數據可見：網站：28。

注55 當這兩個現象一發生時，就馬上出現各種詭詐分析。中國策略的例子可見：。二〇一三年「九號文

件」的相關討論可見下一則附註。與此同時，在俄羅斯行之有年的網路宣傳手段試圖摧毀西方民主國家與自由社會中的信任；現在這些行徑皆交由歐洲對外行動署（Europäischer Auswärtiger Dienst; EAD）嚴加分析；與新型冠狀病毒危機相關的例子：Gutschker, »Händewaschen nutzt nichts«。進一步的科學分析背景可見：Kreißel/Ebner/Urban/ Guhl, *Hass auf Knopfdruck*; Howard/Ganesh/Liotsiou/Kelly/François, *The IRA, Social Media and Political Polarization*; Institute for Strategic Dialogue, *The Battle for Bavaria*。

注56　二〇一三年九月，這份文件首度刊登在美國發行的中文雜誌《明鏡月刊》（*Mingjing Magazine*）裡，之後隨即被翻譯成英文：Communiqué on the Current State of the Ideological Sphere: A Notice from the Central Committee of the Communist Party of China's General Office。（網站：37）近期中國「學者」觀點的典範例子可見：Zhao Tingyang: *Alles unter dem Himmel*。比較：獨裁策略整體概述等其他例子：Hamilton/Ohlberg: *Die lautlose Eroberung*。

注57　「零工時契約」的意思是，員工依工作需求受聘，也只依照真正使用的工作時數來計算時薪。這代表員工必須隨時待命，但是工時卻以零作計算，整個過程中他們也沒有賺到任何薪水。員工必須具備完全彈性、承擔完全風險，而且（如果還有疑惑的話，沒錯）他們沒有收入。這類案例在盎格魯薩克遜國家裡尤其常見，是新自由主義重組後的結果。知名的例子是企業家麥克·阿什利（Mike Ashley）的英國體育用品公司時跑特（Sports Direct）；我們可以從中看到這種商業模式的組織、影響及其結果。

注58　一九八〇年代市場經濟中的動能強調了西方秩序模式及其經濟組織的優越性。一九九〇年代以降全球資本主義的大解放不只促進整體景氣，現在也面臨其內部自我檢視不足所帶來的後果。

注59　我們沒有討論到民粹政治的效力與後續結果等問題——那在本質上就是重返保護主義，以保護國內簡單工作條件，但沒有被說破的後果是，整體國內消費者必須透過價格提升及消費者權力範圍縮減等方

式來支付更高的價格。

注60 Deaton/Case, *Deaths of Despair and the Future of Capitalism*; Chetty/Friedman/Saez/Turner/Yagan, *Income Segregation*。關於背景，見：Deaton, *Der große Ausbruch*。

注61 Bartels, »Einkommensverteilung«, S. 58; Abbildung auf S. 56。

注62 另外還有根據湯瑪斯．皮凱提（Thomas Piketty）、伊曼紐爾．賽斯（Emmanuel Saez）與加伯列．祖克曼（Gabriel Zucman）發表於《紐約時報》的資料所做成的精彩動畫。（網站：38）

注63 在二〇〇九年、爆發金融危機的那一年裡，甚至達到三十．六%。（網站：8）

注64 我們在這裡可以不討論新型冠狀病毒危機所造成的巨大開銷，這個特殊狀況甚至嚴重到該國整體預算提高的程度，卻沒有改變這個不斷擴張的福利國家的基本分配效果等問題。新型冠狀病毒疫情為經濟造成的影響，使這個問題變得更加嚴重。我們可以假設，相較於後面五十%收入最低的人口，包括許多服務性質的工作者及自雇者，前面十%收入最高的人口將具備更好的韌性、度過這次危機及其後續發展。

注65 如下方解說，這種規則（執行長支薪比率的水平）可以直接連結到投票權。

注66 最近伊曼紐爾．賽斯和加伯列．祖克曼才剛好提出美國的例子，以實證方式說明不平等的狀況在二十世紀裡加劇、惡化的程度有多麼嚴重。

注67 股息流入基金，所有家庭也都會分配到股息。兩者都希望能確保這筆基金不會超載。舉波克夏．海瑟威（Berkshire Hathaway）為例來解釋這個原則也很適合，但它是以自己的利潤目標組織而成的公司，無法直接比較。不過原則是一樣的，亦即持續參與數十年以取得穩定收益，並支持獨立管理公司。

注68 獨立於這些考量之外，伊曼紐爾．賽斯和加伯列．祖克曼（*Triumph*, S. 194-198）也建議納稅人放棄公司的部分收益來支付費用。曾短暫成為美國總統候選人的參議員伊莉莎白．華倫（Elizabeth Warren）

建議，資產超過五千萬歐元者應繳出二%，而資產超過十億歐元者應繳出三%。

注69　確切數字是六億五千八百八十六萬二千。其中約包含六・〇二億普通股以及五千六百萬優先股。

注70　我們把二〇一五年最低股息帶到二〇一九年，亦即：自二〇二〇年至二〇三〇年期間，每天都有二・五〇歐元。

注71　即使此模式宣稱要減輕所得分配的不平等狀況，沒收充公的想法帶有意識形態上的公理。確實，減少所得分配不平等應該是個很關鍵的政治目標，但同時，人們應該在維持景氣持續發展的情況下來觀察那些規則。

注72　這代表勞工透過實質公司投資（例如股息）來參與生產資本的行為，而此行為將帶來景氣繁榮及經濟教育等效果。

第九章

面對當下的十堂課

一、遺忘歷史會蒙蔽你的雙眼。

身為自由而自決的人，我們依賴於歷史的知識，它提供我們豐富的教訓和經驗。當我們回顧祖先（看看自己的家族吧！）的生活條件、醫療照護，以及他們在政治和社會裡的話語權，就可以清楚發現：從以前到現在，生活中裡所有領域都在大步向前進。我們今天所有的機會，對一百年、甚至是兩百年以前大部分的人來說，都是無從想像的。這一切——包括平權和法治國家制度、政治參與和民主式的權力分配、教育以及社會階級提升的開放機會——都是奮力爭取得到的結果。假如我們不知道這些自由是如何得來的，我們就無法看清它們現在正受到多麼嚴重的威脅。

二、只有當我們認識政治行為背後隱含的人性觀，才能夠理解它們。

所有宗教、意識形態以及旨在取得權力統治他人的政治綱領和意圖，都有特定的人性觀作為基礎。從歷史上的例子和經驗來看，我們可以得知這些人性觀會演變成哪種形式的社會，也能了解到它們對於我們的自由、自決和話語權而言意義為何，我們也可以以前例為鑑，決定是否要依據那些人性觀生活。

三、我們必須對抗非理性。

人類有能力理性地思考並且付諸行動，但是與此同時，本能和感覺也會一再阻撓這個能力。我們必須一直謹記人類擁有的這個基本配備，絕對不能向非理性投降。並沒有什麼匿名的世界領導者的陰謀，也沒有任何歷史規律強迫人們做什麼事。長期來看的話，在軟世界裡（政治、經濟與社會），理性思考和行為正如同硬世界裡的科學及科技一樣，扮演著至高無上的角色。蔑視理性的人會由於他們的無知而萬劫不復。

四、不平等會摧毀繁榮的基礎。

在所有經濟體制中，都必須做出一些決策，都有商品必須通有運無，也都必須把人們及其工作加以組織。以上都需要一些機制以取得無數相互衝突的目標、欲望及關注焦點之間的平衡；而對於這種補償，市場被證實是可以提供最公平的機會的場所。我們必須確保市場的功能正常運作。關於自由社會以及威權社會之間的全球體制競爭，經濟分享和財富公平分配，是其中的決定性因素。假如政治安定、經濟分享和個人自由這三者之間不幸失衡，便會為開放社會招致毀滅性的威脅。

五、任何質疑政教分離的人，都是在破壞自由秩序。

宗教在人類精神上扮演重要角色，它們能夠創造共同體感覺，並且為許多困頓的人帶來安慰。不過，如果要把宗教當作政治行為的基礎，那可以說是極不適當的舉動——政教分離是人們在歷史裡的重大成就，對於國家和宗教來說，都只有利而無害。面對擁有不同信仰或是不想要有信仰的人，如果有人試圖要他們背棄原本的信念，把自己的信仰準則強加在他們身上，都屬於暴力行為。

六、進步會不斷向前走，對我們是好是壞，都取決於我們自己。

人類的好奇心是不可抑制的力量，驅動著科學與科技的發展。不論是在化學、物理、電子、電腦科學或人工智慧等領域中，新知識向來是建立在既存的基礎之上。我們無法逃脫這種歷程，反而必須有意識且理性地引導它的發展方向。在開放社會裡，我們可以權衡不同機會和危機，以決定採用哪些潛能。

七、我們必須捍衛代議民主制的原則，對抗民粹主義者以及自稱的救世主。

政治決策的民主參與，是每個人與生俱來的權利，它旨在為自己的計畫以及想法贏得多數人的支持。但是那不等於可以剝奪少數人參與決策的權利。如果有人基於假設的或實際上的多數，而漠視少數人的權利，那便破壞了民主制度裡最重要的原則，即：不斷在各方利益之間妥協和尋求折衷方案。這也就是為什麼全民公投完全不算是民主的手段；全民公投確實會得出明確的事態，卻只能捕捉到暫時的樣貌。妥協並不是民主的弱點，反而能夠確保民主的持存。

八、人權和文化或歷史的條件無關。

如果有人宣稱，人權只是一種文化發明，是不適用於其他文化的西方結構，那麼，他們其實不是如其宣稱的在保護其文化特殊性，而只是否決了在其文化裡的人類本質。普世人權是所有個人與生俱來的，文化多樣性可以在其框架當中加以發展。假如宗教或意識形態拒絕承認人類自由和普世人權的話，它們就是在宣揚暴力行為。人人皆有權捍衛自己、抵抗這種暴力。

九、世界不會自動成為和平而和諧的地方，但是我們擁有接近這個目標的力量、知識和機會。

幾千年來，這個世界一直充斥著戰爭和衝突，人們為了權力、領土、資源而戰。一直到一九四五年以前，歐洲歷史依然充滿各種血腥戰爭和暴力衝擊。但是隨後，民族國家出現，把人們的利益轉向和平競爭和整體繁榮。這並不是巧合，而是在反省兩次世界大戰的歷史與經驗之後得出的結果。我們都知道兩次世界大戰的起因：教條式的意識形態，以及威權的真理主張；而其中衍生出來的危機完全無法避免。我們必須時時準備抵抗任何形式的威權威脅，包括軍事、經濟和思想，以捍衛我們的開放社會及其原則，如此一來，我們才不用再度經歷下一波的暴力。

十、我們把自身享有的自由秩序視為理所當然——可是它現在正面臨威脅。

我們不能一直漠視自由社會現在面臨的威脅。我們必須投身於開放討論、法治國家制度以及遵守規則的競爭。以下是我們大家都被要求做到的事：運用理性思考的能力、相信自己的看法，不要相信任何災難預言或末日詛咒！

你要投身其中。打開耳朵傾聽。認真看待歷史經驗！假如我們忘記現在享有的自由的基礎是什麼，它是如何由前人奮力爭取而來的，那麼我們就會有失去它們的風險。讓我們一起努力維持這些自由吧！

致謝

歷史學家經常樂觀地以為別人也會對歷史感興趣。我在英國的大學任教時，在我任教的系所裡，學生研究的科目組合非常多樣。在那十年裡，我有機會討論歐洲及全球歷史、政治、經濟與社會的基本議題。在德國，如果在背景不同的觀眾面前講課——從銀行高階主管、巴伐利亞邦警員到地區行政長官——要把歷史原則解釋清楚，會是一項挑戰。二〇一九年夏季學期，我在慕尼黑大學的課堂上，讓學生有機會深度探討一些歷史相關主題。而這本書基本上就是以那門課的教學內容為基礎，加上我跟許多對於我們和歷史的關係有興趣的人之間的討論。

因此透過本書，讀者可以了解主要的歷史支線，並且同時認識到提倡理性人性、追求公平且人性社會的人的自覺。這是寫給所有人的書，包含那些依賴可以驗證的事實的人、厭惡別人的謊言及愚弄他人言語的人，以及相信自己的認知、並且認為別人也一樣的人。我們很幸運能住在這個國家裡。在這裡，真相、理性、正義感及道德標準持續引導著政治和公共生活的規則。基於我們全體的利益，我們務必努力確保這一切繼續維持原樣。因此，本書也指出，歷史是民主科學（Demokratiewissenschaft），而我們所有人都正面臨挑戰。

感謝席德勒出版社（Siedler Verlag），尤其是托馬斯·拉特努（Thomas Rathnow）與延斯·德寧（Jens Dehning），認同這個主題實屬當務之急且令人信服，使這本書得以誕生。托馬斯·卡爾勞夫（Thomas Karlauf）在釐清確切篇幅上提供關鍵性的幫助，而且一如往常地，他是我重要的討論夥伴。極富耐心、細心及鑑賞力的貝恩德・克羅肯納爾（Bernd Klöckener）總是能精確控管筆者時常「一次寫太多」的毛病。延斯・德寧對這本書的結構具有清晰的概念，讓人十分欽佩。

雖然我都在家裡寫稿，但當代歷史學系系上同事給我的各種支持至關重要，讓我能夠討論、整理龐大的資料與主題、嘗試各式主題——總的來說，帶給我發人深省的學識交流。感謝所有曾與我進行討論的人，他們擁有多元知識、接受我時而帶有挑戰意味的討論，並協助我對這些主題有更深入的了解。

尤其感謝佩托拉・班堡（Petra Bamberg）與安格拉・穆勒（Angela Müller），她們總能產出令人驚嘆的完美行文，並且一同討論本書的其他主題。我也想感謝佩托拉・班堡細心地幫我一同整理參考書目，並感謝安格拉・穆勒在重複執行必要後續研究、校對引用原文上，提供極度可靠的幫助，尤其在最後階段。非常感謝安妮・克莉絲汀・胡伯納（Anne-Kristin Hübner）在十九世紀至今女性法律地位的概述上，給予莫大協助，也非常感謝撒母耳・鮑爾（Samuel Bauer）於十九世紀戰爭與衝突的研究上，提供重要支援。

當我必須寫作時，我的家人總是對我無盡包容，知道這本書總有一天會完成。這本書所觸及的幾乎所有主題都還有許多其他發人深省的異議與討論，它們都讓我很是感激，並總能為我的反思帶來挑戰。假如我的論述還算合乎邏輯、能夠理解的話，也要感謝那些不同的爭議。

馬格努斯・布萊希特肯

二〇二〇年七月

參考書目

Anderson, Benedict: *Imagined Communities: Reflections on the Origin and Spread of Nationalism*, London/New York 2006 [EA 1983]; deutsche Ausgabe: *Die Erfindung der Nation. Zur Karriere eines folgenreichen Konzepts*, Frankfurt a. M. 2005 [EA 1988].

Angster, Julia: *Die Bundesrepublik Deutschland*. 1963-1982, Darmstadt 2012. [Anon.]: »Germany« (*The Times*, 6. März 1848).

Aristoteles: *Politik,* übers. u. mit erkl. Anm. vers. von Eugen Rolfes, mit e. Einl. von Günther Bien, 4. Aufl., Hamburg 1981.

Atkinson, Anthony B.: *Ungleichheit. Was wir dagegen tun können*, Stuttgart 2016 [Orig.: *Inequality. What can be done?*, Cambridge, 2015].

[Augstein, Rudolf; unter dem Pseudonym:] Jens Daniel: *Deutschland - Ein Rheinbund?*, Darmstadt 1953.

Bach, Stefan, Martin Beznoska und Viktor Steiner: »Wer trägt die Steuerlast in Deutschland? Verteilungswirkungen des deutschen Steuer- und Transfer systems«, in: *DIW Berlin - Politikberatung kompakt* 114 (2016), S. 66-67.

Bartels, Charlotte: »Einkommensverteilung in Deutschland von 1871 bis 2013: Erneut steigende Polarisierung seit der Wiedervereinigung«, in: *DIW Wochenbericht* 3/2018 (16. Januar 2018), S. 51-58.

Bayly, Christopher Alan: *Remaking the Modern World 1900-2015, Global connections and comparisons,*

London 2019.

Beales, Derek: »The Electorate before and after 1832: the Right to Vote, and the Opportunity«, in: *Parliamentary History* 11 (1992), pt. 1, S. 139-150.

Beauvoir, Simone de: *Das andere Geschlecht. Sitte und Sexus der Frau*, Hamburg 1956.

Becker, Frank und Elke Reinhardt-Becker (Hg.): *Mythos USA. »Amerikanisierung« in Deutschland seit 1900*, Frankfurt a. M. 2006.

Bergner, Heinz: »Frauen-Enquete« (*Die Zeit*, 18. Dezember 1964).

Bessières, Yves und Patricia Niedzwieck: *Die Frauen in der Französischen Revolution. Bibliographie*, Brüssel 1991 (Kommission der Europäischen Gemeinschaften, Generaldirektion Audiovisuelle Medien, Information, Kommunikation, Kultur, Fraueninformation Nr. 33).

Beßlich, Barbara: *Wege in den »Kulturkrieg«. Zivilisationskritik in Deutschland 1890-1914*, Darmstadt 2000.

Beule, Peter: *Auf dem Weg zur neoliberalen Wende? Die Marktdiskurse der deutschen Christdemokratie und der britischen Konservativen in den 1970er- Jahren*, Düsseldorf 2019.

Bierling, Stephan: *Die Außenpolitik der Bundesrepublik Deutschland. Normen, Akteure, Entscheidungen*, München 1999.

Blackburn, Robert: *The Electoral System in Britain*, London 1995. Blanc, Olivier: *Olympe de Gouges*, Wien 1989.

Böckenförde, Ernst-Wolfgang: »Die Entstehung des Staates als Vorgang der Säkularisation«, in: *Säkularisation und Utopie. Ebracher Studien, Ernst Forsthoff zum 65. Geburtstag*, Stuttgart/Berlin/Köln/Mainz 1967, S. 75-94.

Böckenförde, Ernst-Wolfgang: *Kirche und christlicher Glaube in den Herausforderungen der Zeit. Beiträge zur politisch-theologischen Verfassungsgeschichte 1957-2002*. 2., erw. Aufl., Berlin 2007.

Böckenförde, Ernst-Wolfgang und Dieter Gosewinkel: *Wissenschaft, Politik, Verfassungsgericht. Aufsätze von Ernst-Wolfgang Böckenförde. Biographisches Interview von Dieter Gosewinkel*, Frankfurt a. M. 2011.

Böge, Friederike, Michaela Wiegel, Matthias Wyssuwa: »Wie China die europäischen Demokratien verhöhnt« (*Frankfurter Allgemeine Zeitung*, 1. April 2020).

Bonnett, Alastair: *The Idea of the West. Culture, Politics and History*, Basingstoke 2004.

Bräker, Ulrich: *Lebensgeschichte und natürliche Abenteuer des armen Mannes im Tockenburg*, hrsg. von Claudia Holliger-Wiesmann und Andreas Bürgi (*Sämtliche Schriften*, Bd. 4), München 2000.

Brandes, Helga: [Artikel] »Frau«, in: *Lexikon der Aufklärung. Deutschland und Europa*, hrsg. von Werner Schneiders, München 2001 [durchges. TB der Erstausgabe 1995], S. 126-129.

Brechtken, Magnus: *Albert Speer. Eine deutsche Karriere*, München 2017. Brechtken, Magnus: »Leaving the forest: ›Hermann the German‹ as cultural representation from nationalism to post-modern consumerism«, in: Christina Lee und Nicola McLelland (Hg.): *Germania Remembered 1500-2009: Commemorating and Inventing a Germanic Pas*t, Tempe/Arizona 2012, S. 305-335.

Brechtken, Magnus: *Scharnierzeit 1895-1907. Persönlichkeitsnetze und internationale Politik in den deutsch-britisch-amerikanischen Beziehungen vor dem Ersten Weltkrieg*, Mainz 2006.

Bruendel, Steffen: *Volksgemeinschaft oder Volksstaat: Die Ideen von 1914 und die Neuordnung Deutschlands im Ersten Weltkrieg*, Berlin 2003.

Brühwiller, Tjerk: »Bolsonaros Pakt mit den Freikirchen« (*Frankfurter Allgemeine Zeitung*, 27. Dezember 2019).

Buhr, Manfred und Georg Klaus (Hg.): *Philosophisches Wörterbuch*, 13. Aufl. (ND der 12. durchges. Aufl.), Berlin 1985.

Bülow, Bernhard von: *Fürst Bülows Reden nebst urkundlichen Beiträgen zu seiner Politik*. Mit Erlaubnis des Reichskanzlers gesammelt und hrsg. von Johannes Penzler, I. Band 1897-1903, Berlin 1907.

Cannadine, David: T*he Decline and Fall of British Aristocracy*, revised paperback edition, London 1996 [EA 1990].

Chazan, Guy: »Record investment planned for North Sea« (Financial Times, 12 April 2013); http://www.ft.com/cms/s/0/be4f240a-a2bf-11e2-bd45-00144feabdc0.html#axzz2QLY4YcjB [13. April 2013]

Chetty, Raj, John N. Friedman, Emmanuel Saez, Nicholas Turner, Danny Yagan: *Income Segregation and Intergenerational Mobility Across Colleges in the United States* (Februar 2020).

Clausewitz, Carl von: *Vom Kriege. Hinterlassenes Werk des Generals Carl von Clausewitz*, Bonn 1980.

Condorcet, Jean-Antoine-Nicolas de Caritat: *Sur l'admission des femmes au droit de cité*, Paris 1790.

Cook, Chris, und John Stevenson: *British Historical Facts: 1760-1839*, London 1980.

Craig, Gordon: *Germany and the West. The Ambivalent Relationship*. German Historical Institute London: The 1982 Annual Lecture, London 1982.

Crutzen, Paul J.: »The ›Anthropocene‹«, in: Eckart Ehlers und Thomas Krafft (Hg.): *Earth System Science in the Anthropocene*, Berlin/Heidelberg 2006, S. 13-18.

Deaton, Angus: *Der große Ausbruch. Von Armut und Wohlstand der Nationen*, Stuttgart 2017 [Orig.: *The Great Escape. Health, Wealth, and the Origins of Inequality*, Princeton 2015].

Deaton, Angus: »›Ein freier Markt garantiert keine Gesundheitsversorgung‹«. Interview: Johanna Roth (*Die*

Zeit, 7. April 2020).

Deaton, Angus und Anna Case: *Deaths of Despair and the Future of Capitalism*, Princeton 2020.

Dehio, Ludwig: »Deutschland und die Epoche der Weltkriege«, in: Ders.,

Deutschland und die Weltpolitik im 20. Jahrhundert, München 1955, S. 11-35. Denzer, Horst: *Moralphilosophie und Naturrecht bei Samuel Pufendorf. Eine geistes- und wissenschaftsgeschichtliche Untersuchung zur Geburt des Naturrechts aus der Praktischen Philosophie*, München 1972.

Denzer, Horst: »Spätaristotelismus, Naturrecht und Reichsreform: Politische Ideen in Deutschland 1600-1750«, in: Iring Fetscher und Herfried Münkler (Hg.): *Pipers Handbuch der politischen Ideen*, Bd. 3 (Von den Konfessionskriegen bis zur Aufklärung), München/Zürich 1985, S. 233-273.

Der Parlamentarische Rat 1948-1949. Akten und Protokolle, Bd. 5/I (Ausschuß für Grundsatzfragen), hrsg. von Eberhard Pikert und Wolfram Werner, Boppard am Rhein 1993.

Deuber, Lea: »Chronik einer Vertuschung« (*Süddeutsche Zeitung*, 3. April 2020).

Deutscher Bundestag (Hg.): *Frau und Gesellschaft. Zwischenbericht der Enquete-Kommission*, Stuttgart 1977.

Deutsches Aktieninstitut (Hg.): *Aktionärszahlen des Deutschen Aktieninstituts 2019*, Frankfurt a. M. 2020.

Disney, Abigail: »A better way of doing business« (*Washington Post*, 24. April 2019).

Disney, Richard und Guannan Luo: *The Right to Buy Public Housing in Britain: A Welfare Analysis* (The Institute for Fiscal Studies (IFS) Working Paper W15/05), London 2014.

Dohm, Hedwig: *Der Frauen Natur und Recht. Zur Frauenfrage. Zwei Abhandlungen über Eigenschaften und Stimmrecht der Frauen*, Berlin 1876.

Dreier, Horst: *Staat ohne Gott: Religion in der säkularen Moderne*, München 2018.

Eichengreen, Barry und Albrecht Ritschl: »Understanding West-German economic growth in the 1950s«, in:; *Cliometrica 3* (2009), S. 191-219.

Einstein, Albert: Rede in der Royal Albert Hall (3. Oktober 1933); nach dem deutschen Original-Manuskript im Einstein-Archiv abgedruckt in: Albert Einstein: *Über den Frieden. Weltordnung oder Weltuntergang?*, hrsg. von Otto Nathan und Heinz Norden. Vorwort von Bertrand Russell, Bern 1975, S. 254-255.

Engelberg, Ernst: Bismarck, Bd. 1 (*Urpreuße und Reichsgründer*), Berlin 1985; Bd. 2 (*Das Reich in der Mitte Europas*), Berlin 1990.

Erasmus von Rotterdam: »Die Erziehung des christlichen Fürsten«, in: Ders., *Ausgewählte Schriften. Ausgabe in acht Bänden*. Lateinisch und Deutsch, hrsg. von Werner Welzig, Bd. 5, übers., eingel. u. mit Anm. vers. von Gertraud Christian, Darmstadt 1968, S. 113-357.

Etemad, Bouda: *Possessing the World*, New York 2007.

Euchner, Walter: *Die Staatsphilosophie des Thomas Hobbes*, Hagen 1987. Eulenburg, Philipp: *Mit dem Kaiser als Staatsmann und Freund auf Nordlandreisen*, Dresden 1931.

Falter, Jürgen W.: *Hitlers Wähler*, München 1991.

Fateh-Moghadam, Bijan: »Sakralisierung des Strafrechts? Zur Renaissance der Rechts- und Sozialphilosophie Émile Dürkheims«, in: Hermann-Josef Große Kracht (Hg.): *Der moderne Glaube an die Menschenwürde. Philosophie, Soziologie und Theologie im Gespräch mit Hans Joas*, Bielefeld 2014, S. 129-150.

Fenet, P. A.: *Recueil complet des travaux préparatoires du Code civil*, Paris 1836.

Ferguson, Thomas und Hans-Joachim Voth: »Betting on Hitler - The Value of Political Connections in Nazi Germany«, in: *The Quarterly Journal of Economics* 123/1 (2008), S. 101-137.

Fetscher, Iring: »Einleitung«, in: *Thomas Hobbes: Leviathan oder Stoff, Form und Gewalt eines kirchlichen und bürgerlichen Staates*, hrsg. u. eingel. von Iring Fetscher, übers. von Walter Euchner, 9. Aufl., Frankfurt a. M. 1999.

Fetscher, Iring und Herfried Münkler (Hg.): Pipers Handbuch der politischen Ideen, Bd. 3 (*Von den Konfessionskriegen bis zur Aufklärung*), München/ Zürich 1985.

Fogel, Robert William: *The Escape from Hunger and Premature Death, 1700-2100. Europe, America, and the Third World*, Cambridge 2004.

Frank, Roberta: »Siegfried and Arminius. Scenes from a Marriage«, in: Christina Lee und Nicola McLelland (Hg.): *Germania Remembered 1500-2009: Commemorating and Inventing a Germanic Past*, Tempe/Arizona 2012, S. 1-26.

Frevert, Ute: *Frauen-Geschichte. Zwischen Bürgerlicher Verbesserung und Neuer Weiblichkeit*, Frankfurt a. M. 1986.

Fukuyama, Francis: »The End of History?«, in: *The National Interest* 16 (Summer 1989), S. 1-18.

Gall, Lothar: *Bismarck. Der weiße Revolutionär*, Frankfurt a. M. 1980.

Gallman, Robert E.: »Trends in the Size Distribution of Wealth in the Nineteenth Century: Some Speculations«, in: Lee Soltow (Hg.), *Six Papers on the Size Distribution of Wealth and Income*, New York 1969, Sp. 1-30; https://www.nber.org/chapters/c4339.pdf [6. Juli 2020].

Garton Ash, Timothy: »Wie es eigentlich war. Ein Teilnehmer der Thatcher-Runde äußert sich« (*Frankfurter Allgemeine Zeitung*, 18. Juli 1990).

Gellner, Ernest: *Nationalism*, London 1998.

Geary, Patrick: *The Myth of Nations: The Medieval Origins of Europe*, Princeton 2002.

Gellner, Ernest: *Nations and Nationalism*, New York 1983.

Gerhard, Ute (Hg.): *Frauen in der Geschichte des Rechts. Von der Frühen Neuzeit bis zur Gegenwart*, München 1997.

Gerhard, Ute: *Frauenbewegung und Feminismus. Eine Geschichte seit 1789*, München 2018.

Gerhard, Ute: *Gleichheit ohne Angleichung. Frauen im Recht*, München 1990. Geulen, Christian: *Geschichte des Rassismus*, 3. durchges. Aufl., München 2017 [EA 2007].

Gierke, Otto von: »Krieg und Kultur. Rede am 18. September 1914«, in: Zentralstelle für Volkswohlfahrt und Verein für volkstümliche Kurse von Berliner Hochschullehrern (Hg.), *Deutsche Reden in schwerer Zeit*, Bd. 1, Berlin 1915, S. 75-101.

Grafton, Anthony: »Humanism and Political Theory«, in: James H. Burns (Hg.), *The Cambridge History of Political Thought 1450-1700*, Cambridge (u. a.) 1991, S. 9-29.

Grazia, Victoria de: *Irresistible Empire. America's Advance through Twentieth-Century Europe*, Cambridge 2005.

Grieger, Friedrich: *Wie Breslau fiel*, Metzingen 1948.

Gutschker, Thomas: »›Händewaschen nutzt nichts‹. Desinformation aus Russ-land« (*Frankfurter Allgemeine Zeitung*, 3. April 2020); https://www.faz.net/ -gq5-9y5wd [3. April 2020].

Haas, Stefan: »Aufklärung Einstieg: Die Doppeldeutigkeit des Aufklärungsbegriffs« http://www.geschichtstheorie.de/4_2_1.html [28. April 2019].

Haidt, Jonathan: *The Happiness Hypothesis: Finding Modern Truth in Ancient Wisdom*, New York 2005.

Haidt, Jonathan: *The Righteous Mind: Why Good People Are Divided by Politics and Religion*, New York 2012.

Hamilton, Clive und Mareike Ohlberg: *Die lautlose Eroberung: Wie China westliche Demokratien unterwandert und die Welt neu ordnet*, München 2020 [Orig.: Hidden Hand. *Exposing how the Chinese Communist Party is Reshaping the World*, Melbourne 2020].

Harrington, James: *The Commonwealth of Oceana and A System of Politics* [EA 1656], hrsg. von J. G. A. Pocock, Cambridge 1992.

Hartmann, Christian, Thomas Vordermayer, Othmar Plöckinger und Roman Töppel (Hg.): *Hitler, Mein Kampf - Eine kritische Edition*, München 2016.

Hegel, Georg Wilhelm Friedrich: *Grundlinien der Philosophie des Rechts* [1821], in: Ders.: *Werke. Auf der Grundlage der Werke von 1832-1845 neu edierte Ausgabe*, red. Eva Moldenhauer und Karl Markus Michel, Frankfurt a. M. 1979, Bd. 7.

Heraklit, *Fragmente. Griechisch und Deutsch*, hrsg. von Bruno Snell, 14. Aufl., Zürich/München 2007.

Herder, Johann Gottfried: *Briefe zu Beförderung der Humanität* [Erstdruck 1793-1797], in: *Herders Sämmtliche Werke*, hrsg. von Bernhard Suphan, Bd. 17 und 18, Berlin 1881 und 1883.

Heuss, Theodor: *Geist der Politik. Ausgewählte Reden*, Frankfurt am Main 1964. Hildebrand, Klaus: *Das Vergangene Reich*, Stuttgart 1996.

Hillgruber, Andreas: *Otto von Bismarck. Gründer der europäischen Großmacht Deutsches Reich*, Göttingen/Zürich/Frankfurt a. M. 1978.

Hobbes, Thomas: *Leviathan oder Stoff, Form und Gewalt eines kirchlichen und bürgerlichen Staates*, hrsg. u. eingel. von Iring Fetscher, übers. von Walter Euchner, 9. Aufl., Frankfurt a. M. 1999.

Hobbes, Thomas: *Vom Bürger*, in: Ders.: *Elemente der Philosophie*, Neuausg. auf der Grundl. der Übers. von Max Frischeisen-Köhler, die von Günter Gawlick nach dem lat. Orig. berichtigt wurde, Teil 2/3, hrsg. und eingl. von Günter Gawlick, 2. verb. Aufl., Hamburg 1966.

Hobbes, Thomas: *Elemente der Philosophie, Teil 1: Vom Körper*, ausg. und übers. von Max Frischeisen-Köhler, 2., mit Literaturhinweisen vers. Aufl., unveränd. Nachdr., Hamburg 1967.

Hobsbawm, Eric und Terence O. Ranger: *The Invention of Tradition*, Cambridge 1983.

Hockerts, Hans Günter: *Quellenkunde zur Deutschen Geschichte der Neuzeit von 1500 bis zur Gegenwart. Weimarer Republik, Nationalsozialismus, Zweiter Weltkrieg (1919-1945). Erster Teil: Akten und Urkunden*, Darmstadt 1996.

Hockerts, Hans Günter: »Zugänge zur Zeitgeschichte: Primärerfahrung, Er- innerungskultur, Geschichtswissenschaft«, in: Konrad H. Jarausch und Martin Sabrow (Hg.): *Verletztes Gedächtnis. Erinnerungskultur und Zeitgeschichte im Konflikt*, Frankfurt a. M. und New York 2002, S. 39-73.

Höffe, Otfried: »Einführung in Aristoteles' Politik«, in: *Aristoteles, Politik*, hrsg. von Otfried Höffe (Reihe Klassiker auslegen, Band 23), Berlin 2001, S. 5-19.

Hofmann, Hasso: [Artikel] »Naturzustand«, in: Joachim Ritter und Karlfried Gründer (Hg.): *Historisches Wörterbuch der Philosophie*. Völlig neubearb. Ausgabe des »Wörterbuchs der philosophischen Begriffe« von Rudolf Eisler, 12 Textbde. u. 1 Registerbd., Basel 1971-2005, Bd. 6, S. 653-658.

House of Commons Library (Hg.): *The History of the Parliamentary Franchise. Research Paper* 13/14 (1. März 2013); https://researchbriefings.files.parliament. uk/documents/RP13-14/RP13-14.pdf [4. Juli 2020]

Howard, Philip N., Bahrath Ganesh, Dimitra Liotsiou, JohnKelly, Camille François: *The IRA, Social Media and*

Political Polarization in the United States, 2012-2018; https://comprop.oii.ox.ac.uk/wp-content/uploads/sites/93/2018/12/ The-IRA-Social-Media-and-Political-Polarization.pdf [6. Juli 2020].

Hubel, Helmut: *Der zweite Golfkrieg in der internationalen Politik: mit ausgewählten Dokumenten*, Bonn 1991.

Huber, Ernst Rudolf: *Dokumente zur deutschen Verfassungsgeschichte seit 1789*, 4 in 5 Bänden, Stuttgart 1961-1992.

Huntington, Samuel P.: *Der Kampf der Kulturen. The Clash of Civilizations. Die Neugestaltung der Weltpolitik im 21. Jahrhundert*, München/Wien 1996.

Huret, Romain D.: *American Tax Resisters*, Cambridge 2014.

Ilting, Karl-Heinz: [Artikel] »Naturrecht«, in: Brunner, Otto, Werner Conze und Reinhart Koselleck (Hg.), *Geschichtliche Grundbegriffe. Historisches Lexikon zur politisch-sozialen Sprache in Deutschland*, 8 Bde., Stuttgart 1972- 1997, Bd. 4 (1978), S. 245-313.

Institute for Strategic Dialogue: *The Battle for Bavaria. Online information campaigns in the 2018 Bavarian State Election*, London/Washington DC/Beirut/ Toronto 2019.

Jäger, Hans-Wolf: [Artikel] »Körner, Theodor« in: *Neue Deutsche Biographie* 12 (1979), S. 378-379 [Online-Version]; URL: https://www.deutsche-biographie. de/pnd118713507.html#ndbcontent. [6. Juli 2020].

Jansen, Christian und Henning Borggräfe: *Nationen - Nationalität - Nationalismus*, Frankfurt a. M. 2007.

Janssen-Jurreit, Marielouise: Sexismus. *Über die Abtreibung der Frauenfrage*, Frankfurt a. M. 1979 [EA 1976; TB Ausgabe der 3. veränderten Aufl. 1978].

Johnson, Alan: »Interview. Ex-Labour minister Alan Johnson: ›I sent a tape to Elvis Costello in ’82. I’m still awaiting a reply‹«, in: *The Guardian* (3. August 2019); https://www.theguardian.com/politics/2019/aug/03/alan-johnson- interview-jeremy-corbyn-boris-johnson-elvis-costello [3. August 2019].

Johnson, Alan: Please, *Mr Postman*, London 2014.

Johnson, Alan: *This Boy. A Memoir of a childhood*, London 2013.

Jones, Colin und Alan Murie: *The Right to Buy. Analysis and Evaluation of a Housing Policy*, Oxford 2006.

Justi, Johann Heinrich Gottlob von: *Der Grundriß einer Guten Regierung in Fünf Büchern verfasset*, Frankfurt a. M./Leipzig 1759.

Kamp, Karl-Heinz: »Mythen der Zwei-Prozent-Debatte: Zur Diskussion um die NATO-Verteidigungsausgaben« (Bundesakademie für Sicherheitspolitik, *Arbeitspapier Sicherheitspolitik*, Nr. 9/2019).

Kant, Immanuel: »Beantwortung der Frage: Was ist Aufklärung?« [1784], in: *Kants Werke. Akademie-Textausgabe*, Bd. VIII (Abhandlungen nach 1781), Berlin 1968, S. 33-42.

Kant, Immanuel: *Grundlegung zur Metaphysik der Sitten* [1785], in: *Kants Werke. Akademie-Textausgabe*, Bd. IV, Berlin 1968.

Kant, Immanuel: *Kritik der praktischen Vernunft* [1788], in: *Kants Werke. Akademie-Textausgabe*, Bd. V, Berlin 1968.

Kant, Immanuel: »Ueber den Gemeinspruch: Das mag in der Theorie richtig sein, taugt aber nicht für die Praxis« [*Berlinische Monatsschrift 22*, Berlin 1793], in: *Kants Werke. Akademie-Textausgabe*, Bd. VIII (*Abhandlungen nach 1781*), Berlin 1968, S. 273-313.

Kant Immanuel: »Zum Ewigen Frieden. Ein philosophischer Entwurf« [1795], in: *Kants Werke. Akademie Textausgabe*, Bd. VIII, Berlin 1968, S. 341-386.

Karl, Michaela: *Die Geschichte der Frauenbewegung*, Stuttgart 2011.

Kedouri, Elie: *Nationalismus*, München 1971 [Orig: *Nationalism*, Oxford 1960].

Kemp, Alexander G.: »An assessment of UK North Sea oil and gas policies. Twenty-five years on«, in: *Energy Policy* (September 1990), S. 599-623.

Kersting, Wolfgang: *Die politische Philosophie des Gesellschaftsvertrags*, Darmstadt 1994.

Kersting, Wolfgang: »Einleitung: Die Begründung der politischen Philosophie der Neuzeit im Leviathan«, in: Ders. (Hg.): *Thomas Hobbes, Leviathan oder Stoff, Form und Gewalt eines bürgerlichen und kirchlichen Staates*, Berlin 1996, S. 9-28.

Kersting, Wolfgang: »Vertrag, Gesellschaftsvertrag, Herrschaftsvertrag«, in: Otto Brunner, Werner Conze und Reinhart Koselleck (Hg.): *Geschichtliche Grundbegriffe. Historisches Lexikon zur politisch-sozialen Sprache in Deutschland*, 8 Bde., Stuttgart 1972-1997, Bd. 6, S. 901-945.

Keynes, John Maynard: *The General Theory of Employment, Interest, and Money*, London 1936.

Kielmannsegg, Peter Graf: *Nach der Katastrophe. Eine Geschichte des geteilten Deutschland*, Berlin 2000.

Kilian, Jürgen: *Krieg auf Kosten anderer. Das Reichsministerium der Finanzen und die wirtschaftliche Mobilisierung für Hitlers Krieg*, Berlin 2017.

Kjellén, Rudolf: *Die Großmächte der Gegenwart*, Leipzig 1914.

Kjellén, Rudolf: *Die Ideen von 1914. Eine weltgeschichtliche Perspektive*, Leipzig 1915.

Klautke, Egbert: *Unbegrenzte Möglichkeiten. »Amerikanisierung« in Deutschland und Frankreich (1900-1933)*, Stuttgart 2003.

Kling, Gudrun: »Die rechtliche Konstruktion des ›weiblichen Beamten‹. Frauen im öffentlichen Dienst des

Großherzogtums Baden im 19. Jahrhundert und frühen 20. Jahrhundert«, in: Ute Gerhard (Hg.): *Frauen in der Geschichte des Rechts. Von der Frühen Neuzeit bis zur Gegenwart*, München 1997, S. 600- 616.

Klippel, Diethelm: »Naturrecht als politische Theorie. Zur politischen Bedeutung des deutschen Naturrechts im 18. und 19. Jahrhundert«, in: Hans E. Bödeker und Ulrich Herrmann (Hg.): *Aufklärung als Politisierung - Politisierung der Aufklärung*, Hamburg 1987, S. 267-293.

Körner, Theodor: »Aufruf« (1813), in: Ders.: *Leyer und Schwerdt*, Berlin 1814, S. 37-39.

Körner, Torsten: I*n der Männer-Republik. Wie Frauen die Politik eroberten*, Köln 2020.

Kreißel, Philip, Julia Ebner, Alexander Urban und Jakob Guhl: *Hass auf Knopfdruck. Rechtsextreme Trollfabriken und das Ökosystem koordinierter Hasskampagnen im Netz*, London u. a. 2018.

Kühl, Kristian: [Artikel] »Naturrecht«, in: Joachim Ritter und Karlfried Gründer (Hg.): *Historisches Wörterbuch der Philosophie*. Völlig neubearb. Ausgabe des »Wörterbuchs der philosophischen Begriffe« von Rudolf Eisler, 12 Textbde. u. 1 Registerbd., Basel 1971-2005, Bd. 6 (1984), Sp. 560-623.

Kuller, Christiane: *Familienpolitik im föderativen Sozialstaat. Die Formierung eines Politikfeldes in der Bundesrepublik 1949-1975*, München 2005.

Kunisch, Johannes: *Friedrich der Große. Der König und seine Zeit*, München 2004.

Langewiesche, Dieter: *Der gewaltsame Lehrer. Europas Kriege in der Moderne*, München 2019.

Langewiesche, Dieter: »Kulturelle Nationsbildung im Deutschland des 19. Jahr- hunderts«, in: *Nation und Gesellschaft in Deutschland. Historische Essays*, hrsg. von Manfred Hettling und Paul Nolte, München 1996, S. 46-64.

Langewiesche, Dieter: »Nationalismus - ein generalisierender Vergleich«, in: Gunilla Budde, Oliver Janz und

Sebastian Conrad (Hg.): *Transnationale Geschichte. Themen, Tendenzen und Theorien*, Göttingen 2006, S. 175-189.

Langewiesche, Dieter: *Reich, Nation, Föderation. Deutschland und Europa*, München 2008.

Lasson, Adolf: »Deutsche Art und deutsche Bildung. Rede am 25. September 1914«, in: Zentralstelle für Volkswohlfahrt und Verein für volkstümliche Kurse von Berliner Hochschullehrern (Hg.), *Deutsche Reden in schwerer Zeit*, Bd. 1, Berlin 1915, S. 103-146.

Leber, Marianne: [Artikel] »Friesen, Friedrich« in: *Neue Deutsche Biographie* 5 (1961), S. 613 f. [Online-Version]; URL: https://www.deutsche-biographie.de/ pnd119061228.html#ndbcontent. [6. Juli 2020].

Lee, Christina und Nicola McLelland (Hg.): *Germania Remembered 1500-2009: Commemorating and Inventing a Germanic Past*, Tempe, Arizona 2012.

Lemberg, Eugen: *Geschichte des Nationalismus in Europa*, Stuttgart 1950. Leonhard, Jörn: *Die Büchse der Pandora. Geschichte des Ersten Weltkrieges*, München 2014.

Leonhardt, David: »Our Broken Economy, in One Simple Chart« (New York Times, 7. August 2017).

Lepenies, Wolf: »Montesquieu: Franzose, Aufklärer, Weltbürger« (*Die Welt*, 20. Juli 2010); https://www.welt.de/kultur/article8549173/Franzose-Aufklaerer-Weltbuerger.html [5. Mai 2019].

Lichtenberg, Georg Christoph: *Sudelbücher I*, hrsg. von Wolfgang Promies, München 2005.

Lindner, Roland: »Der Disney-Retter und die ›nackte Unanständigkeit‹« (*Frankfurter Allgemeine Zeitung*, 6. August 2019).

Lipsius, Justus: *De Constantia. Von der Standhaftigkeit. Lateinisch* - deutsch, übers., komm. und mit einem Nachw. von Florian Neumann, Mainz 1998.

Lipsius, Justus: *Politica. Six Books of Politics or Political Instruction*, ed., with Transl. and Introduc., by Jan

Waszink, Assen 2004.

Lischnewska, Maria: »Die verheiratete Lehrerin«, in: *Verhandlungen der ersten Internationalen Lehrerinnen-Versammlung in Deutschland, berufen im Anschluß an den Internationalen Frauenkongreß im Juni 1904*, Berlin 1905, S. 10-30.

Locke, John: *Zwei Abhandlungen über die Regierung*, übers. von Hans J. Hoffmann, hrsg. und eingl. von Walter Euchner, Frankfurt a. M. 1977.

Löwe, Denise und Sabine Reh: »Das zölibatäre Leben des Fräulein Maria Lischnewska (1854-1938): ›Mensch sein, heißt ein Kämpfer sein‹«, in: Sonja Häder und Ulrich Wiegmann (Hg.): *An der Seite gelehrter Männer. Frauen zwischen Emanzipation und Tradition*, Bad Heilbrunn 2017, S. 33-57.

Lübbe, Hermann: »Die philosophischen Ideen von 1914«, in: Ders.: *Politische Philosophie in Deutschland*, Basel/Stuttgart 1963, S. 173-238.

Lübbers, Bernhard: »Die Heuschreckenplage 1749 in Bayern und Franken. Wahrnehmungen und Bewältigungsstrategien einer frühneuzeitlichen Naturkatastrophe«, in: *Bayerisches Jahrbuch für Volkskunde 2018*, S. 97-110.

Lüdtke, Alf, Inge Marßolek und Adelheid von Saldern (Hg.): *Amerikanisierung. Traum und Alptraum im Deutschland des 20. Jahrhunderts*, Stuttgart 1996. Luhmann, Niklas: *Die Politik der Gesellschaft*, hrsg. von André Kieserling, Frankfurt a. M. 2002.

Machiavelli, Niccolò: *Der Fürst*, aus dem Ital. von Friedrich von Oppeln-Bronikowski, mit einem Nachw. von Horst Günther, Frankfurt a. M. 1997.

Maier, Hans, Heinz Rausch und Horst Denzer (Hg.): *Klassiker des politischen Denkens*, Bd. 1 (Von Plato bis

Hobbes), 6., überarb. und erw. Aufl., München 1986; Bd. 2 (Von Locke bis Max Weber), 5., völlig überarb. und um einen Beitrag erw. Aufl., München 1987.

Mann, Heinrich: *Ein Zeitalter wird besichtigt. Erinnerungen, mit einem Nachwort von Klaus Schröter*, Frankfurt a. M. 1988.

Mann, Michael: »The emergence of modern European nationalism«, in: John A. Hall und Ian Charles Jarvie (Hg.): *Transition to Modernity. Essays on Power, Wealth and Belief*, Cambridge 1992, S. 137-166.

McKinsey & Company: »Diversity Wins - How Inclusion Matters« (Mai 2020); https://www.mckinsey.de/~/media/McKinsey/Locations/Europe%20and%20Middle%20East/Deutschland/News/Presse/2020/2020-05-19%20Diversi ty%20Wins/Report%20Diversity-wins-How-inclusion-matters%202020.pdf [6. Juli 2020].

McRandle, James und James Quirk: »The Blood Test Revisited: A New Look at German Casualty Counts in World War I«, in: *The Journal of Military History 70/3* (July 2006), S. 667-701.

Meinecke, Friedrich: *Ausgewählter Briefwechsel*, hrsg. und eingeleitet von Ludwig Dehio und Peter Classen, Stuttgart 1962.

Meinecke, Friedrich: »Um welche Güter kämpfen wir?« [1914], in: *Deutscher Krieg und deutscher Geist. Siebzehn Aufsätze zeitgenössischer Schriftsteller*. Für die obersten Klassen der höheren Lehranstalten ausgewählt und mit einer Einleitung versehen von Jakob Wychgram, Bielefeld und Leipzig 1916, S. 1-6.

Meyers Großes Konversations-Lexikon, 6. Auflage, 20 Bde., Leipzig 1902-1908. Mick, Christoph: »Endgame«, in: *The Cambridge History of the First World War*, hrsg. von Jay Winter, Cambridge 2014, Bd. 1, S. 133-171.

Milanovic, Branko: *The Haves and the Have-Nots. A Brief and Idiosyncratic His-tory of Global Inequality*, New York 2011.

Ministry of Housing, *Community and Local Government: English Housing Survey 2016-17*, London 2017.

Möbius, Sascha: »›Von Jast und Hitze wie vertaumelt‹. Überlegungen zur Wahrnehmung von Gewalt durch preußische Soldaten im Siebenjährigen Krieg«, in: *Forschungen zur Brandenburgischen und Preußischen Geschichte N.F. 12* (2002), S. 1-34.

Mommsen, Wolfgang J.: »Die ›deutsche Idee der Freiheit‹«, in: Ders.: *Bürgerliche Kultur und politische Ordnung. Künstler, Schriftsteller und Intellektuelle in der deutschen Geschichte 1830-1933*, Frankfurt a. M. 2000, S. 133-157.

Mommsen, Wolfgang J. (Hg.): *Kultur und Krieg. Die Rolle der Intellektuellen, Künstler und Schriftsteller im Ersten Weltkrieg*. In Zusammenarbeit mit Elisabeth Müller-Luckner (Schriften des Historischen Kollegs, 34), München 1995.

Montesquieu, Charles-Louis de: *Vom Geist der Gesetze*, Ausw., Übers. und Einl. von Kurt Weigand, durchges. und bibliogr. erg. Ausg., Stuttgart 1994.

More, Thomas: *Utopia*, ed. with Introd. and Notes by Edward Surtz, New Haven/London 1964.

Morsey, Rudolf: *Die Bundesrepublik Deutschland. Entstehung und Entwicklung bis 1969*, 4., überarb. und erw. Aufl. 2000.

Müller, Frank Lorenz: *Die Revolution von 1848/49*, Darmstadt 2002.

Müller, Jürgen: *Deutscher Bund und innere Nationsbildung im Vormärz (1815-1848)*, Göttingen 2018.

Münkler, Herfried: *Der Große Krieg. Die Welt 1914-1918*, Berlin 2013.

Münkler, Herfried: »Die politischen Ideen des Humanismus«, in: Iring Fetscher und Herfried Münkler (Hg.): *Pipers Handbuch der politischen Ideen*, Bd. 2 (Von den Anfängen des Islams bis zur Reformation), München/Zürich

1993, S. 553-613.

Münkler, Herfried: »Interview: ›Es wird keine Welt ohne Krieg geben‹« (*Tagesspiegel*, 1. September 2019); https://www.tagesspiegel.de/politik/herfried-muenkler-im-interview-es-wird-keine-welt-ohne-krieg-geben/24960882.html [1. September 2019].

Münkler, Herfried: »Politisches Denken in der Zeit der Reformation«, in: Iring Fetscher und Herfried Münkler (Hg.): *Pipers Handbuch der politischen Ideen*, Bd. 2 (*Von den Anfängen des Islams bis zur Reformation*), München/Zürich 1993, S. 615-683.

Münkler, Herfried: »Staatsraison und politische Klugheitslehre«, in: Iring Fetscher und Herfried Münkler (Hg.): *Pipers Handbuch der politischen Ideen*, Bd. 3 (*Von den Konfessionskriegen bis zur Aufklärung*), München/Zürich 1985, S. 23-72.

Murphy, Katharine: »When Donald met Scott: a reporter's view of Trump and his White House wonderland« (*The Guardian*, 27. September 2019) https:// www.theguardian.com/us-news/2019/sep/28/when-donald-met-scott-mori son-reporters-inside-account-trump-white-house-wonderland [27. Septem- ber 2019].

Nau, Heino Heinrich (Hg.): *Der Werturteilsstreit. Die Äußerungen zur Werturteilsdiskussion im Ausschuß des Vereins für Sozialpolitik (1913)*, Marburg 1996.

Nida-Rümelin, Julian: »Bellum omnium contra omnes. Konflikttheorie und Naturzustandskonzeption im 13. Kapitel des Leviathan«, in: Wolfgang Kersting (Hg.): *Thomas Hobbes, Leviathan oder Stoff, Form und Gewalt eines bür gerlichen und kirchlichen Staates*, Berlin 1996, S. 109-130.

Nipperdey, Thomas: »Thomas Morus«, in: Hans Maier, Heinz Rausch und Horst Denzer (Hg.): *Klassiker des politischen Denkens*, Bd. 1 (Von Plato bis Hobbes), 6., überarb. und erw. Aufl., München 1986, S. 181-198.

O'Gorman, Frank: *Voters, Patrons and Parties. The Unreformed Electoral System of Hanoverian England 1734-1832*, Oxford 1989.

Oberndörfer, Dieter und Beate Rosenzweig (Hg.): *Klassische Staatsphilosophie. Texte und Einführungen. Von Platon bis Rousseau*, München 2000.

Oestreich, Gerhard: »Calvinismus, Neustoizismus und Preußentum«, in: *Jahrbuch für die Geschichte Mittel- und Ostdeutschlands* 5 (1956), S. 157-181.

Osterhammel, Jürgen: *Die Verwandlung der Welt. Eine Geschichte des 19. Jahrhunderts*, München 2016 [EA 2009].

Otto-Peters, Louise: *Das Recht der Frauen auf Erwerb. Blicke auf das Frauenleben der Gegenwart*, Hamburg 1866.

Otto-Peters, Louise: *Dem Reich der Freiheit werb' ich Bürgerinnen. Die Frauenzeitung von Louise Otto*, Frankfurt a. M. 1980.

Otto-Peters, Louise: »Die Theilnahme der weiblichen Welt am Staatsleben«, in: *Sächsische Vaterlands-Blätter*, 3/134 (22. August 1843).

Overmans, Rüdiger: »Kriegsverluste«, in: Gerhard Hirschfeld, Gerd Krumeich und Irina Renz (Hg.): *Enzyklopädie Erster Weltkrieg*, aktual. u. erw. Studien- ausg., Paderborn 2009, S. 663-666.

Paine, Thomas: *Die Rechte des Menschen*. In der zeitgenössischen Übertragung von D.M. Forkel. Bearb. und eingel. von Theo Stemmler, Frankfurt a. M. 1973. Paine, Thomas: *Political Writings*, ed. by Bruce Kuklick, Cambridge 2000. Parzinger, Hermann: *Die Kinder des Prometheus. Eine Geschichte der Menschheit vor der Erfindung der Schrift*, fünfte, durchges. Aufl., München 2016 [EA 2014].

Patel, Kiran Klaus: *Projekt Europa. Eine kritische Geschichte*, München 2018. Peikert, Paul: *»Festung Breslau« in den Berichten eines Pfarrers 22. Januar bis 6. Mai 1945*, hrsg. von Karol Jonca und Alfred Konieczny, Wroclaw 1993.

Petersen, Sven: »Auf der frantzosen Jagd - Kriegserfahrungen und Lebenswelten zweier braunschweigischer Soldaten im Siebenjährigen Krieg (1756-1763)«, in: *Militär und Gesellschaft in der frühen Neuzeit* 16/2 (2012), S. 145-168.

Pettit, Philip: »Keeping Republican Freedom Simple. On a Difference with Quentin Skinner«, in: *Political Theory* 30 (2002), S. 339-356.

Pflanze, Otto: *Bismarck*, Bd. 1 (*Der Reichsgründer*), München 1997; Bd. 2 (*Der Reichskanzler)*, München 1998.

Phillips, John A. und Charles Wetherell: »The Great Reform Act of 1832 and the Political Modernization of England«, in: *The American Historical Review* 100/2 (1995), S. 411-436.

Pinker, Steven: *Enlightenment Now: the Case for Reason, Science, Humanism and Progress*, New York 2018.

Platon: *Apologie des Sokrates*. Neu übersetzt und kommentiert von Rafael Ferber, München 2., überarb. u. erw. Aufl. 2019 [EA 2011].

Powell, James Lawrence: »Climate Science Virtually Unanimous: Anthropoge- nic Global Warming is True«, in: *Bulletin of Science, Technology & Society* 35/5-6 (2015) S. 121-124.

Powell, James Lawrence: »The Consensus on Anthropogenic Global Warming matters«, in: *Bulletin of Science, Technology & Society* 36/3 (2016), S. 157-163. Prost, Antoine: »The Dead«, in: *The Cambridge History of the First World War*, hrsg. von Jay Winter, 3 Bde., Cambridge 2014, Bd. 3, S. 561-591.

Pufendorf, Samuel von: *Über die Pflicht des Menschen und des Bürgers nach dem Gesetz der Natur*, hrsg. und übers. von Klaus Luig, Frankfurt a. M./Leipzig 1994.

Purpus, Andrea: *Frauenarbeit in den Unterschichten. Lebens- und Arbeitswelt Hamburger Dienstmädchen und Arbeiterinnen um 1900 unter besonderer Berücksichtigung der häuslichen und gewerblichen Ausbildung*, Münster 2000.

Rabe, Horst: *Deutsche Geschichte 1500-1600. Das Jahrhundert der Glaubensspaltung*, München 1991.

Rahlf, Thomas: *Dokumentation zum Zeitreihendatensatz für Deutschland, 1834- 2012*, https://nbn-resolving.org/urn:nbn:de:0168-ssoar-437224 [6. Juli 2020].

Reckwitz, Andreas: *Das Ende der Illusionen: Politik, Ökonomie und Kultur in der Spätmoderne*, Berlin 2019.

Reh, Sabine: »Die Lehrerin. Weibliche Beamte und das Zölibat«, in: *Zeitschrift für Ideengeschichte*, 11/1 (2017), S. 31-40.

Reid-Henry, Simon: *Empire of Democracy. The remaking of the West since the Cold War, 1971-2017*, London 2019.

Reinhard, Wolfgang: *Geschichte der Staatsgewalt. Eine vergleichende Verfassungsgeschichte Europas von den Anfängen bis zur Gegenwart*, 3., durchges. Aufl., München 2002.

Reinhard, Wolfgang: »Vom italienischen Humanismus bis zum Vorabend der Französischen Revolution«, in: Hans Fenske, Dieter Mertens, Wolfgang Reinhard, Klaus Rosen (Hg.): *Geschichte der politischen Ideen. Von der Antike bis zur Gegenwart*, aktual. Neuausg., Frankfurt a. M. 1996, S. 241-376.

Reinhard, Wolfgang: »Was ist europäische politische Kultur? Versuch zur Begründung einer politischen Historischen Anthropologie«, in: *Geschichte und Gesellschaft* 27 (2001), S. 593-616.

Retterath, Jörn: *»Was ist das Volk?« Volks- und Gemeinschaftskonzepte der politischen Mitte in Deutschland 1917-1924*, Berlin 2016.

Ring, Max: *Erinnerungen*, Erster Band, Berlin 1898.

Ritter, Gerhard A. (unter Mitarbeit von Merith Niehuss): *Wahlgeschichtliches Arbeitsbuch. Materialien zur Statistik des Kaiserreichs 1871-1918*, München 1980.

Roberts, Mary Louise: »Acting Up: The Feminist Theatrics of Marguerite Durand«, in: *French Historical Studies* 19/4 (Special Issue: Biography: Autumn 1996), S. 1103-1138.

Rochow, Gustav von: »Brief vom 15. Januar 1838«, in: *Börsen-Halle. Hamburgische Abend-Zeitung*, 3. April 1838, S. 4.

Rohdich, Walter: *Hohenfriedeberg* 4. Juni 1745, Eggolsheim 1997.

Rohe, Karl: *Politik. Begriffe und Wirklichkeiten. Eine Einführung in das politische Denken*, 2., völlig überarb. und erw. Aufl., Stuttgart/Berlin/Köln 1994.

Rosling, Hans, mit Anna Rosling Rönnlund und Ola Rosling: *Factfulness. Wie wir lernen die Welt so zu sehen, wie sie wirklich ist*, Berlin 2018.

Rößner, Susan: *Die Geschichte Europas schreiben. Europäische Historiker und ihr Europabild im 20. Jahrhundert*, Frankfurt a. M. 2009.

Rotteck, Carl von: [Artikel] »Krieg«, in: *Staats-Lexikon oder Encyklopädie der Staatswissenschaften*, Bd. 9, Altona 1840, S. 491-509.

Rousseau, Jean-Jacques: *Vom Gesellschaftsvertrag oder Grundlagen des politischen Rechts*, aus dem Franz. von Erich W. Skwara, Frankfurt a. M./Leipzig 2000.

Saada, Leila: »Les interventions de Napoléon Bonaparte«, in: *Napoleonica* 14 (2012/2), S. 25-49.

Saez, Emmanuel und Gabriel Zucman: *Der Triumph der Ungerechtigkeit. Steuern und Ungleichheit im 21. Jahrhundert.* Aus dem Englischen von Frank Lachmann, Berlin 2020. [Orig.: *The Triumph of Injustice. How the Rich Dodge Taxes and How to Make Them Pay*, New York 2019; dazu Website: justicetax- now.org.].

Salmon, Patrick, Keith Hamilton und Stephen Robert Twigge (Hg.): *Documents on Bristish Policy Overseas*, Series III, Volume VII (*Britain and German Uni fication 1989-90*), London 2009.

Scattola, Merio: *Das Naturrecht vor dem Naturrecht. Zur Geschichte des ›ius naturae‹ im 16. Jahrhundert*, Tübingen 1999.

Schabert, Tilo: »Die Atlantische Zivilisation. Über die Entstehung der einen Welt des Westens«, in: Peter Haungs (Hg.): *Europäisierung Europas?*, Baden- Baden 1989, S. 41-54.

Schiller, Friedrich: *Sämtliche Werke*, hrsg. von Gerhard Fricke u. Herbert G. Göpfert, 8. durchges. Aufl., München 1987.

Schmitt, Carl: *Der Begriff des Politischen.* Text von 1932 mit einem Vorwort und drei Corollarien, Berlin 1963.

Schnur, Roman: *Die französischen Juristen im konfessionellen Bürgerkrieg des 16. Jahrhunderts. Ein Beitrag zur Entstehungsgeschichte des modernen Staates*, Berlin 1962.

Schöllgen, Gregor: *Deutsche Außenpolitik. Von 1945 bis zur Gegenwart*, München 2013.

[Scholz]: »Hainau's Schicksale während des 30jährigen Krieges. Vom Lehrer Scholz in Hainau«, in: *Zeitschrift des Vereins für Geschichte und Alterthum Schlesiens*, Breslau 1859, S. 72-90.

Schorn-Schütte, Luise: »Obrigkeitskritik und Widerstandsrecht. Die ›politica christiana‹ als Legitimitätsgrundlage«, in: Dies. (Hg.), *Aspekte der politischen Kommunikation im Europa des 16. und 17.*

Jahrhunderts, München 2004 (= *Historische Zeitschrift*; Beiheft 39), S. 195-232.

Schröter, Harm G.: *Winners and Losers. Eine kurze Geschichte der Amerikanisierung*, München 2008.

Schwarz, Hans-Peter: *Geschichte der Bundesrepublik Deutschland*, Bd. 2 (*Gründerjahre der Republik 1949-1957*), Stuttgart 1981.

Schwarz, Max: MdR. *Biografisches Handbuch des Reichstags*, Hannover 1965. Schwarzer, Alice: »Die Stern-Aktion & ihre Folgen« (*Emma*, Frühling 2011) https://www.emma.de/artikel/wir-haben-abgetrieben-265457 [20. Mai 2020]. Shapin, Steven: *Die wissenschaftliche Revolution*, aus dem Amerik. von Michael Bischoff, Frankfurt a. M. 1998.

Sieyes, Emmanuel Joseph: *Politische Schriften 1788-1790*. Mit Glossar und kritischer Sieyes-Bibliographie, übers. und hrsg. von Eberhard Schmitt und Rolf Reichardt, 2., überarb. und erw. Aufl., München/Wien 1981, S. 239 ff. Katalog S. 253 ff.

Skinner, Quentin: *Liberty before Liberalism*, Cambridge 1998.

Smith, Adam: *Der Wohlstand der Nationen. Eine Untersuchung seiner Natur und seiner Ursachen*. Aus dem Englischen übertragen und mit einer umfassenden Würdigung des Gesamtwerkes von Horst Claus Recktenwald, Deutsch nach der 5. Aufl., London 1789 [EA 1776], revidierte Fassung, München 1978 [EA 1974].

Smith, Anthony D.: *Nationalism. Theory, Ideology, History*, Cambridge 2001. Smith, Anthony D.: *Nations and Nationalism in a Global Era*, Cambridge/Oxford 1995.

Smolka, Klaus Max und Michael Ashlem, »Atheisten dürfen keinen Arbeitskreis gründen« (*Frankfurter Allgemeine Zeitung*, 19. März 2019).

https://www.faz.net/aktuell/wirtschaft/atheisten-duerfen-keinen-arbeitskreis-in-der-spd-gruenden-16096047.

html [26. Juni 2020].

Sommerville, Johann P.: »Absolutism and royalism«, in: James H. Burns (Hg.): *The Cambridge History of Political Thought 1450-1700*, Cambridge (u. a.) 1991, S. 347-373.

Sontheimer, Kurt: »Der ›deutsche Geist‹ als Ideologie. Ein Beitrag zur Theorie vom deutschen Sonderbewusstsein«, in: Manfred Funke, Hans-Adolf Jacobsen, Hans-Helmut Knütter und Hans-Peter Schwarz (Hg.): *Demokratie und Diktatur. Geist und Gestalt politischer Herrschaft in Deutschland und Europa*, Düsseldorf 1987, S. 35 -45.

Statistisches Reichsamt: »Die Wahlen zur verfassunggebenden Deutschen Nationalversammlung am 19. Januar 1919 mit einer Karte der Wahlkreise«, in: *Vierteljahrshefte zur Statistik des Deutschen Reichs* 28 (1919), erstes Ergänzungsheft.

Stead, William T.: *The Americanisation of the World or the Trend of the Twentieth Century*, London 1902.

Stein, Ben: »Everybody's Business. In Class Warfare, Guess Which Class Is Winning« (*New York Times*, 26. November 2006).

Steinbeck, John: »A Primer on the 30's« (*Esquire*, Juni 1960).

Stern Fritz: »Die zweite Chance. Die Wege der Deutschen« *(Frankfurter Allgemeine Zeitung*, 26. Juli 1990).

Stollberg-Rilinger, Barbara: »Einleitung«, in: Dies. (Hg.), *Was heißt Kulturgeschichte des Politischen?*, Berlin 2005, S. 9-24.

Stollberg-Rilinger, Barbara: *Europa im Jahrhundert der Aufklärung*, Stuttgart 2000.

Stolleis, Michael: »Reichspublizistik - Politik - Naturrecht im 17. und 18. Jahr- hundert«, in: Ders. (Hg.): *Staatsdenker im 17. und 18. Jahrhundert. Reichspublizistik. Politik. Naturrecht*, 2., erw. Aufl., Frankfurt a. M. 1987,

S. 9-28.

Stone, Norman: »Germany? Maggie was absolutely right« (*Sunday Times*, 29. September 1996).

Stone, Norman: »Recht geredet. Was Frau Thatcher fragen mußte« (*Frankfurter Allgemeine Zeitung*, 19. Juli 1990).

Tanner, Jakob und Angelika Linke (Hg.): *Attraktion und Abwehr. Die Amerikanisierung der Alltagskultur in Europa*, Köln 2006.

Thatcher, Margaret: *The Downing Street Years*, New York 1993.

Thatcher, Margaret: Transkript Interview mit Douglas Keay für Woman's Own, 23. September 1987, https://www.margaretthatcher.org/document/106689 [18. März 2020].

Thierse, Wolfgang: »Anachronistische Forderungen: Was steckt hinter dem Arbeitskreis von Laizisten in der SPD?«, in: *Herder Korrespondenz* (2011/1), S. 11-15.

Tilly, Charles: *Coercion, Capital, and European States, AD 990-1990*, Oxford 1990.

Treitschke, Heinrich von: »Der Socialismus und seine Gönner«, in: *Preußische Jahrbücher* 34 (1874), S. 67-110 und S. 248-301.

Troeltsch, Ernst: »Der Geist der deutschen Kultur«, in: Hintze, Otto, Friedrich Meinecke und Hermann Schumacher (Hg.): *Deutschland und der Erste Weltkrieg, Berlin 1915*, S. 52-90.

Tucholsky, Kurt: *Gesammelte Werke in zehn Bänden*, Reinbek bei Hamburg 1975. Ungern-Sternberg, Jürgen von: »Wie gibt man dem Sinnlosen einen Sinn? Zum Gebrauch der Begriffe ›deutsche Kultur‹ und ›Militarismus‹ im Herbst 1914«, in: Mommsen, Wolfgang J. (Hg.): *Kultur und Krieg. Die Rolle der Intellektuellen, Künstler und Schriftsteller im Ersten Weltkrieg*. In Zusammenarbeit mit: Elisabeth Müller-Luckner, (=*Schriften des Historischen*

Kollegs 34), München 1995, S. 77-96.

Urban, George R.: *Diplomacy and Disillusion at the Court of Margaret Thatcher*, London 1996.

Vahle, Hermann: »Boucher und Rossaeus. Zur politischen Theorie und Praxis der französischen Liga (1576-1595)«, in: *Archiv für Kulturgeschichte* 56 (1974), S. 313-349.

Vega, Judith: »Feminist Republicanism. Etta Palm-Aelders on Justice, Virtue and Men«, in: *History of European Ideas* 10/3 (1989), S. 333-351.

Verordnung betreffend die Ausführung der Wahl der Abgeordneten zur Zweiten Kammer vom 30. Mai 1849.

Verordnung über die Wahlen zur verfassunggebenden preußischen Landesversammlung vom 21. Dezember 1918.

Verwiebe, Birgit: »Theodor Körner, Friedrich Friesen und Heinrich Hartmann auf Vorposten«; https://smb.museum-digital.de/index.php?t=objekt&oges= 143407 [16. Januar 2020].

Weber, Max: »Der Nationalstaat und die Volkswirtschaftspolitik. Akademische Antrittsrede« [1895], in: *Max Weber Gesamtausgabe*, Bd. I/4.2, hrsg. von Wolfgang J. Mommsen, in Zus-Arb. m. Rita Aldenhoff, Tübingen 1993, S. 535-574.

Weber, Max: *Wirtschaft und Gesellschaft. Die Wirtschaft und die gesellschaftlichen Ordnungen der Mächte. Nachlaß*; Teilband 22-1: Gemeinschaften, hg. von Wolfgang J. Mommsen in Zusammenarbeit mit Michael Meyer, Tübin- gen 2001; Teilband 22-2: Religiöse Gemeinschaften, hg. von Hans G. Kippenberg in Zusammenarbeit mit Petra Schilm unter Mitwirkung von Jutta Niemeier, Tübingen 2001; Teilband 22-5: Die Stadt, hg. von Wilfried Nippel, Tübingen 1999.

Weber, Max: *Wirtschaft und Gesellschaft. Grundriss der verstehenden Soziologie*, Studienausgabe in zwei

Bänden, hrsg. von Johannes Winckelmann, Köln/ Berlin 1964.

Wehler, Hans-Ulrich: *Deutsche Gesellschaftsgeschichte*, Bd. 1 (*Vom Feudalismus des Alten Reiches bis zur Defensiven Modernisierung der Reformära 1700- 1815*), 2. Aufl., München 1989; Bd. 2 (*Von der Reformära bis zur industriellen und politischen »Deutschen Doppelrevolution« 1815-1845/49*), 3. Aufl., München 1996; Bd. 3 (*1849-1914. Von der »Deutschen Doppelrevolution« bis zum Beginn des Ersten Weltkrieges*), München 1995; Bd. 4 (*Vom Beginn des Ersten Weltkriegs bis zur Gründung der beiden deutschen Staaten, 1914-1949*), 2., durchges. Aufl., München 2003.

Wehler, Hans-Ulrich: *Nationalismus. Geschichte, Formen, Folgen*, München, 2001.

Wengst, Udo: *Thomas Dehler 1897-1967. Eine politische Biographie*, München 1997.

Whitehouse, Harvey, Pieter François, Patrick E. Savage, Thomas E. Currie, Kevin C. Feeney, Enrico Cioni, Rosalind Purcell, Robert M. Ross, Jennifer Larson, John Baines, Barendter Haar, Alan Covey & Peter Turchin: »Complex societies precede moralizing gods throughout world history«, in: Nature 568 (März 2019), S. 226-229. https://www.nature.com/articles/s41586-019- 1043-4 [23. März 2019].

Williamson, Elizabeth: »Liberty University Brings Back Its Students, and Coronavirus Fears, Too« (*New York Times*, 29. März 2020 mit Update 16. April 2020). https://www.nytimes.com/2020/03/29/us/politics/coronavirus-liberty-university-falwell.html [26. Juni 2020].

Winkler, Heinrich August: *Der lange Weg nach Westen: Deutsche Geschichte*, 2 Bde., München 2000.

Winkler, Heinrich August: *Geschichte des Westens*, 4 Bde., München 2016. Wirsching, Andreas: *Demokratie und Globalisierung. Europa seit 1989*, München 2015.

Wirsching, Andreas: *Der Preis der Freiheit. Geschichte Europas in unserer Zeit*, 2. Aufl., München 2017.

Wirsching, Andreas: *Deutsche Geschichte im 20. Jahrhundert*, 4. überarb. Aufl., München 2018.

Wirsching, Andreas: »Weimar in Westminster« (*Frankfurter Allgemeine Zeitung*, 30. September 2019).

Wolff, Christian: *Vernünftige Gedanken von dem gesellschaftlichen Leben der Menschen und insonderheit dem gemeinen Wesen - ›Deutsche Politik‹*, bearb., eingl. und hrsg. von Hasso Hofmann, München 2004.

Wolff, F[riedich] W[ilhelm]: »Das Elend und der Aufruhr in Schlesien«, in: *Deutsches Bürgerbuch für 1845*, hrsg. von H. Wittmann, Darmstadt 1845, S. 174-199.

Wollstein, Günter (Hg.): *Quellen zur deutschen Innenpolitik 1933-1939*, Darmstadt 2001.

Zellmer, Elisabeth: *Töchter der Revolte? Frauenbewegung und Feminismus der 1970er Jahre in München*, München 2011.

Zhao Tingyang: *Alles unter dem Himmel. Vergangenheit und Zukunft der Weltordnung*, aus dem Chinesischen von Michael Kahn-Ackermann, Berlin 2020.

網站和線上資料

1 https://www.hollywoodreporter.com/features/ricky-gervais-5-time-golden-globes-host-has-a-few-more-things-say-hollywood-1265405

2 http://www.ushistory.org/declaration/document/ - https://usa.usembas-sy.de/etexts/gov/gov-constitutiond.pdf - https://usa.usembassy.de/etexts/ gov/unabhaengigkeit.pdf

3 https://www.conseil-constitutionnel.fr/le-bloc-de-constitutionnalite/declaration-des-droits-de-l-homme-et-du-citoyen-de-1789 - https:// www.conseil-constitutionnel.fr/de/erklaerung-der-menschen-und-buergerrechte-vom-26-august-1789

4 https://www.un.org/depts/german/menschenrechte/aemr.pdf

5 https://fowid.de/meldung/religionszugehoerigkeiten-deutschland-2017

6 https://www.jura.uni-wuerzburg.de/lehrstuehle/dreier/verfassungs dokumente-von-der-magna-carta-bis-ins-20-jahrhundert/

7 Dr. Robert Jeffress: Christianity Today Calls for Trump’s Removal (20.12.2019) https://www.youtube.com/watch?v=eWzRjZe1NVk

8 Coronavirus: An Interview with Dr. Charles Stanley (27.03.2020) https://www.youtube.com/watch?v=4YAWRCGXhG8

9 Judgment Is Executed on COVID-19: by Kenneth Copeland (30.03.2020) https://www.youtube.com/

watch?v=OSIrQBGfUtw

10 https://www.who.int/emergencies/diseases/novel-coronavirus-2019/situation-reports/

11 Dr. Robert Jeffress: The Coronavirus' Effect on Churches Across The Nation (15.05.2020) https://www.youtube.com/watch?v=QCZRMwReqw4

12 https://de-de.facebook.com/SPD/posts/parteichef-sigmar-gabriel-spd-hat-sich-auf-vielfachen-wunsch-auf-seiner-facebook/262934523773976/

13 https://www.addf-kassel.de/fileadmin/user_upload/Dossiers/LOP/LOP_Frauen-Zeitung_1_1849.pdf

14 https://www.tz.de/muenchen/stadt/muenchen-ort29098/muenchen- schlaege-gegen-frau-erlaubt-islamisches-zentrum-sorgt-fuer-wirbel- 12888678.html

15 https://www.afd.de/familie-bevoelkerung/

16 https://data.worldbank.org/indicator/SP.POP.TOTL.FE.ZS

17 https://www.bundestag.de/dokumente/textarchiv/2014/49494782_kw07_kalenderblatt_juchacz-215672

18 https://pdok.bundestag.de/

19 https://www.nps.gov/liho/learn/historyculture/peoriaspeech.htm

20 https://www.nytimes.com/2016/06/25/world/europe/david-cameron-speech-transcript.html

21 https://ome-lexikon.uni-oldenburg.de/orte/haynau-chojnow

22 https://api.parliament.uk/historic-hansard/volumes/3/index.html

23 https://api.parliament.uk/historic-hansard/sittings/1990/jul/17

24 https://www.gapminder.org/dollar-street?lng=de

25 https://de.statista.com/statistik/daten/studie/4878/umfrage/bruttoinlandsprodukt-von-deutschland-seit-dem-

jahr-1950/

26 https://www.bmas.de/DE/Service/Medien/Publikationen/a230-18-sozialbudget-2018.html

27 https://www.reaganfoundation.org/media/128614/inaguration.pdf

28 https://data.worldbank.org/indicator/NY.GDP.MKTP.CD

29 https://www.imf.org/en/Data

30 https://ec.europa.eu/eurostat/de/data/database

31 https://data.oecd.org/

32 https://www.bea.gov/

33 https://www.destatis.de/DE/Home/_inhalt.html

34 http://www.bpb.de/nachschlagen/zahlen-und-fakten/globalisierung/52655/welt-bruttoinlandsprodukt

35 http://www.bpb.de/nachschlagen/zahlen-und-fakten/europa/135823/bruttoinlandsprodukt-bip

36 https://www.bloomberg.com/opinion/articles/2019-04-24/california-economy-soars-above-u-k-france-and-italy

37 https://www.chinafile.com/document-9-chinafile-translation

38 https://www.nytimes.com/interactive/2017/08/07/opinion/leonhardt- income-inequality.html?rref=collection/timestopic/ Columnists&action= click&contentCollection=opinion&region=stream&module=stream_un it&version=latest&contentPlacement=23&pgtype=collection

39 https://ourworldindata.org/

40 https://www.measuringworth.com/calculators/ukcompare/relativevalue.php

國家圖書館出版品預行編目資料

為什麼要學歷史：面對當前世界危機的十個歷史教訓 /
馬格努斯．布萊希特肯（Magnus Brechtken）著；江鈺婷 譯. -- 初版. --
臺北市：商周出版，城邦文化事業股份有限公司出版；英屬蓋曼群島
商家庭傳媒股份有限公司城邦分公司發行, 2022.02
面； 公分
譯自：Der Wert der Geschichte: Zehn Lektionen für die Gegenwart
ISBN 978-626-318-148-9（平裝）
1. 社會史 2. 自由主義
540.9 111000339

為什麼要學歷史：面對當前世界危機的十個歷史教訓

原著書名 / Der Wert der Geschichte: Zehn Lektionen für die Gegenwart
作者 / 馬格努斯．布萊希特肯（Magnus Brechtken）
譯者 / 江鈺婷
責任編輯 / 林宏濤

版權 / 黃淑敏、吳亭儀、林易萱
行銷業務 / 周佑潔、周丹蘋、黃崇華、賴正祐
總編輯 / 楊如玉
總經理 / 彭之琬
事業群總經理 / 黃淑貞
發行人 / 何飛鵬
法律顧問 / 元禾法律事務所 王子文律師
出版 / 商周出版
城邦文化事業股份有限公司
臺北市中山區民生東路二段141號9樓
電話：(02) 2500-7008 傳眞：(02) 2500-7759
E-mail：bwp.service@cite.com.tw
發行 / 英屬蓋曼群島商家庭傳媒股份有限公司城邦分公司
臺北市中山區民生東路二段141號2樓
書虫客服服務專線：(02) 2500-7718．(02) 2500-7719
24小時傳眞服務：(02) 2500-1990．(02) 2500-1991
服務時間：週一至週五09:30-12:00．13:30-17:00
郵撥帳號：19863813 戶名：書虫股份有限公司
E-mail：service@readingclub.com.tw
歡迎光臨城邦讀書花園 網址：www.cite.com.tw
香港發行所 / 城邦（香港）出版集團有限公司
香港灣仔駱克道193號東超商業中心1樓
電話：(852) 2508-6231 傳眞：(852) 2578-9337
E-mail：hkcite@biznetvigator.com
馬新發行所 / 城邦（馬新）出版集團 Cité (M) Sdn. Bhd.
41, Jalan Radin Anum, Bandar Baru Sri Petaling,
57000 Kuala Lumpur, Malaysia
電話：(603) 9057-8822 傳眞：(603) 9057-6622
E-mail：cite@cite.com.my

封面設計 / 李東記
排版 / 新鑫電腦排版工作室
印刷 / 韋懋實業有限公司
經銷商 / 聯合發行股份有限公司
電話：(02) 2917-8022 傳眞：(02) 2911-0053
地址：新北市231新店區寶橋路235巷6弄6號2樓

■2022年（民111）2月初版
定價 460 元

Printed in Taiwan
城邦讀書花園
www.cite.com.tw

感謝歌德學院(台北)德國文化中心 協助
歌德學院(台北)德國文化中心是德國歌德學院(Goethe-Institut)在台灣的代表機構，五十餘年來致力於德語教學、德國圖書資訊及藝術文化的推廣與交流，不定期與台灣、德國的藝文工作者攜手合作，介紹德國當代的藝文活動。

歌德學院(台北)德國文化中心
Goethe-Institut Taipei
地址：100 臺北市和平西路一段 20 號 6/11/12 樓
電話：02-2365 7294
傳真：02-2368 7542
網址：http://www.goethe.de/taipei

GOETHE
INSTITUT

ISBN 978-626-318-148-9